创意产业与经济研究丛书

文化消费与城市之魂

金元浦 著

山西出版传媒集团
山西经济出版社
·太原·

图书在版编目(CIP)数据

文化消费与城市之魂/金元浦著．-- 太原：山西经济出版社，2025.1

(创意产业与经济研究丛书/金元浦主编)

ISBN 978-7-5577-1241-9

Ⅰ.①文… Ⅱ.①金… Ⅲ.①文化生活—消费—研究—中国 Ⅳ.①G124

中国国家版本馆CIP数据核字（2024）第012937号

文化消费与城市之魂
WENHUA XIAOFEI YU CHENGSHI ZHI HUN

著　　者：金元浦
出 版 人：张宝东
出版策划：九年有正
特约编辑：李春梅
责任编辑：解荣慧
助理编辑：姚　岚
复　　审：申卓敏
终　　审：李慧平
封面设计：张志奇工作室
出 版 者：山西出版传媒集团·山西经济出版社
地　　址：太原市建设南路21号
邮　　编：030012
电　　话：0351-4922133（市场部）
0351-4922085（总编室）
E-mail：scb@sxjjcb.com（市场部）
zbs@sxjjcb.com（总编室）
经　销　者：山西出版传媒集团·山西经济出版社
承　印　者：山西出版传媒集团·山西人民印刷有限责任公司
开　　本：880mm×1230mm　1/32
印　　张：11.875
字　　数：262千字
版　　次：2025年1月　第1版
印　　次：2025年1月　第1次印刷
书　　号：ISBN 978-7-5577-1241-9
定　　价：72.00元

就这样，我闯进了文化创意产业

一个人，总有回首的时候，总要回首。30多年持续做一件事，恍惚间，我已年逾七旬。命运就是这样，跟我絮絮叨叨地拉着家常，开着玩笑，转眼就将我的青春和狂悖一起收走了。记得我曾这样写过青藏高原的西部之神：

我以男子日神睿智的思之光/大河惊涛般的狂放，/

浩荡于天地之间

思缕的长风淋漓于/生之蜿蜒/然后，这一段历史，/

便站起来/昂扬如旗/威猛如山，/大气

磅礴于永无涯际的/

时空之域……

我是怀着西部豪迈的诗情踏入学术领域的，进而闯进文化创意产业的天地之间。

一

30多年来，我对文化产业、文化经济、创意产业、创意经济的各个相关领域，进行了一些理论总结、规律研判、实地考察、案例研究，以及趋势前瞻，而我研究的基本思路则是"顶天立地"。所谓顶天，是说文化创意产业必须要有坚实的理论基础，特别是理论创新，有全球和全国的大局观；所谓立地，就是要以强烈的问题意识为导引，实实在在地解决文创发展和演进中的新问题、新困境。通常看来，文化创意产业是个中观的操作型的产业，往往忽视了它是在5G新信息革命背景下，以移动互联网、大数据、人工智能、云计算、物联网、区块链、大视频为手段，以文化、艺术、美学、哲学，乃至金融、经济、政治、社会和生态为内容的未来社会的主导性力量和革命性变革的跨越边界的大重组、大联合。

在我国文化创意产业的发展中，我一直特别关注文化创意产业的高层次理论突破、创新理念的认知革命、顶层设计的全面擘画、全球和全国文创的大局观；同时，关注事件哲学指导下的场景研究和案例研究。我主张必须两向发力：一方面是更高的理论的、逻辑的和价值的战略发展；另一方面就是眼睛向下，面向实际、面向现实中的具体问题，以问题引导产业发展的大局，而不是玩理念的空手道与时间的模仿秀。

在文化创意产业发展中，我特别关注它的两个重要特点。那就是建立在事件哲学基础上的语境化案例与场景化实现。人在历史与社会中的存在，即是"事件"。事件立足于个人生存（生命、生活、交往、劳作、体验）的现实。人的文化活动构成了他的文化事件。每一个文化现象都是一个事件,每一个研究也是一个事件,这种研究是研究者与事件之间双向交互寻找意义的过程。文化创意产业是高度语境化的,即它一定是在现实社会与市场运营之中的,因此,高头讲章与因循守旧,雷同转发与夸夸其谈,都是要不得的。

场景是文创产品的第一要素。什么是场景?早在20世纪80年代,传播学者梅罗维茨就从社会学家戈夫曼的"拟剧理论"中获得研究灵感,提出了"场景"(situation)概念,以此出发研究"媒介场景"对人的行为及心理影响。随着移动互联网时代的到来,"场景"被认为是移动媒体时代的又一核心要素。全球科技领域资深记者罗伯特·斯考伯最先提出了有别于传统媒体时代的"场景概念",其在《即将到来的场景(context)时代:移动、传感、数据和未来隐私》大胆而犀利地预言:"在未来25年,场景时代即将到来。"书中指出,移动设备、社交媒体、大数据、传感器和定位系统是移动互联网的"场景五力"。他认为的内容场景将是每个个体在新语境下获得的前所未有的在场感。但我更关注芝加哥大学的特里·克拉克教授提出的城市研究的新范式——场景理论(The Theory of Scenes),这些年似乎更有影响。创意的空间环境中还必须有创意氛围(Creative Milieu)。英国创意城市经济的著名专家查尔斯·兰德利解释说:创意氛围是一种空间的概念,指的是建筑群、城市的某处,甚至整座城市或区域。像巴黎,像左岸,也像今日北京,像北岸1292……它涵盖了必要的先决条件，足以激发源源不断的创意点子与发明的一切"软""硬"件设施。这类环境是实质的，源于一个城市"有效地在城市的'基因码'中深植创意，并获得显而易见的成功"。兰德利的创意氛围是包含软硬基因码和创意的城市场景。

这样看来，国内所谓的"场景"，其实是三个不同英文单词——situation、context、scenes的同一汉语翻译。显然，其含义是有差别的。我认为的场景，是当代移动互联网高度发达，在视听觉文化全面建构消费者的消费习惯、消费结构，乃至消费模式的背景下，具有可视、可听、可感的虚拟的空间和环境，人人可享有的线上的视像、语像，并将线上的个体与个体，线上与线下的现实平台相互连接为一体的形态。它对于文化创意产业的发展意义重大。在当下这个视听觉文化发达的移动网络文化时代，没有场景就没有舞台，没有场景就没有故事（内容）可以表达，园区、景点、旅游线路、抖音、快手、视频、VR、AR、MR、3D影像、AI的展示，无不在场景中运行。当然，更重要的是，没有场景就没有人，没有人也就丧失了其内涵，失去了人之魂。

案例对于文创企业与园区实践，对于文创教学都有着更清晰直观的效果。2013年我将教学中的文创理论和案例研究编成《娱乐时代——当代中国文化百态》出版，以满足教学的需要。但案例绝不能代替每一个文创项目的创造独特性。原样照搬，必然会走向失败。

事件、场景和案例，三者构成了文创的充分必要条件。

二

常常有人问我："你是怎么进入文化产业—创意产业领域的？"

20世纪80年代，我和许多青年朋友一样，在一个改革开放的大环境中，睁眼看世界。我们面对全世界100多年以来上百种哲学、美学、文艺理论的各种学派、各种观念，急切地选择、引进、翻译、学习，我有幸加入了这一澎湃的大潮之中。在1984年那个"方法论年"的浪涛中，我投入德国法兰克福学派和接受美学、接受理论的译介和学习之中。作为批判理论始作俑者的法兰克福学派，对当代中国青年人文学者产生了重要影响。最初，可以说，我们都是批判学者。

我们一批青年学者因为先前研究美学与文艺理论的变革与转型，以及后现代文化的发展，所以特别关注全球文化研究的蜂起。世纪之交，全球发生了文化转向的重大变革。我们发现阿多诺、霍克海默等的法兰克福批判理论，是站在贵族精英主义的立场上，俯视甚至蔑视大众文化、通俗文化、流行文化。他们虽然多次提到"文化工业"，却仅仅是从意识形态角度批判，从否定的角度忽视了当代文化经济化、经济文化化和文化经济一体化的具体现实，割断了当前世界文化与经济的密切联系。

文化转向理论的提出首先是从全球实践的角度开始的。随着中国日益开放，打开封闭国门融入世界，我们开始从新的全球视野考虑中国问题。从世界来看，21世纪的文学、美学与哲学发生了重大的文化转向,这种变化源于当代社会生活的转型。全球化背景随着进一步的开放日益进入我们生活的中心。电子媒介的兴起向一统天下的纸媒发出强劲的挑战。媒介文化深刻地改变和影响着我们的生活。大众文化走向前台,城市文化快速传播与蔓延,时尚文化被大批量复制,采用了浪潮式的运作方式。视觉图像文化占据人们生活的主要空间,在这样一个文化突变的时代里,视觉文化、网络文化正在逐步改变着世界的交往方式。

在对西方文化转向的考察中,我们着重考察了英国伯明翰文化研究学派和欧美文化研究与文化诗学(文化唯物主义)学派,开始大力推动中国文化研究的发展。20世纪90年代初我主编了《六洲歌头:当代文化批评丛书》《人海诗韵·艺术文化散文丛书》。1998年我和陶东风、史建一起发起做《文化研究》丛刊,我们找到一篇文章,是谈法兰克福学派的衰落的,作者是金迈克。他对法兰克福的文化工业论很不感冒,认为在英国文化研究基础上成长起来的创意产业,已经与法兰克福分道扬镳了。他批评了法兰克福学派的精英主义和意识形态观念,听到了"法兰克福的哀鸣"。《文化研究》丛刊至今已经出版到40多辑了。

随着文化研究的深入,单纯的文化研究已经不能适应新的历史时期各国发展的需要。从文化研究走向文化产业、从传统模式走向创意产业,创意经济就成为发展的必然趋势。看到世界和中国的发展需要,1994年,我进入了具体的文化产业研究之中,撰写了《当代文化矛盾与中西交流论纲》,对当代经济的文化化与文化的经济化的新潮流进行了探索。其后，我参加了《中国文化报》举办的国内第一个文化产业的征文活动，写下的文章《在悖论中开辟文化产业的发展之路》，获得了这次征文唯一的一等奖。1995年，我在《社会科学战线》发表的《文化市场与文化产业的当代发展》一文，较为系统地探讨了我国文化市场与文化产业发展的主要矛盾、解决路径和发展方向。这在全球是站在潮头的。1995年，澳大利亚政府提出了创意澳大利亚的理念，1997年，英国工党政府上台，提出了"创意英国"的理念和国策。美国、欧洲的学者开始了创意经济、文化经济（学）的研究。中国的文化产业便汇入了世界文化创意产业发展的大潮之中。2001年，我主持出版了我国文化创意与文化发展的第一本蓝皮书、国家哲学社会科学"九五"重点项目结项成果：《跨越世纪的文化变革——中国当代文化发展研究报告》，受到中央政治局的关注。这是中国文化产业、创意产业的"历史性出场"。

其实，从文学理论转向文化研究，再从文化研究转到文化产业、创意产业，既是当代社会历史发展的必然，又是一个当代学者顺应全球和中国发展大势的选择。我曾与英国伯明翰学派的第三代学者哈特里有过深入的对话，他就是典型地从文学理论研究到文化研究再到文化产业（创意产业）研究的学术代表，我的学术道路与他十分相似，学术理念也与他相似，即听从时代发展的召唤，站在理论与实践的最前沿。

三

文化创意产业的理论探索与概念辨析、文化产业结构的变化、马克思主义文化生产力是我一直关注的核心。全球创意产业、创意经济的理论成果和实践案例的引进,中国特色文化创意产业理论和实践的创新与发展,从文化创意产业的教学与人才培养到文化产业学、创意产业学、文化经济学、创意经济学、文化政策学、文化管理学、艺术管理学等学科体系的发展、改革与构建,以及课程设置,是我30多年来一以贯之的研究重点。

2001年,我主编的《跨越世纪的文化变革——中国当代文化发展研究报告》,全面论述了世纪之交我国文化发展与文化产业勃兴的历史性变革。后来我进一步关注公园城市、夜间都市、艺术城市等相关论题,并深入各个城市,从事设计、规划、策划、指导和实操等方面的实践。关注产业基地、创意园区、集聚区、数字化网络线上线下一体化发展平台,注重案例研究,注重事件发掘与营销,注重场景设计与核心理念提升。

2004年,我编纂了《文化研究:理论与实践》;2005年,我主编了中国第一套文化产业丛书《当代文化产业论丛》,含《文化巨无霸——当代美国文化产业研究》等5种著作。同年,我与陶东风先生一起主编并出版的英文著作《文化研究在中国》(*Cultural Studies in China*),成为国外了解中国文化研究的开窗之作。

作为国内最早推动和提出创意产业的学者之一，我提出创意产业是文化产业发展到新的更高阶段的产物，具有产业提升的必然性。由此也受到一些人的质疑。我始终坚持认为，这一论断是合乎我国文化产业发展实践的。后来的现实证明，创意产业的理念得到了国内各界广泛的认可。2005年，我接受北京市委宣传部的委托，主持"北京市文化创意产业发展研究"，为北京市文化创意产业的发展出谋划策。

我认为，一国文化创意产业的发展程度与该国文化创意的理论建设和理念创新的程度成正比。没有先进的理论，没有富于创新创意的理念支撑，就不可能有一国文化创意产业和创意经济的高度发展。所以，我们必须高度重视文化创意产业的理论创新，并不断保持国际先进水平。唯此，才能始终站在世界文创的前沿。我于2010年和2012年分别出版了《文化创意产业概论》和《动漫创意产业概论》两部国家规划教材。为了更好地让青年研究者增强文化使命感与对文化的理解，我撰写了《文化复兴——传统文化的现代价值》一书，讲述了当下青年学生需要了解的中国传统文化的内涵。

文化创意产业中，高科技与文化的高度融合和跨界创新是高质量发展的必由之路。这是文化创意产业发展到新阶段的重要主题和发展方向，对此我给予了高度关注与深入研讨，并产生了一系列理论与实践成果。如何将深厚的文化内涵植入创新型国家战略之中？我认为文化的科技化、科技的文化化，文化与科技的协同发展，是文化创意创业发展的必由之路。我提出，北京文化创意产业必须推动文化与科技双轮驱动的发展战略。

2006年，我主持了北京市科学技术委员会的软科学研究项目"北京文化创意产业的评估与测度及地区比较"，在国内率先研究文化创意产业的分类、评估、测度和指数，提出了建设更为合理的评估指数体系的许多新的考虑。我认为北京的文化产业必须走文化—创意的路径，必须瞄准国际最高发展水平，在高科技数字化基础上实现产业的升级，必须高端起步，数字融合，才能成为北京经济发展的强大引擎。

2010年，我编写的《文化创意产业概论》成为高校迄今仍广泛使用的教材。2011年，作为教育部、文化部高等学校动漫类教材建设专家委员会副主任，我接受了动漫文化创意产业教材编写的任务。其后，我主编的我国第一部大学教材《动漫创意产业概论》出版。

四

城市发展，确切地说是中国的城市化，是我关注文化创意产业的重要主题。

我曾主持国家哲学社会科学"十一五"重大项目"我国中心城市文化创意产业发展与软实力竞争"，关注和研究世界城市、全球城市、创意城市、网络城市，团队成员全心致力于该课题的研究，最后以10部350余万字的系列研究报告圆满结项。我们的研究针对我国文化创意产业发展的现实问题，理论上高瞻远瞩，实践上又从现实的问题出发，因而能够对现实发挥指导作用。这些研究得到了国家领导人、各级政府、业内专家、研究人员和企业家的赞赏和吸纳。

我和我的团队多年来一直关注北京文化创意产业的发展。作为对北京建设全国文化中心的论题长期执着热切的关注者，我们自2010年以来，曾一直参加北京相关论题的研究。2010年，我们完成了"北京建设全国文化中心"的重点项目，并出版《文化北京——北京建设国家文化中心研究丛书》，含《新视野 新征程——北京建设国家文化中心研究总报告》《建造世界精品殿堂——北京建设全国文化精品创作中心研究》《搭建要素配置的最优平台——北京建设文化要素配置中心研究》《跨进全球信息传播时代——北京建设文化信息传播中心研究》《走向世界创意高地——北京建设全国文化创意培育中心》《构筑全球人才高地——北京建设文化人才集聚教育中心》《握手环球文明——北京建设国际文化交流展示中心研究》等7种论著。我们团队20年来一直积极参加北京文化发展、人文奥运、文化创意、文化科技、文化消费、公共文化服务等各项研究，可以说，我们团队是助力北京文化发展的一支攻坚队。

2010年，我主编了第一部北京关于世界城市的大型理论与实践及文献的专著《北京：走向世界城市——北京建设世界城市发展战略研究》，近70万字，为北京建设中国特色的世界城市，提供了丰富的资料、宽广的国际视野和崭新的思路。后来上海、深圳、广州、成都曾先后就这一主题邀请我作为这些城市建设世界城市和发展创意经济的顾问。

多年来，我一直关注各个省（区、市）文化创意产业的发展。云南是我魂魄牵绕之地。2003年，我接受了云南省委副书记丹增同志的邀请，担任云南省文化产业的高级顾问，为云南文化产业发展出谋划策。在调研的基础上，我率先提出，云南的文化旅游产业要在文化云南基础上向创意云南、数字云南、内容云南开发。我在丽江提出了关注旅游线路设计、加强云南本土创意、注重厕所建设等意见。我提出，云南，特别是丽江的文化旅游产业是我国文化产业，特别是西部文化产业发展的一面高扬的旗帜，值得全国相关地区借鉴。

2010年，我主持了"贵州省'十二五'文化产业发展规划"，带领课题组历时3个月，行程7000多千米，跑遍9个地州市。3个多月时间里，我们与有关领导和课题组成员一道，深入基层调查研究，广泛搜集国内外各种资料、各种理论主张、各国经典案例，进行条分缕析，创新融会。终于在2011年完成规划并出版了48万字的《贵州文化产业发展战略研究报告》。

2021年，我的《月印万川——寻找城市文化之魂》一书出版发行。这是我散见的一些论文的结集。佛教华严宗用"月印万川"和"海印三昧""事事无碍"来表达其宗教主体理念，于是"月印万川"就成了华严哲学的经典命题。《华严经》气势宏大、富赡高远、逻辑缜密，被认为是最能代表盛唐气象的哲学，并给其后的宋明理学以深刻的影响。

朱熹借用了佛教"月印万川"的譬喻来讲"理一分殊"的道理。他说："释氏云：'一月普现一切水，一切水月一月摄'。这是那释氏也窥见得这些道理。"（《朱子语类》卷十八）把"一理"比作天上的月亮，而把存在于万物之中的"万理"比作一切水中千千万万个月影，以此形象地说明"理"与万物的关系：理是唯一的，这唯一的理又体现在万物之中，是万物的本质；而万物并不是分割"此一个理"，却是分别地体现完整的一个理。"月印万川"本是佛教中的命题，"一月普现一切水，一切水月一月摄"，具体说是唯一的月映现在一切水中，一切水中映现的月都包括在唯一真正的月中。那个月就是"一理"。

月映万川，心珠独朗。过去时代，我们很多研究者和官员开口闭口就是对过去遗产的"如数家珍"，沉迷于"资源魔咒"而不能自拔。但是一个城市无论有多少历史的、现实的圣典史迹，无论有多少自然的、社会的山水资源，总是千流一源、万法归宗、理一分殊、一以贯之。我们需要去寻找城市的文脉，那个城市唯一的"魂"。

五

国际合作是文化创意产业发展的重要内容和必要途径。

这些年来，我们非常重视与国际机构、国际学者的合作。与联合国教科文组织、联合国贸易和发展会议、全球创意城市网络等国际组织,与英国、美国、加拿大、澳大利亚及欧盟各国,与日本、韩国及东南亚各国的机构及学者进行了广泛的对话与合作。在对话、沟通、交流、交往中,努力构建文化创意产业的理论与实践的公共平台,构建创意经济的发展共同体。交流世界对中国的影响,同时构建中国特色的文化创意产业发展体系,影响世界的创意、创新、创造的最新发展。我与各国众多专家建立了良好的关系,留下了几十篇访谈与对话。我乐此不疲,欣然为之,因为我把它看成文明互鉴,构建人类文明共同体的必由之路。

2005年,中国人民大学与中国社会科学院、澳大利亚昆士兰科技大学同仁一道,共同发起首届中国创意产业国际高峰论坛。作为大会主席之一,我在大会上发表了中国创意产业发展的主旨报告,强调了中国建设一个创新型国家的伟大战略,并将文化创意产业作为这一战略的重要组成部分的新的发展理念,这引起了中外学者对中国创意产业的广泛关注。

创意产业与创意经济,从一开始就是全球化发展的产物。因此,参与国际文化创意产业与创意经济的发展研究,是我和我的团队一直关注的领域。2008年,我与周蔚华共同主编国内第一套《文化创意产业译丛》,其中包含《文化产业》《知本营销》《美国的知识生产与分配》《艺术文化经济学》等7种译著。对打开我国学者文化产业、文化经济、创意产业、创意经济的国际视野,推动国内外比较研究，进而推动中国特色的文化创意产业的理念与实践，发挥了重要作用。2014年我主编了《中国对外文化贸易报告2014》，对我国对外文化贸易的现状、问题、困境，做了深入调研，并提出了进一步发展的解决方式。

将奥林匹克运动与文化创意产业相结合，推动奥林匹克运动全面融入中国社会和中国市场，是我和我的朋友们着意开拓的新领域。2006年，我提出、创办并主持了国内第一个奥运文化创意产业大型国际论坛"创造的多样性：奥林匹克精神与东方文化"。在论坛上发表了《抓住奥运契机推动文化创意产业九大发展》的报告，论坛首次邀请"英国创意产业之父"约翰·霍金斯来到北京，莅临论坛做主旨发言。我提出"世界给我十六天，我还世界五千年"，将体育运动与中国的文化、哲学、艺术、传统、创意、设计、会展、节庆、公共服务、园区建设、绿色革命、生态保护、全民健身，以及产业运营、经济发展融为一体，为北京市提出奥运文化创意产业作为北京创新型城市发展的引擎的战略规划建议，在跨界运行和边界作业中，创造出崭新的文、创、艺、体、旅一体化的新形态。在八年的时间里，我们曾在国内外举办和参与近百场人文奥运论坛，并赴美国、英国、芬兰、加拿大、韩国、日本及瑞士国际奥林匹克委员会，传播北京人文奥运和绿色奥运的中国理念和实践，将奥林匹克的精神与中国传统文化联系起来，将奥林匹克的生命哲学、青年倡议变为中国"生活美学"的大众体育与健身的伟大实践，产生了持久而广泛的影响。这一阶段我主持了北京市哲学社会科学规划重点项目"奥林匹克运动与北京文化创意产业",排除了国内外各种不同意见,根据中国特别是北京发展的现实,第一次将国际奥林匹克精神与中国"和合"文化结合起来;第一次将顾拜旦的奥运理念与孔子儒家文化结合起来;第一次将奥运与文化创意产业结合到一起。为了进一步从理论和实践上探索21世纪的奥林匹克精神新发展,我主持出版了《创意产业:奥运经济与城市发展》和《北京人文奥运研究报告2006》两套丛书,创造性地阐述了奥运、体育运动与文化创意产业的关系。这在当代国际奥林匹克文化中是具有开拓性的。根据北京奥运文化的实践需要,我主持并参与了《奥林匹克文化大学教程》《北京奥运会市民读本》《北京奥运会大学生读本》等,在2008北京奥运会的运行中,这些课本发挥了重要作用。

2016年,我主持翻译了英国学者露丝·陶斯所著的《文化经济学教程》和《文化研究的未来》,以及 Cultural Studies in China;在英国伦敦出版的 Cultural Rejuvenation: The Modern Value of Traditional Culture 等。这些著作以及一些英文论文,对加强中外文化发展和创意产业交流都具有重要的意义。

随着我国文化市场与文化经济的发展,文化创意产业的最新发展状况与一系列相关伦理问题凸显出来,产业发展中乱象频出,必须进行深入研究。2014年,我申请了国家哲学社会科学重大项目"文化产业伦理"。在文化产业边界不断拓展、业态不断催生的整体背景下，我国文化产业也面临着产业秩序调整与规范、产业伦理重构与形成等问题。我国文化企业在文化产业运营中出现企业社会责任缺失与大量失信问题，如互联网诈骗、虚假广告宣传、不实承诺、新型电子诈骗、电子商务购物诈骗、公民个人信息大量泄露等；传统媒体与新媒体的媒介伦理问题，如媒介人丧失职业操守、新闻传播突破道德底线与窃听手段、网络新媒体上传播谣言、网络信息安全无保障、网络"黑客"、青少年网络游戏沉迷与网瘾、网络"人肉搜索"与频繁而众多的侵犯隐私权等问题；知识产权保护中的问题，如盗版泛滥，过度娱乐化，文化产品内容的极端商业化与劣质化、"三俗"化；产业发展中出现的"涉黄赌毒"问题，以及各路明星偶像的"负能量"对青少年的影响等。这一系列问题被现实抛到我们面前，要求我们认真地回答，提出改正的建议。2020年，该课题完成结项。研究成果见于我主编的"中国文化创意产业发展研究丛书"。丛书含《数字和创意的融会：文化产业的前沿突进与高质量发展》《拓展业态的边界：文化产业的转型升级与跨界融合》《重建秩序的场景：文化产业发展的伦理建构与隐私保护》三部，由工人出版社出版。

很多年前写过一篇评论诗人昌耀的文章，开首一段是这样写的：

多少年来，人在旅途，匆匆，我常侧目于这座诗魂的雕塑，继而长久地驻足——

……用我多汁的注目礼/向着你深湖似的眼窝

倾泻，

直要漫过/岁月久远之后/斜阳的

美丽……

衷心感谢冯威、意娜、王林生、柴冬冬、张力、桑子文等学友，感谢你们为本文集付出的辛劳，衷心感谢山西经济出版社社长张宝东和全体编辑。没有你们的精心工作，没有你们的高度负责，就不可能有这套文集的出版。诚挚地向你们致以崇高的敬意。

再次说一声，谢谢了。

2023年6月28日 于北京海淀三灯阁

目录

CONTENTS

001／绪言　文化生产与文化消费的双向建构实践

上编

011／文化消费：从源头解决文化创意产业的可持续发展问题
021／从国际文化经济学视角看当代文化消费
040／突破文化消费之瓶颈
048／互联网+、文化消费与艺术电商发展研究
082／用哪些指标评价文化消费
098／文化消费评测指数体系的设计及其说明
112／互联网移动网环境下的文化消费新形态和新模式
126／我们该怎样发好、用好消费券
135／国外文化经济学对文化消费影响因素的研究
144／消费美丽：我们时代的一种文化经济

下 编

169 / 21世纪以来中国的城市发展与城市品牌

197 / 创意决定成败：品牌城市与双塔模式

204 / 城市新文脉：守正创新，万法归宗

215 / 公园城市，我国城市发展的新战略新高度

234 / 北京文脉：根的记忆

254 / 魔都之魔与上海气派

269 / 成都创新：我国城市升级换代高质量发展的一个典范

287 / 钱塘今古：一湾天予 三势共潮

302 / 街巷的温度：生活在更美好的生活中

309 / 创意南京，"天下文枢"的时代新版

316 / 青岛：建设国际时尚中心，引领东部沿海城市转型升级

325 / 贵州模式与弯道超车

333 / 包头，一个有绿色天堂的地方

347 / 结语　每一座城市都是一件富于魅力的艺术品

绪言
文化生产与文化消费的双向建构实践

马克思主义对于生产与消费有深入的论述。马克思在《詹姆斯·穆勒〈政治经济学原理〉一书摘要》中这样摘录:"假定我们作为人进行生产。在这种情况下,我们每个人在自己的生产过程中就双重地肯定了自己和另一个人:①我在我的生产中物化了我的个性和我的个性的特点,因此我既在活动时享受了个人的生命表现,又在对产品的直观中由于认识到我的个性是物质的、可以直观地感知的,因而是毫无疑问的权力而感受到个人的乐趣;②在你享受或使用我的产品时,我直接享受到的是,既意识到我的劳动满足了人的需要,从而物化了人的本质,又创造了与另一个人的本质的需要相符合的物品;③对你来说,我是你与类之间的中介人,你自己意识到和感觉到我是你自己本质的补充,是你自己不可分割的一部分,从而我认识到我自己被你的思想和你的爱证实;④在我个人的生命表现中,我直接创造了你的生命表现,因而在我个人的活动中,我直接证实和实现了我的真正的本质,即我的人的本质,我的社会的本质。"①马克思的这段论述对于整个文化的生产与消费具有十分重要的启示意义。文化的生产与消费,是物质与精神叠加融汇的双重活动,特别是当代服务型文化艺术日益兴起。同时它也是双向建构的实践活动,既肯定了供给者、生产方的功能与作用,又肯定了消费者的能动地介入式再创造,形成了人对自身本质力量的全面自我肯定。

马克思对这种双向建构的实践活动有细致的描述:"生产直接是消费,消费直接是生产。每一方直接是对方。可是同时在两者之间存在着一种中介运动。生产中介着消费,创造出消费的材料,没有生产,消费就没有对象。消费也中介着生产,因为正是消费替产品创造了主体,产品对这个主体才是产品。产品在消费中才得到最后完成。"②马克思这段关于经济的著名论述,对于文化生产中的交易活动,具有重要的启示意义。

为什么说生产直接就是消费呢?首先,生产为主体生产出可用于消费的对象。对于文化产业来说,文化生产者、文化企业为文化消费者提供了可供消费的产品。没有生产,没有设计,没有供给侧提供的可消费内容,消费者就没有消费对象,交易和消费就不可能进行。对于文化产业来说,没有现代派的绘画,就不会有对现代派绘画的理解与交易;没有当代流行音乐,就不可能有那么多歌迷与发烧友跟进打赏。其次,供给侧生产者的生产也规

---

① 《马克思恩格斯全集(第1版)》,42卷,人民出版社,1979,第37页。
② 《张作云:马克思主义经典作家关于生产关系结构问题的论述》,http://www.wyzxwk.com/Article/l:xiang/2021/07/437539.html,访问日期:2021年9月25日。

定了消费的方式和指向。当生产者（企业、个体）生产出消费对象时，也就同时提出了应当如何消费的要求。消费对象的内容制约着消费活动，可消费产品的形式也制约着对形式的欣赏。因为"眼睛的对象不同于耳朵的对象"，在文化产品中，作为视觉艺术的建筑、绘画和雕塑等造型艺术，对视觉的形式感有着相应的要求，而音乐这种听觉艺术，则自然地要对听觉的艺术感受能力提出要求。再次，生产"中介着消费"，其核心是生产者也在为消费对象生产主体，这就是说，文化产品的生产与消费过程也是培养和涵容文化消费者的过程。马克思说："艺术对象创造出懂得艺术和具有审美能力的大众——任何其他产品也都是这样。因此，生产不仅为主体生产对象，而且为对象生产主体。"[1]

然而，供给侧依然具有重要的先发位置。"生产为消费创造的不只是对象，也给予消费以消费的规定性、消费的性质，使消费得以完成……对象不是一般的对象，而是一定的对象，是必须用一定的而又是生产本身所媒介的方式来消费的。"[2]其一，生产不仅为消费提供对象，而且生产的水平与方式决定了消费的方式。因此，对于生产与消费的关系来说，消费的对象、消费的方式，都是由生产所创造和决定的。在以基本生产生活资料为主的物资短缺时代尤其是这样。其二，消费也有着强大的反向决定能力。在社会生活发生重大变革与生活水平提高的时期，消费者的

---

[1] 《论诺曼·布列逊的马克思主义艺术史观》，http://www.sohu.com/a/568686929_121119369，访问日期：2022年9月17日。

[2] 《马克思恩格斯全集（第1版）》，46卷上册，人民出版社，1979，第29页。

需求发生了巨大变化。尤其在当下中国，社会的主要矛盾已经转变为人民日益增长的美好生活需要和不平衡不充分的发展之间的矛盾。消费者的新需求提出来了，就反过来对生产提出了或笼统或具体的要求，生产必须对这种呼吁给予高度的关注。

从生产角度来看，不断产生的新的高科技生产技术为人们提供了新的文化消费产品，而在技术应用的背后隐藏着消费者行为的根本变化。所以，消费直接就是生产。

当代5G背景下的数字化生产、生活、生存方式，依托互联网、移动网、大数据、云服务、人工智能、区块链、物联网、大视频等，成为当代文创产业生产的重要载体。5G也决定着其生产手段、生产内容、生产方式，甚至流通方式、营销方式、结算方式。从某种程度上讲，互联网、移动网决定了文化消费的路径与模式。从目前互联网文化产业的消费实践来看，互联网对生产关系的重新配置与改变，集中体现为新消费模式的不断涌现。

那么，何以说消费直接就是生产呢？

第一，因为任何一件文化产品，都必须通过消费者的购买和交易，才能实现其多重价值。马克思说："因为产品只是在消费中才成为现实的产品，例如，一件衣服由于穿的行为才现实地成为衣服；一间房屋无人居住，事实上就不能称其为现实的房屋。因此，产品不同于单纯的自然对象，能在消费中证实自己是产品，才成为产品。"

第二，一切生产实际上都依据于消费，正是由于消费提出了需要，生产才可能进行；正是由于消费需要的增加或减少，才引起再生产的增加或减少。在文化产品的生产与消费中，正是由于消费者的需要，才会有一批批文化产品的问世。当消费者拒绝某种文化产品时，这种生产显然也就寿终正寝了。

第三，消费生产着生产者，消费替产品创造了主体。前面谈到培养、塑造艺术大众，反过来，文化消费确定、限制、影响着文化产品的创新、创意与创造，文化消费者用脚投票或用"购"投票的方式也塑造着、要求着产品设计者、制作者、艺术家、编导等，并对之进行着无情的筛选和淘汰。这就是一部影片或电视剧在发行之前没有一个制片人或导演敢打包票其作品一定能"一炮打响"。

这样，消费方式与生产方式的双向交互建构就在产业链条中往复运行。生产和消费的不断循环上升或以"之"字形前行，便构成了一条永不完结的产业发展的历史链条：

文化生产1—文化消费1—文化生产2—文化消费2—文化生产3—文化消费3……

在这个文创产业的发展之链中，每一个环节都是相关环节的中介。文化生产1与文化消费1当然是原本的关系环节。这一关系表现为它们是互为前提的，是双向进行的相向而行的交互过程。其他团组亦是如此。在展开的长链条中，文化消费1是文化生产1和文化生产2的中介，文化生产2是文化消费1和文化消费2的中介。生产和消费互为中介。由之，生产方可能改进了产品,而消费者则可能爱上了一种新产品,开辟了消费升级及消费能力提升的新境界。同时,生产者成了消费者与世界的中介,消费者因为对美好产品的欣赏、喜爱和消费与社会生活的世界连接在一起;而消费者成了生产者与世界的中介,生产者的优质产品回应了社会的广泛热情,并创造出新的需求。在二者之间存在着一种相互依赖、相互对立、互为前提、互为结果的"中介运动"。二者都通过双方的交易活动实现了自己真正的本质——意愿、目标、能力、水准、生活品质等,也证实了对方相应的本质与追求。

我国的社会主要矛盾发生了变化,人民群众的文化消费活动更多的是和人的更高的精神心理需要联系在一起。人的精神的需要是一个无限扩展的系统,随着满足需要的对象范围的改变和方式的改变而拓展、深化。"人类发展史,就是一部人的需要即人的本性不断改变和发展的历史,"只有具有十分丰富需要的人,才能占有自己的全部丰富性和深刻性。但人的需要是十分复杂的多层次多维度的结构系统,表现为物质需要与社会性精神需要、生理需要与心理需要的统一。亚伯拉罕·马斯洛研究了人类的动机和心理需要。他认为,人在满足了生理和安全的需要之后,就产生了大量的心理的精神的不同层次的基本需要。这包括对归属与爱的需要,对自尊和尊重的需要,对自我实现的需要,对认识和理解的欲望,以及对美的需要。后来,马斯洛又发现了人在更高层次上的一系列全新需要,称之为发展的需要(存在的价值)。在笔者看来,这一系列心理需要都产生于人与人之间的精神交流实践,来源于人与人的对话的根本愿望。这是由人的社会性决定的人的本质:人只能在社会交往中确定他人从而也确定自己在社会网络中的位置。同时,人的一系列精神需要只有通过自身与他人的直接与间接的社会性交流、对话、市场性交易、购买等行为来实现。只有在同他人的社会交流、市场交易中比较、衡量,才能满足自身对归属与爱的需要,对自尊和尊重的需要,对自我实现的需要,对认识和理解的欲望和对美的需要。因为,所有人都只能将自己对象化于现实世界,然后在这一现实世界中反观自身,确定自身的精神或心理的位置。这就是我们常说的"心的安放"。这是人类精神世界的根本性。

本书于"上编"中简单研究了文化消费。话题很多,内容很多。笔者亲身参与了多年的北京惠民文化消费季,直接参与了评审、研究、总结等环节。我们设计的城市消费评价指数系统,也在实践中屡次应用,效果很好。

本书于"下编"中研究了城市品牌建设。笔者提出了"双塔理论"替代"木桶理论";研究"公园城市""艺术城市",提出中华新文脉理念,用"月印万川"指喻我们寻找的每一个城市独一无二的魂。因此,笔者提出我们要把每一座城市都当作能够传之久远的艺术品来建设,来打造。要对未来数百年的城市负责,为历史负责。本书对北京、上海、杭州、成都、南京、西安、青岛等中心城市进行了匆匆的扫描式巡礼,算是对上述理论的一个实践化的解读。

上编

文化消费：从源头解决文化创意产业的可持续发展问题

文化产品与服务的消费问题是当前中国文化产业乃至国民经济必须特别关注并大力解决的难题。

当扩大内需成为一国经济增长的内在需要时，我们必须更加注重发挥消费的拉动作用。在汽车、住房消费经历了几年的"井喷"之后，今后我国居民消费的持续热点在哪里？作为经济改革转型升级的产业高端形态的文化创意产业，应当成为进一步改革的目标产业形态。发展服务业，应该发挥文化创意产业的"领头羊"作用。党的十八大后第一次中央经济工作会议就强调："要推动经济持续健康发展，要求的是尊重经济规律、有质量、有效益、可持续的速度，要求的是在不断转变经济发展方式、不断优化经济结构中实现增长。要牢牢把握扩大内需这一战略基点，培育一批拉动力强的消费增长点，增强消费对经济增长的基础作用"。这对整个中国文化产业的发展无疑具有重要的指导意义。扩大文化消费，增加文化消费总量，提高文化消费水平，是文化产业发展的内生动力，是当前推动文化产业发展的关键环节和重要着力点。

一、文化产品的消费要成为扩大内需的重要对象

从宏观经济学基本分析框架来看，影响产业增长的三大因素投资、消费、产品输出在我国文化创意产业发展中发挥着重要作用。从现状来看，以创意地产和造城运动为主的投资驱动曾占据重要地位，文化旅游等遍地开花；文化产品的输出则呈现两极化状态：一方面是我国成为文化制造类商品的头号出口国，另一方面是我国原创文化产品占国际文化出口产品的份额很小。尤其需要看到的是，我国文化投资量巨大，消费量却相对较小，二者之间存在着不小的落差，致使消费成为我国文化创意产业发展的瓶颈。按照"木桶理论"，一个产业的发展水平，是以最短的那块"木板"来确定的。文化消费作为我国文化产业发展的短板，制约了整个产业的可持续发展，也制约了产业链循环发展的运营机制。要使"木桶"盛水量增加，只有将短板加长。也就是说，我们必须改善供需关系，大力增强文化市场的"活跃度"，全面推动我国文化消费的增长。

消费是我国经济发展中最弱的一极。这与我国改革开放以来主要实行外向型经济和投资拉动战略有密切关系。我国的文化产业与我国整体经济的发展一致，是自上而下、政府大力推动的结果。

推动我国文化消费的发展，首先要将消费者置于市场主体的

位置，从市场的角度探讨消费者的文化需求，以文化消费的需求来引领文化产业的发展。但是，我国公民的文化消费的增长，与欧美发达国家的经验有所不同。

为什么？

首先，我国的文化消费市场发育迟缓与我国经济社会发展的阶段、层次、程度和水平相关。改革开放以来，我国国内生产总值（GDP）以年平均两位数的高速度增长，创造了当今世界的经济奇迹。但是国民收入的增长却低于经济增长的速度。毫无疑问，收入与消费有着直接的确定的关联效应，而文化消费总是在消费的更高阶段、更高层次展开。由于长期贫困、经济落后，文化消费的经济支付能力薄弱，我国国民普遍将文化消费视为软消费，即可有可无的消费。文化消费很难形成必要消费、固定消费，更难形成充分消费。

根据发达国家的经验，人均GDP达到3000美元，文化产品和文化服务的消费水平将有一个显著提高；人均GDP达到5000美元，国民的文化产品消费将会有较大的增长；人均GDP达到8000美元以上，文化消费将有爆发式的增长。这与欧美国家高福利、高保障、低储蓄、高消费的经济运行方式以及消费环境、消费心理、消费习惯密切相关。我国文化消费，在人均GDP达到3000美元时，几乎没有显现出文化消费的增长；在人均GDP达到5000美元时，我国消费者的文化产品消费少有松动，更没有爆发式的增长。我国图书人均消费20年没有大幅度增长，图书出版业的重要支撑是各级教材，特别是中小学教材及其辅导书，包括学龄前儿童的学习用书。这从一个侧面反映了我国国民文化消费的尴尬局面。

西方各国的文化消费普遍高于我国，不论是总量，还是个人或家庭的平均量。从类别来看，西方发达国家国民的文化需求较为旺盛、稳定，文化消费呈现多元化特征。比如爱尔兰的文化消费，既有传统的电影、戏剧，也有摇滚、流行音乐与街头露天剧院，还有两成民众喜欢爱尔兰传统的民间音乐、单口喜剧，乃至杂耍表演或哑剧，表明了不同的消费取向和选择的多样性。同时，我们看到，西方发达国家文化消费的市场机制较为完善，国民的文化消费习惯已经形成，消费渠道畅通；各国的文化经济链条完整，文化消费的上下游连为一体，运行有致。

二、文化消费逐步走出疲软——中国文化消费的特点及其原因

从经济学的角度来看，文化消费主要在市场经济的环境中实现。文化产品的购买者——听众、访客和观众都是"消费者"，他们购买了某件商品，如音乐会的门票、出外旅游观光，或者买了图书，都是文化消费行为。

为什么我国的文化消费一直疲软？特别是在我国国民较大幅度提高了收入水平之后，为什么仍然不能、不敢或不愿进行文化消费呢？一方面，我国国民长期受制于贫困、灾难、危机的集体

记忆和对突发事件的恐惧，不敢多花钱，更不敢乱花钱，宁愿多存些钱以备不时之需；另一方面，我国国民在经济上的多重压力导致更"软"的文化消费没有被提上日程。这些压力包括：

一是由于医疗保障和养老保障制度还不够完善，"一病回到解放前"，也有不少国民忧虑养老困难，必须留足资金养老。

二是购房压力巨大，高企的房价让人望而生畏。中国成为全世界住房相对价格最高的国家之一。为了买房，倾尽几十年积蓄，甚至进行贷款买房。中国人从农耕社会走来，"居者有其屋"是最普遍最基本的诉求。这一"有"不是租用，而是拥有。与西方不同，中国人信奉"有恒产者有恒心"，要成家、立业、立人，首先要有房。西方发达国家的房屋自有率却远低于中国很多城市。

三是家庭教育，这是另一个具有中国特色的沉重负担。血缘宗族文化的千年积淀，让中国普通百姓更看重教育，推崇教育，希望借教育改变个人身份、家庭经济与社会地位。历史上的科举制度和当今的高考制度，相对合理地拓宽了社会纵向流动的通道，打破了既得利益集团的固化，留给普通国民上升的机会。因此，为了家族，为了后代，中国父母愿意并舍得在教育上投资，愿意节衣缩食，倾尽全力，为孩子谋一个光明的前途。无论如何，也不能让孩子输在起跑线上。尤其是名目繁多的少儿教育、课外教育、择校就学的暗箱操作，特别是国外留学教育的无底深洞，让某些发达国家赚得钵满盆溢，却让国内家长倾囊付出，致使自己不敢"自由"消费。文化这种花钱的软消费，往往都在砍削之列。

另外，长期以来，由于我国市场经济发育晚，实施时间短，我国国民总是将文化看作是公共"活动"，缺乏文化的市场化消费观念。特别是长期的计划经济，文化艺术的计划供应，政府埋单，公款包揽，使无偿获得文化服务与文化产品成为一种惯例，没有形成整个社会的文化艺术的市场化消费习惯。比如实行了几十年的文艺调演，多年实行赠票制，各种名目的慰问演出大都由政府筹资或摊派，延续了供给制时代的文工团演出模式。普通公民没有建立起文化艺术市场化的消费观，而把能够送票、被送票看成一种特权，把通过关系搞到票看成有办法。大型的、较为高端的文艺演出，甚至成为一个地区政府各机构以及个人之间的关系润滑剂和利益交换方式。这种做法蔓延到国外去，我国的歌唱家、演艺团体在国外的演出常常采用赠票方式，改变了所在国的艺术消费方式，形成了观看中国演出的"免费"习惯和"关系"模式。

同时，由于整个民族的实用主义生存观念，市场经济教会了人们以钱生钱、房产生钱、股市生钱，却普遍忽视了个体审美的、艺术的、文化鉴赏的教育与涵养。

把一个数千年的农业国家，改变为一个现代化国家，进而成为一个后工业时代的科学发展的国家，其中的跨越之巨、跨越之难，举世罕有。

三、期待一个新的文化消费时代来临

从宏观上看，我国文化产业、文化经济、创意产业的发展与西方发达国家不同。这种不同在于，西方发达国家发展文化产业是自下而上的，即由市场需求推动，而中国文化产业是自上而下的，是通过前瞻性规划在全国全面推动的。

西方发达国家文化产业、文化经济、创意经济是在全球化背景下由市场推动的，是市场导向、需求导向的，是消费引领的，是由消费者长期形成并不断创新的文化需求推动的，比如影响全球的欧美大众流行文化、美国的电影市场、欧洲的戏剧市场、日本的动漫市场、韩国的游戏娱乐市场，都首先是社会产生了需求，需求推动消费，消费拉动市场，市场引发产业的兴旺，并激发创意的风起。

作为赶超型后发国家，中国敏锐地察觉到世界文化产业、文化经济、创意产业蓬勃发展的大趋势，看到了弯道超车的重大机遇。在我国文化发展理论界的研究与呼吁下，形成了广泛的社会共识，最终在党的十六大确定了发展文化产业的大政方针。在党和国家的战略决策，特别是党的十七届六中全会的大力推动下，我国文化创意产业获得了前所未有的发展。战略决策、规划布局、党政督办、政策引导、财政鼓励是这一阶段的主要举措；政绩冲动、匆忙上马、贪大求速、注重短期效应，往往是不少地区文化产业发展的基本态势；地产为本、大项目牵头、政商协作，各得其所，是一些地方推动文化产业发展的基本方式。

然而这一方式没有考虑或涉及文化产业发展链条的根本一环——文化的市场消费。文化产业的发展往往是城市官员选择与拍板的结果，偏于贪大求奇，偏爱面子工程，却很少考虑从市场效应、消费者需求出发。在文化创意（原创）—内容生产（生产商、产品供应商）—渠道传播（传播企业、传播方式）—贸易营销（营销企业、营销途径）—消费体验（消费者）的产业链中，如何实现产业链的最终闭合，形成良性循环，取决于消费。没有人消费，没有人埋单，所有此前各个环节的努力都没有意义。比如我国许多地方建成的"古城""古迹"，如西游城、孙悟空故里等，建成之日便成"鬼城""鬼景"。只有在市场化前提下，消费者掏出真金白银，才能使文化产品真正成为商品，进入文化市场的循环之中，才能激发创意，促进产业发展。

但是，提振我国的文化消费却是十分艰难的。

从消费者个体需要来看，在我国广大地区，特别是中低收入地区，文化消费被广泛认为是可有可无的软需求。改革开放之前长期的经济发展滞后，物质缺乏，吃穿用住的基本需求得不到满足，恩格尔系数高达70%—80%，导致人们尤其是大部分"40后"—"60前"人群往往留有深重的灾难记忆：舍不得花钱，更愿意储蓄，以备各种突发危机之需。这部分人群往往缺乏文化消费意愿，由于教育与审美、艺术修养的缺乏，并没有形成牢固的文化消费习惯。

同时，过去长期的计划经济体制，形成了文化需求可以免费获得的集体共识，产生了强大的滞后影响。人们觉得观看艺术表演、收看电视等，都应该是免费的。

然而，在逐步解决医疗、养老、住房等事关基本需要的保障后，我国国民文化消费的意识、习惯和能力将会大幅增强。只要中国经济继续平稳发展，我国未来3—5年文化消费的较大增长甚至"爆发式"增长也是可以预见的。

2011年我国人均GDP达到5000美元，文化旅游等初级消费有了较为显著的增长。2012年我国人均GDP达到6300美元，2013年我国人均GDP达到7000美元，2014年达到8000美元，文化产品消费初显"爆发式"增长的迹象。"十一"长假旅游（包括境外游）、"双十一"千亿元以上大规模网络消费，特别是电影消费的火爆由一线城市向二线、三线城市蔓延，都可以看出文化消费的若干"爆发"的端倪。

文化消费的主内容正在发生变化。近年来，文化创意产业创造的一系列文化消费的新形态、新目标凸显出来，如新媒体、博客、手机、微博、微信、电商购物、物联网等，形成了新的消费态度和消费习惯，与传统的消费模式大相径庭。

文化消费的主力军也发生了代际转换。改变我国传统的消费与储蓄习惯是十分困难的。我国公民的文化消费是通过代际转换实现的。"75后""80后""90后"开始成为文化消费的主要力量，并将替代之前的我国老一代文化消费主体。消费的必需性、必然性、时尚性、流行性、社会性以及品位的个人性，生活质量的提升等已经提上议事日程。消费的取向、趣味、审美与审丑，已经很大程度上影响着消费的市场格局。

文化创意产业的消费与以往制造业产品和生活日用品消费有所不同。新文化需求需要涵养、激发和带动，往往不是以销定产，而是以供给创新扩大文化消费，即以产创需、以创引需、以新导需，以产谋销。

从国际文化经济学视角看当代文化消费

国际文化经济学已经形成完整的学术体系，由露丝·陶斯著的《文化经济学教程》及编著的《文化经济学手册》成为全球文化经济学的奠基性著作。戴维·思罗斯比早年曾写作《经济学与文化》，后又与维克托·A.金斯伯格合作，编著了中文达220余万字的《艺术与文化经济学手册》。而詹姆斯·海尔布伦和查尔斯·M.格雷著的《艺术文化经济学》（第二版）则是金元浦与周蔚华主编的"文化创意产业译丛"中的一种。这些已翻译和尚未翻译的国际文化经济学经典，为我国文化创意产业、文化经济学、创意经济的学术发展提供了良好的框架和深厚的基础。

一、消费曲线、需求曲线与高新科技赋能

从经济学来看，"消费者选择的经济学分析中包含很多假设前提。首先，消费者的收入有限，他们不可能满足自身所有的物质需求。因此，他们必须在众多可能的消费目标中做出选择。其次，这些选择是理性选择。消费者努力按照能够在总体上获得最大满足的方式进行消费。经济学家用'效用'来代替'满意'一词，所以用经济学语言来描述，消费者行为追求'效用最大化'。

最后,个人消费品符合'边际效用递减规律'"。①这是经济学家对一般消费的表述。但文化艺术的消费有很多变化,文化艺术消费者的消费行为又有更多的要素参与其中。

首先与两个因素相关:消费者的收入与文化艺术作品的价格。从形式上看,这两项构成了一般经济学意义上的"卖"和"买"。卖者有货,买者有愿,也有支付能力,于是购销达成。但在文化艺术品的购买中,有些时候的选择并非完全理性,常常在收入与支出上不能达到合理与平衡。有时候由于消费者对某艺术品的"偏爱"乃至"挚爱",在购买中往往超出冷静的理性判断。比如文物收藏者的挚爱消费,艺术奢侈品购买者的炫耀式消费,在明星主播宣传下青年粉丝的冲动消费。另外,如果从个人角度谈,消费品一般是符合"效用递减规律"的,但如果从文化艺术作为公共消费品的社会群体角度看,一些文化艺术品的效用有时却是递增的,即使用越多,效用越大,比如一部小说、一部电影、一个游戏,呼声越高,观看就越多,效用就越大。

与消费密切相关的是文化需求。依照文化经济学的研究,社会生活中的文化艺术需求,可以用需求曲线来表述:

需求数量(Q_D)可以表述为产品价格(P)、其他产品的价格(P_Z)、消费者的收入(Y)和其品位与偏好(T)之间的函数,稍后将依次讨论这些变量。这个函数可以写成如下公式:

---

① 詹姆斯·海尔布伦、查尔斯·M.格雷:《艺术文化经济学(第二版)》,詹正茂 等译,中国人民大学出版社,2007,第61页。

$Q_D = f(P, P_Z, Y, T)$

Q_D和P之间的关系为负相关。当P变化时，Q_D也发生变化，这是沿着需求曲线而变动的。其他的变量引起需求曲线的位移。Q_D与P_Z即其他产品的价格之间的关系是复杂的。有些产品与服务之间的关系是互补的，意思是消费者愿意同时消费两种商品（比如iPod和iTunes），如果互补产品的价格上升，那么Q_D下降，这在需求表中再现为需求曲线向左位移。另一方面，当商品是替代品（比如CD和在线音乐服务），并且价格上升时，Q_D随着消费者转向更廉价的选择而增长，从而导致向需求曲线右侧位移。

收入被认为对Q_D有积极作用，当Y增加时，人们的消费也会增加。如果人们的品位向有利于商品的方向变化，他们在每个价位段上的购买量将增加，这两种结果都会推动需求曲线向右移动。

需求曲线中的位移有两种对等的解读方法：在每个价位上购买更多的商品或消费者愿意为某一数量的商品支付更高的价格。[1]

在需求函数$Q_D = f(P, P_Z, Y, T)$中，我们看到，P_Z，Y和T的变化可以引起需求曲线的位移。当Y增加，替代品的价格上涨或互补产品的价格下降，被分析的T朝着有利于商品的方向变化时，需求表中所有的变量都会往右位移，反之亦然。[2]

在上述需求曲线中，我们看到，收入（存款）多寡、文化艺

---

[1] 露丝·陶斯：《文化经济学教程》，意娜 等译，高等教育出版社，2019，第125页。

[2] 同上书，第131页。

术产品的价格高低、与之平行的可供选择的其他产品的价格、消费者个人的品位与偏好等因素，构成了上述文化消费的需求公式（曲线），但忽略了文化艺术产品的艺术价值与伦理价值。一个没有价值的文化艺术品不存在价格，不存在个人品位选择，也就不存在销售，不存在买卖关系。

需求曲线也可以体现个人的需求，显示他或她愿意为某一产品的不同数量支付多少钱，因此可以反映出他或她对该产品的满意度。如果某个人对某一特定商品有非常强烈的偏好，他或她将会愿意支付更高的价格，还有可能放弃其他的东西以购买该产品。然而，个人偏好的强度并不能被直接观察到。我们从需求函数中所能得到的信息 Q_D 是方程式中所有变量相互作用的结果，当其他变量保持不变时，需求表映射了单个产品的意愿支付价格 P。这被解释为支付意愿（WTP），是文化经济学中一个非常重要的概念。①

其实，每个人对文化和艺术的需求是不同的。这种需求可以分为不同层次。第一类是专业层次需求。文化和艺术的直接从业者，经过若干年的专业训练和艺术熏陶，对相关产品有很高的辨别力，往往有自身的艺术趣味选择。比如，国际著名芭蕾舞团或著名芭蕾舞演员来中国北京演出经典舞剧，国内相关专业的人员（演员、导演、编导、舞蹈与音乐高等院校的系科教授、学员）

---

① 露丝·陶斯：《文化经济学教程》，意娜 等译，高等教育出版社，2019，第126页。

都会到北京观摩,不管路途是否遥远,票价是否高,也要亲眼观看,满足心愿。第二类是对文化艺术有较高欣赏能力的雅士,一般都是中产以上受过良好教育或对某一艺术样式有独特爱好的人群。对文化艺术产品有明确的支付意愿。第三类是当下网络时代的大批青少年群体。他们的文化艺术需求主要表现在对影视明星、著名歌手、网络红人、直播达人、网综节目的追逐,对二次元的热衷,对游戏的热爱,甚至对时尚潮流的非理性追逐。为满足心理需求,他们可超值支付。第四类是文化艺术的普通大众消费者。他们往往选择传统文化艺术样式,如电影、电视。他们个体需求相对模糊,支付意愿较低。

什么是需求理论中艺术的"品位"与"品味"。品位是指一个文化艺术消费者的欣赏能力和修养的层级。品味则是指消费者的艺术趣味偏好。西方文化艺术中有一句人们常常引用的格言"趣味无争辩",据说经济学的传统是假设消费者的品位难以解释,所以大多数的经济学家不尝试对其进行解释[1],但这恰恰是美学与文艺理论关注的话题。实际上,艺术消费者个人的趣味偏好是无可争辩的。趣味作为个人喜好,到底喜欢"阳春白雪",还是喜欢"下里巴人",别人无权非议,但品位是有高低的。任何一件文化艺术作品都包含着价值观,也就是既包含艺术价值也包含伦理价值。而每一位消费者则需要通过学习和养成,来培育

---

[1] 詹姆斯·海尔布伦、查尔斯·M.格雷:《艺术文化经济学(第二版)》,詹正茂 等译,中国人民大学出版社,2007,第74页。

一双能欣赏形式美的眼睛和一对会欣赏音乐美的耳朵。

艺术偏好与经济变量之间是怎么相互作用的？你去看歌剧，花100欧元买了一个座位，坐在你旁边的人也一样。我们对你们的了解也就是你们都支付了100欧元来看歌剧。事实上，你是一个正在苦苦奋斗的博士生，因为你非常喜欢，但是收入微薄，攒了一年的钱就是为了看这次演出。但是你旁边的人呢？是否也是像你一样的歌剧爱好者，或者只是一个来剧院看朋友的有钱人，对歌剧本身根本不关心，关键是愿意支付某一特定价格。存在这样两种可能性。①

文化艺术消费的支付意愿也是有一定弹性的。这主要体现在第一类和第三类群体中。第一类往往由最初对文化艺术的热爱变成"理性成瘾"，而第三类则往往是强烈偏好带来的冲动消费，一般过了这一阶段就会发生改变。对于每个消费者来说，在文化艺术品的购销中还存在着"交叉弹性"。也就是说，文化消费产品是多样的，其价格是可选择的，其中文化艺术品质量和价格形成了一个最佳购买成本配比。质量稍差（可以接受）但价格便宜，就有选择余地。若坚持质量第一，则不考虑购买成本增大。

从目前来看，全球最大的潮流就是互联网高新科技赋能文化，给我们带来了文化消费的一系列变化。

新科技如何影响文化消费，是当前最为重要的现实课题与实

---

① 露丝·陶斯：《文化经济学教程》，意娜等译，高等教育出版社，2019，第130—131页。

践。但是西方经济学界对这个问题的分析研究寥寥无几。他们对新技术对艺术和文化的供给机制的影响了解不多，对新技术影响文化消费方式的转变缺乏前瞻性看法。

"技术变革引起文化消费的变革……技术变革（尤其是数字计算与传媒技术）对文化消费的数量、形式和种类方面产生多重影响。总之，技术变革不仅仅意味着更多数量的变化，也同时意味着文化消费的内容、类型等质的方面发生改变。"[1]

新技术可以通过降低文化产品的相对价格来提升文化效用。比如我们在亚马逊购买电子版图书，价格比纸质书的价格便宜了很多，从而刺激了销售，销售方因而增加了收入。

"新技术可以扩展文化消费的可选空间。两种情形下会出现这一现象。第一种情形是当我们引入诸如印刷、颜料或者胶片这类新技术时，将一种前人不知或者很少体验的新产品作为原材料投入文化产业中。第二种情形是新技术拓宽了文化产品和服务的范围，如市场的扩张。在这两种情形下，文化消费者能够体验到技术变革带来的文化消费的品种与多样性的增加。"[2]

与西方文化经济的理论相比，中国的文化创意实践往往走在理论的前面。从实践来看，中国网络新科技的普及运行，大大推动了文化产品的创作和销售。我国大力推动数字消费：一方面，从供给侧来说，强化了核心技术如芯片的研发，加快了产品创新

---

[1] 维克托·A.金斯伯格、戴维·思罗斯比，王家新主编《艺术与文化经济学手册（下卷）》，东北财经大学出版社，2018，第164页。

[2] 同上书，第169页。

和产业化升级的步伐；另一方面，截至2020年6月，我国网民达到9.4亿人，特别是"90后""00后"这些互联网原住民迅速占领了数字消费的高地，一大批数字消费的新产品、新业态、新模式不断被创造出来，一批适应消费升级的中高端移动通信终端、可穿戴设备、超高清视频终端、智慧家庭产品等新型数字信息产品，以及VR（虚拟现实）、AR（增强现实）、智能汽车、服务机器人、无人机等前沿数字信息文化创意产品爆发式增长。基于网络平台的新型文化艺术消费正在形成，线上线下协同互动的消费生态正在不断优化。

二、西方国家的文化消费状况

世界其他国家的文化消费是处于一个怎样的状况呢？

《国际统计年鉴：2013》的"居民消费支出构成"提供了一些世界主要国家居民的消费状况，其中发达国家的休闲与文化消费大致占整个消费的比例在10%左右（表1），是除了住房水电之外最大的支出。

表1　2010—2011年部分国家休闲与文化消费支出占整个消费的比例

国家和地区	年份/年	占比/%
澳大利亚	2010	10.74
奥地利	2010	10.68
比利时	2011	9.01
加拿大	2010	9.85

续表一

国家和地区	年份/年	占比/%
捷克	2011	9.77
丹麦	2011	10.94
芬兰	2011	11.30
法国	2011	8.37
德国	2011	8.94
希腊	2011	5.63
匈牙利	2011	7.49
冰岛	2011	10.61
爱尔兰	2010	6.86
意大利	2011	7.27
日本	2010	10.37
韩国	2011	7.79
卢森堡	2011	6.86
墨西哥	2010	4.97
荷兰	2011	10.02
挪威	2010	12.58
波兰	2010	7.76
葡萄牙	2011	7.19
斯洛伐克	2011	9.50
西班牙	2011	8.07
瑞典	2011	11.07

续表二

国家和地区	年份/年	占比/%
瑞士	2010	8.38
英国	2011	10.76
美国	2011	9.23
爱沙尼亚	2011	6.37
以色列	2010	7.77
斯洛文尼亚	2011	8.70

在欧盟文化经济的统计中，可以看出国民参与文化活动的情形。参观历史遗迹（宫殿、城堡、教堂、花园）占比最多；看电影的消费最普遍，其中体力劳动者参与最多。欧盟各国参观博物馆、画廊，去音乐会、公共图书馆、剧院的比例都在三到四成（表2）。

表2 2007年欧盟27国文化活动参与情况

单位：%

文化活动项目	全部	女性	体力劳动者	退休人群
参观历史遗迹（宫殿、城堡、教堂、花园等）	54	53	53	42
看电影	51	50	57	20
参观博物馆或画廊	41	41	35	31
去音乐会	37	36	35	25
去公共图书馆	35	37	28	23
去剧院	32	34	24	25
看芭蕾和舞蹈表演或歌剧	18	19	13	15

资料来源：欧洲统计局（2007）。

不同国家的统计机构采用不同的分类方法来统计文化消费状况。美国的文化消费不仅包括软件，也包括一些硬件，如收音机与音响设备；不仅包括有形文化产品，也包括无形的文化服务（表3、表4）。

表3　2004年美国文化娱乐消费项目平均消费支出

文化娱乐消费项目	支出金额/美元
全部娱乐消费项目	2218
电影、戏剧、歌剧、芭蕾舞剧	92
视频游戏硬件与软件	18
录影带和碟片	43
收音机与音响设备	135
全部阅读消费项目	130
图书	50
报纸	42
杂志	15

资料来源：美国劳工部、劳工统计局，《消费支出调查：娱乐类选摘》。

表4　2001—2005年美国文化产品与服务消费支出占比的情况

文化产品与服务项目	支出占比/%
个人消费支出	13.5
娱乐消费支出	31.1
表演艺术活动	1.9
电影	−6.9

续表

文化产品与服务项目	支出占比/%
书籍与地图	19.6
杂志、报纸和活页乐谱	14.0
音视频产品	52.1
商业文娱活动	21.6

资料来源：美国商务部、经济分析局。

对这些项目2001年至2007年的消费趋势的分析显示，欧洲文化产品与服务消费的支出涵盖的项目在欧洲各国几乎差不多，但也不完全一样。他们是用欧元的购买力标准（PPS），即能反映欧共体内部不同水平的GDP和价格的购买力标准来表述的。[①]

2003—2004年度澳大利亚家庭总支出的4%花费在文化产品与服务上。[②]表5显示了澳大利亚人每周在艺术与文化方面的支出。

表5　2003—2004年澳大利亚平均每周文化产品与服务的家庭消费支出

文化产品与服务项目	家庭消费支出/澳元
文学	8.43
音乐	1.65
表演艺术	1.59
视觉艺术与工艺产品	1.66
广播、电子媒介和电影	7.87

①欧盟统计局（2007）。
②澳大利亚统计局（2008）。2003—2004年度1澳元大约相当于1.3美元。

续表

文化产品与服务项目	家庭消费支出/澳元
其他艺术	1.86
文化遗产	0.39
其他文化	12.94
总计	36.40

资料来源：澳大利亚统计局（2008）。

从总体看，西方各国的文化消费额普遍高于我国，不论是总量还是个人或家庭的平均量。从类别来看，西方发达国家国民的文化需求较为旺盛、稳定，文化消费呈现多元化特征，比如爱尔兰的文化消费，既有传统的主流电影、戏剧，也有摇滚或流行音乐与街头露天剧院的公开展演，还有两成民众喜欢爱尔兰传统民间音乐、单口喜剧，乃至杂耍表演和哑剧（表6），表明了不同的消费趣味和选择的多样性。

表6 2006年爱尔兰的艺术活动出席情况

艺术活动类型	出席占比/%
主流电影	57
戏剧	30
摇滚或流行音乐	28
街头露天剧院的公开展演	19
爱尔兰传统民间音乐	19

续表

艺术活动类型	出席占比/%
单口喜剧	18
音乐剧	17
杂耍表演、哑剧	16
艺术展览	15
马戏	13
乡村与西部音乐	10
传统民间舞蹈	8
爵士乐、布鲁斯	7
古典音乐会或独奏会	7
艺术电影	5
世界音乐	5
读物	5
歌剧	4
现代舞	3
芭蕾	2
其他现场音乐演出	17
其他舞蹈表演	7

资料来源：欧洲理事会、欧洲艺术文化政策比较研究协会（2008）。

同时，我们看到，西方发达国家文化消费的市场机制较为完善，国民的文化消费习惯已经形成，消费渠道畅通；各国文化经济的链条完整，文化消费的上下游连为一体，运行有序。

三、区域（国际化大都市）文化消费差别比较

为了了解各特大型城市之间文化消费的不同，我们比较了北京与伦敦、东京的文化消费。

（一）北京与伦敦文化消费环境差异的分析

1. 北京与伦敦经济环境差异分析

伦敦作为世界城市以及欧洲的主要金融商业服务中心，金融业和金融区的发展对大伦敦地区和英国经济发展具有重要的牵引作用。伦敦在英国经济甚至欧洲经济中的地位及其发达的金融服务业、城区地理特征都影响着伦敦文化创意产业的发展。北京是我国的政治、文化、科技和国际交往中心，但是其文化消费环境远没有伦敦优越。北京的金融业正在赶超伦敦，一批金融机构、创投基金为北京乃至全国文化创意企业的发展提供了资金保障。

2. 政策环境差异分析

北京市发展文化创意产业虽然起步晚，但是政府高度重视。在2005年确立了"发展文化创意产业、打造创意之都"的发展战略，并制定了相关管理办法，同时还大力提供扶植政策，优化文化创意产业环境，并设立各项文化创意基金等。但其仍然存在一定的问题：一方面，政府和金融机构为民营中小文化企业提供融资支持的政策还比较少；另一方面，现行的税收优惠政策涉及的创意产业行业也只有出版、电影、音像制品、软件开发等，覆

盖面还比较窄;更为重要的是,现行对文化创意产业的税收优惠政策持续时间过短,这种临时性的政策对产业持续发展的鼓励作用是很有限的。相比北京而言,伦敦创意产业的政策架构更为完整,主要体现在融资政策和税收政策上。自20世纪90年代末以来,伦敦政府利用其文化、人才以及金融服务方面的优势,先后颁布了《创意产业融资地图》《融资一点通》等政策,对伦敦创意产业直接进行投融资支持;此外,政府还用公共资金来弥补私人投资的不足,每年来自政府部门的资金支持可以达到77%。在税收方面,伦敦从未对图书、期刊、报纸征收过任何增值税;同时,为了刺激电影业的繁荣,从2006年开始凡制作成本在2000万英镑以下和以上的电影可分别获得成本的20%和16%的税收优惠。

3.文化消费市场供给和需求不同

北京和伦敦都有着悠久的文化,但中西方文化上的差异对两市居民文化消费有着不同的影响。中国人历来尊崇集体主义,思维倾向于追求正统的民族文化传统,遵奉"和合"的共同理念。北京过去的文化消费市场缺乏活力和动力。相比较,英国人崇尚自由,又具有较强的个体主义倾向,从文化上强调自我,追求个性的解放。因此,文化传统为创意灵感的形成营造了良好的氛围,文化消费市场主客体之间的创意意识能充分地沟通,进而激活了伦敦的文化消费市场。近几年,北京的创意思维越发活跃,文化消费市场逐渐扩大,消费潜力逐渐被挖掘,但是消费市场主客体之间关于创意产品或服务的供需问题仍然有待解决。

4.文化消费行为不同

我国文化市场目前存在一部分民族品牌被国外抢注，自主版权文化精品少，对衍生的外围知识产权开发不够。企业内部则普遍重视有形资产的保护，忽视无形资产的保护开发，缺少知识产权保护和开发的战略规划。目前，北京的广告、建筑、时尚设计等文化创意行业设计作品同质性强，相关法律法规在商标权、专利权、版权保护以及如何界定侵权等方面还留有空白。文化消费市场存在诸多非法行为。相比而言，伦敦的法律体系较为完善，文化消费市场的不规范行为受到了有效管制，文化消费市场各行为主体权责明确。

（二）北京与东京的文化消费差别比较

1.城市经济发展水平

无论是建城时间，还是建都时间，北京都要远早于东京。虽然北京的区域面积和常住人口规模都要大于东京，但人口密度和经济密度东京都要高于北京。在经济总量上，东京的GDP已经接近2万亿美元（2009年），而北京才只有2000亿美元，相差10倍左右，而人均GDP相差不到5倍。东京的经济发展水平远高于北京的经济发展水平，单从这一方面进行对比，北京与东京的差距较大。

2.社会环境

东京的文化理念，以凸显文化独特性为重点。日本在第二次世界大战以后一直致力于国际地位的提升和形象的塑造。在20世纪80年代提出"文化立国"的理念后，便通过树立本国文化的独特性来增强日本在文化上的自豪感，并促进与世界各国的文化交流，展示日本的文化形象。相比较而言，在发展理念上北京并未真正将文化视为北京安身立命的根本，"重经济轻文化"的观念仍未彻底改变。

3.文化消费需求与供给的不同

经济高速增长中所面临的困境，促使日本人逐渐地从狂热地追求经济增长转为冷静地面对过去未曾深思的各种问题。物质生活的富足也促使人们对诸如生活方式、环境质量及精神生活等不断提出新的标准，产生新的需求。根据马斯洛的需求层次理论，人在满足物质上的需求之后，最普遍的需求是希望找回在经济高速增长时期失落的人的本性，渴望在更高的层面实现自我。这一时期民众对文化消费需求上升，并且在文化产品或服务的提供上注重"走出去"，不仅引进国际前沿的文化产业发展业态，有选择性地进口文化消费产品，同时还向世界各地输出文化产品。这一时期的日本文化消费市场完全脱离了"自我为中心"，文化消费需求更加多层次化，文化消费供给更加国际化。

北京虽然在目标定位方面有明确的表述，但是缺乏较为突出、精准的文化特色。这就导致文化消费市场品类繁多，一应俱全，但又缺乏精品。北京的文化消费需求旺盛，但是很大一部分需求是由进口的文化消费产品或服务来满足的，北京的文化消费供给并不能完全满足需求。

4.文化消费行为不同

日本的动画、漫画和游戏软件的地位同其汽车和电器产品一样，在国际市场中举足轻重，其产值和影响已经超过了汽车等传统工业。日本传统文化中有着很强的学习精神和融合能力，日本文化产业高速发展正是得益于这种学习精神和融合能力。同时，日本民众受岛国"居安思危"思想的影响，勤俭持家之风比较普遍，使得日本的文化消费市场主要是文化产品或服务的出口。北京是我国的文化中心，由于收入水平和认知水平等因素的差异，居民的文化消费行为各式各样，消费水平参差不齐。而东京作为日本的首都，其较高的经济发展水平和教育水平，使得民众的文化消费行为更加主流化。

从以上对比可以看出，我国城市在高速追赶的过程中，既有宏观整体上的强劲势头，又展现出市场意识不强，文化艺术产业从供给侧到消费端的链条尚未完全打通，创意设计核心地位未获共识的特点。因此，我国文化创意产业非市场化的管理只有升级换代，才能真正进入高质量发展的新阶段。

突破文化消费之瓶颈

进一步扩大国内消费中包括加大旅游、文化等领域有效供给，促进服务业发展和经济转型升级。扩大文化消费，增加文化消费总量，提高全民族的文化消费水平，是文化产业、创意产业发展的内生动力，是我国经济内循环的关键一环，也是当前推动文化创意产业发展的关键环节和重要着力点。

文化消费作为一种特殊的消费，具有不同于一般物质消费的特点。文化消费是以一定的物质文明为基础的，与经济发展水平、物质生活和物质消费密切相连。文化消费还与人们的价值观、审美观、艺术观及兴趣爱好紧密联系。文化消费具有习惯性、继承性的特点，是在长期生活和教育中，不断继承传统文化，同时吸收外来文化的结果。文化消费（需求）的弹性大，消费空间广阔，消费容量巨大，而它自身则在日益增长的消费性服务中具有某种"模糊性""沉浸性"，表现为"提供"和"享受"不可分，如"弹幕"的亦品亦议；"继承"和"创造"不可分，如非遗的创新再造。当然，文化艺术消费的结果是要经过漫长实践的培育与熏陶的，在短期内不易显现效应。文化消费的行为主体既包括自然人，也包括法人。因此，我们的评价体系就要围绕着文化消费的行为主体这一中心展开。

当前文化产业在促进经济转型发展中发挥着日益重要的作用。以信息消费为例，统计显示，目前我国的信息消费已经占到居民消费的三成至四成，成为增长最强劲的消费内容，整体消费也已占 GDP 的 60%，在拉动需求、促进消费升级方面成效显著。因此，文化消费遇到了双重机遇：一是消费成为国民经济的第一支柱，文化消费乘势上升；二是文化消费自身借助新需求带来的强劲势头，实现文化内容创作与消费的升级换代。

但同时也要看到，文化消费在整个居民消费中还处于较低层次，普遍存在着市场化程度不高的问题。首先，文化产品输出呈现两极化状态：一方面，按照世界银行的数据，我国已成为文化制造类商品的头号出口国；另一方面，据英国一个研究机构测定，我国原创文化产品和服务只占国际文化产品出口的很小份额。其次，从投资来看，我国文化投资量巨大，消费量却相对较小，二者之间存在着不小的落差，致使消费成为我国文化创意产业发展的瓶颈。近年来，通过国家大力拉动，消费已经活跃起来，在国民经济中占比逐渐增大。因此，促进文化产业向更高水平发展，必须加快改善供需关系，大力提升文化市场的"活跃度"，全面推动我国文化消费增长。

一、瓶颈和障碍

制约文化消费提升的瓶颈首先在于经济能力，其次在于社会环境、传统影响、消费者受教育程度和人文素质水平。收入与消费有着直接关联,受制于人均收入水平不高,我国居民文化消费的支付能力薄弱,国民普遍将文化消费视为软消费,即可有可无的消费。文化消费很难形成必要消费、固定消费和充分消费。随着居民收入水平提高、人口结构调整和科技进步,城乡居民的消费内容和消费模式对消费质量和消费环境提出更高要求。紧紧围绕居民消费升级大力促进文化消费水平的提高,有利于更好地满足人民群众日益增长的文化需要。

需要指出的是,文化艺术消费不同于一般物质消费的产品消耗,经过艺术消费,文化艺术作品依然存在,它的边际效用不是简单的递减,而是有其自身的规律:真正经得起历史检验的好作品,消费越多越红火;同时,文化艺术消费具有公共产品性质,不是你消费我就不能消费,而是具有多人共同消费的特点,一般不产生排他性,消费的人越多越具有规模效应。

不同于一般吃饭、穿衣、住宿等刚需消费,文化艺术消费受教育投入、社会氛围、审美培育、艺术习惯等多重因素的影响。因此,推动我国文化艺术消费的发展,需要全面改善文化环境,提升国民的文明素质。

二、方向和潜力

总体上看,文化消费发展的主体方向是要实现两个转型升级。一个就是发挥新消费的引领作用,加快推动一、二产业的转型升级，实现我国经济整体提质增效。另一个就是要实现文化产业自身的升级换代，从供给侧出发，实现我国文化消费的升级换代。

当前，我国居民消费正处在从注重量的满足向追求质的提升，从有形物质产品向更多文化精神服务，从模仿型向个性化多样化的一系列转变之中。要围绕文化消费市场的变化趋势进行投资、创新和生产，从而最大限度地提高投资和创新有效性，优化产业结构，提升产业竞争力和附加值。

从目前来看，文化消费的主要内容正在变化。文化创意产业创造的一系列文化消费的新形态、新目标凸显出来，如网红爆款、粉丝文化、智能手机、微信社群、直播带货、短视频、云游戏、电商购物、大规模物联网派送等，形成了新的消费态度和消费习惯，与传统的消费模式大相径庭。

文化消费的主力军也发生了代际转换，但改变我国传统的消费—储蓄习惯是十分困难的。我国公民的文化消费是通过代际转换实现的。消费的必需性、必然性、时尚性、流行性、社会性，以及品位的个人性等已经提上议事日程。"90后""00后"开始成为文化消费的主体，并将替代之前我国的老一代文化消费主体。需要看到的是，当前兴起的青年群体互联网生存模式，极大地改变了先前的层级区隔，而将不同层次的青年拉到同一平台，特别是受过各级高等教育的年轻人。当代消费的青年共识引领他们走向文化消费的新时代、新环境、新平台。

文化创意产业的消费与以往制造业产品和生活日用品消费有所不同。新文化需求需要涵养、激发和带动，往往不是以销定产，而常常是以供给创新扩大文化消费，即以产创需、以创引需、以新导需、以产谋销，从而来涵养、教化和培育新的文化消费群体和消费品牌产品。

收入是消费的原动力，在一般情况下，居民的收入水平越高，文化消费的能力也就越强；居民的总体生活水平和消费层次越高，文化消费量也就越大。以北京为例，高收入、高学历人群相对较多，对文化消费的层次提升有重要作用。目前，我国的文化消费呈现立体式层次叠加和混合交错特点。既有高端消费群，也有大量中产消费群和普通民众消费群。从总体来看，人民群众对美好生活的新需求日益凸显。其中精神的、文化的、心理的、艺术的、美学的、娱乐的、休闲的、旅游的、养身的、健康的需求就更显迫切。

同时我们必须看到，虽然我国已经消除了绝对贫困，但是还有巨量的群众依然处在刚刚解决温饱阶段。文化消费就需要分不同层次，分不同社群来精准施策、分类管理，把握需求，长期推动。

目前，在全球经济危机的大背景下就业形势依然严峻，股市走势不明朗，居民投资理财渠道偏少，居民收入快速增长的支撑点不足，居民未来收入预期不乐观。这些均会对文化消费的增长产生抑制作用。由于低收入群体经济基础薄弱，用于生活方面的支出就占了较大部分，文化消费中子女教育占较大的比重，其他娱乐性文化消费能力不足，在一定程度上影响了我国文化消费整体水平的提高。

文化消费的精神需求属性明显。由于文化消费多体现为精神需求，与人们的价值观、审美紧密联系，对文化有偏好或者兴趣浓厚的人都会有较为强烈的文化消费意向。对于学历，一般来说受教育水平越高，对自己的生活要求相对会越高，而精神文化生活恰恰是体现个人生活品位和社会地位的重要内容。在文化消费支出中，居民消费越来越倾向于提升精神需求的文化娱乐服务消费和教育消费。居民对文化消费的需求已经不再仅仅是低层次的享乐和舒适，精神需求已经慢慢上升到艺术和审美，提高欣赏品位，为精神领域寻找"食粮"的层次。

我国文化消费政策应着力加强顶层设计，宏观把握，系统集成，突出全面性和层次性。同时，政策的发展也已到精准施策的新阶段。在建设宜居幸福的现代化城市的进程中，必须增加文化消费总量，提高文化消费水平。近年来，国家各级政府都发布了一大批促进文化消费的政策和措施。国务院办公厅在《关于进一步激发文化和旅游消费潜力的意见》中明确提出"到2022年，建设30个国家文化和旅游消费示范城市、100个国家文化和旅游消费试点城市"的任务。对示范城市从政策落实、资源发掘、市场管理、品牌营销、服务升级等多个方面提出了要求，通过创建和评选形成示范效应，真正带动文化和旅游的消费。为落实中央文件精神，文旅部在全国范围内启动"国家文旅消费试点示范城市"的评选，2020年12月25日，第一批15个国家文化和旅游消费示范城市公布。这既是全国文化消费试点城市经验的总结推广，也是激活和释放文旅市场消费潜力的机会。这次文旅部发布国家文化和旅游消费示范城市、试点城市名单，既有宏观的整体设计，也有细节的评审标准。

文化消费受多种因素的影响，不仅需要居民的消费能力、消费意愿，还需要能满足居民消费需求的产品、设施，以及有能够让广大居民负担得起的价格等。这些牵扯到文化消费习惯和群体的形成、文化产品与服务的有效供给等一系列问题。因此，促进文化消费的政策也应是全方位、多层次的。

培育主导产业是文化消费升级的必然路径。文化消费产品种类繁多，但是往往缺少能够代表城市特色的过硬的文化产品。比如北京，北京的文化市场的代表性高端精品并没有出现。北京有众多的文化创意工作室，也有众多的科技园区，这些园区和工作室在发展中往往同质化现象严重，追求短期经济效益，发展水平有待进一步提高。伦敦有特色的创意设计，东京有著名的漫画、动画和游戏，北京在综合自身经济发展和首都功能定位的基础上，也应有代表自己特色的好创意和好作品。

推动我国文化消费的发展，首先要将消费者置于市场主体的位置，从市场的角度探讨消费者的文化需求，以文化消费的需求来引领文化产业的发展。

文化消费的方向是全面提升全体国民的文化环境和文明素质。文化艺术产品从创意、制作、传播、营销到接受、消费的整体产业链的闭环运行，符合生产和消费的一般规律。但是，文化艺术的消费有不同于一般的物质消费。

消费中介着生产，文化艺术作品的消费—接受、购买、欣赏，实现着作品的生产—构思、创意、创作、制作，这是因为所有的生产最终只能在消费中完成，没有消费，所有的投入、所有的生产，都是无效劳动。文化艺术的精神性消费，是一种有前提，有先修，有场域，有条件的独特的消费。

建设良好的社会文化环境，提升我国国民文化素质，培养精神消费的审美能力，是突破文化消费瓶颈的必要前提。

互联网+、文化消费与艺术电商发展研究*

随着艺术消费者需求的多元化特征，围绕着"创造稀缺艺术"的艺术品电商发展迅速。标的物从藏品到产品、受众从小众到大众、渠道从线下到线上、定位从专业到细分的四个转变反映了艺术消费品市场的重要变革。互联网已经从一种技术优势变成了通用工具，艺术电商不再是简单的线上业务复制。互联网应用中诞生的新一代艺术受众的文化消费模式发生了巨大变化，对产品设计、用户体验、情境互动等方面提出了更高的需求。通过制度经济学中的交易成本理论分析，得出艺术电商为了实现交易成本最小化，在同等情况下其核心竞争力仍然是受到市场认可的优秀艺术家、高品质或稀缺的艺术品。为了同拥有大量稀缺藏品和知名艺术家资源的拍卖行、画廊等传统利益方和同类电商竞争，艺术电商不断通过多种方式创造稀缺性。在互联网情境下，"消费中学习"理论要求艺术电商通过培育优秀的艺术家和输出优质的艺术作品来提高新兴受众的文化消费存量，形成用户强偏好，培育稀缺的用户群体。这两者的本质目的都是利用互联网创造稀缺的艺术（艺术家和艺术品）和稀缺的用户，攫取制定艺术市场

＊本文与桑子文博士共同完成。

价格机制的话语权，来实现更大的利益。

一般意义上的艺术品包括视觉艺术中的造型艺术产品，即绘画篆刻、雕塑雕刻、艺术摄影、装置艺术以及具有投资价值的工艺美术品等，也包括国家法令规定范围内的部分文物。[①]艺术品大多通过拍卖交易的二级市场进行买卖，价格较为昂贵且优质的拍品稀少，主要功能为收藏、投资及审美，较为小众。而随着国内艺术市场不断深化发展，市场层级细分更加明显，甚至呈现出交叉的态势，围绕着不同价位、不同呈现方式的艺术品开始形成特定的消费群体，艺术消费市场正在走向消费多元化。

"艺术消费品"是一个新概念，指的是以普通商品的性质进入市场的艺术品。这些艺术品是消费的对象，其功能是满足人们的审美需求和消费需求，不承担保障资金安全的责任。[②]狭义的艺术消费品分为两种：一是艺术授权产品，包括艺术品复制、艺术衍生品等；二是艺术原创产品，是由艺术商业经营机构所经营的原创艺术产品。广义的概念则包含在艺术授权产品、艺术原创产品等的基础上用于拍卖及销售的相对高端的艺术品。本文定义的艺术消费品为广义概念。

艺术品电子商务是电子交易方式，指通过网络进行艺术品在

[①] 刘翔宇：《中国当代艺术品交易机制研究》，载《山东大学博士学位论文集》，2012，第11页。

[②] 翟晶、孙中伟：《定义"艺术消费品"：让市场走向有序》，《艺术市场》2013年第7期。

线交易活动和相关服务活动的商业行为。①艺术消费品电子商务机构（以下简称"艺术电商"）广义上是指利用网络，以艺术消费品的销售为主营业务的商业机构。艺术电商随着互联网技术的发展发生着巨大的变化，从简单地复制传统业务到如今的注重用户体验和流量变现，本质是利用互联网创造稀缺的艺术（艺术家和艺术品），攫取制定艺术市场的价格机制话语权，从而实现更大的利益。艺术电商的定义为：除了使用互联网具有的基本技术（如线上支付、在线展示等），能够充分利用互联网的各种方式创造稀缺艺术家、稀缺艺术品、稀缺用户、稀缺体验（图1）的艺术消费品电子商务机构。

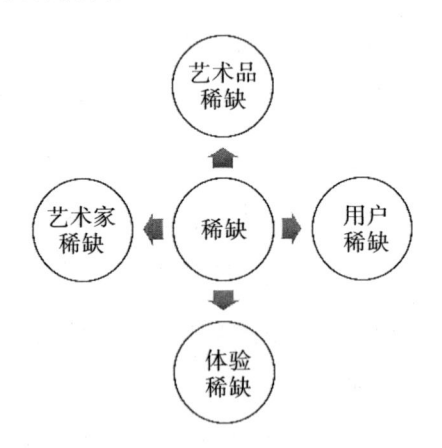

图1 稀缺的内涵

消费艺术古已有之，一直以来，艺术讲究的是审美功能。作为一种文化产品，其核心价值在于创意或艺术。Ruth Towse 认

---

① 刘然：《中国艺术品电子商务运营现状研究》，载《中央美术学院硕士学位论文集》，2015，第3页。

为文化产品的共同点是都包含创意或是艺术的因素，这些文化产品在人的一辈子中都在产生持续的服务。除了创意和艺术因素以外，文化产品与其他类型的产品一样，它们的生产都需要耗费土地、劳动、资本等成本，尤其是人力智慧（企业家智慧和人力资本）[①]。这种人力智慧只有是符合消费者的多元化需求的创意和艺术，才能够完成从商品到货币"惊险的一跳"，从而形成文化生产与文化消费的闭环。从这个意义上来说，只有为市场所消费的艺术物品，才能被称为艺术消费品或是艺术品。

文化消费是定义文化产品的核心环节。笔者认为，中国文化产业自上而下的发展路径并没有考虑或涉及文化产业发展链条的根本一环——文化市场的消费。部分城市对产业的选择与拍板偏于贪大求奇，爱好面子工程，很少考虑从用户偏好、消费者需求出发。艺术产业同样如此，"在文化创意（原创）—内容生产（生产商、产品供应商）—渠道传播（传播企业、传播方式）—贸易营销（营销企业、营销途径）—消费体验（消费者）的产业链中，如何实现产业链的最终闭合，形成良性循环，取决于消费"。[②]

文化消费的质量与规模是由用户体验带来的流量变现决定的。艺术电商为了追求更多的利润，开展多元化的创新活动，形

[①] Ruth Towse, *A Handbook of Cultural Economics*, Second Edition (Cheltenham: Edward Elgar, 2011), p.1.

[②] 金元浦：《消费引领：补齐我国文化产业发展的短板》，《同济大学学报（社会科学版）》2013年第5期。

成了特定的电商模式,包括综合性电商平台中的艺术品频道、艺术品综合电商平台、艺术品垂直电商平台和艺术品移动电商。[①]电商模式的形成需要结合相应的文化消费激发策略,这些艺术电商需要在运营中运用不同的策略来激发消费需求。设计讲究的是审美与实用功能的结合,商业讲究的是标准化生产、流程管理、成本控制、现金流回收,而在互联网时代,"用户体验"成了木桶定律中的一块重要的木板,只有在"选择、比价、购买、配送、售后、评价"这些环节中采用正确的策略,才能顺利地实现产品销售,继而通过高品质的用户体验来制造口碑效应,激发更多的消费。

一、艺术电商的概况与发展

从20多年前第一家艺术电商艺术网(Art net)在美国创立到现在,艺术消费品的网上销售也不再只是单一的展销与拍卖,而是随着消费群体审美水平和购买力的提升,演化出特有的形态。1999年,中国最早的艺术品在线交易平台之一的嘉德在线成立。2005年至2009年,盛世收藏、博宝网、雅昌艺术网等陆续上线。2011年,淘宝开始进入艺术品拍卖。2012年,艺典中国、良仓等一批新的艺术电商崛起。此后艺术电商就开始呈现爆发式增长。根据《光明日报》网站的数据,截至2015年,国内在线艺

---

① 裘涵:《互联网+艺术品:艺术品电商的问题与发展趋势》,《美术观察》2016年第1期。

术消费品交易网站已接近 2000 家。①

(一) 标的: 从藏品到产品

艺术电商发展伊始主要依托互联网开展在线展示、在线拍卖和在线零售交易。这些交易物品呈现的最主要特征是藏品性质。艺术家、收藏家（投资客）、艺术品交易中介（画廊、拍卖行、古玩城以及相关的展览）等主要因素构成了艺术品交易的闭环。此时艺术品价格由"欲望和期望"决定，与生产成本无关，艺术品市场非理性、不规则，具有很强的"行为异象"；艺术品具有非标准化特征，投资门槛高，流动性较差，交易频率低，交易成本高，信息不对称，风险大。②这些特点限制了标的的自由流通和规模生产，客观上使得艺术品仅仅停留于专业人士，甚至只在收藏家的储物室。

随着艺术市场的发展，用于收藏和投资的藏品转变为供人消费的产品，此时的产品不仅有用于收藏的高价值艺术品，还包括艺术复制品、艺术衍生品、艺术家的原创生活化产品，主要是以艺术家的原创设计为依托，打造出一批符合大众审美与品位的产品。李新宽指出：到 18 世纪，文化艺术不再是国王、朝臣、贵族和神职人员的独占禁地，不再是圈囿于宫廷的文化消费，而成为大众的财产，成为商业化的文化消费，成为分散在咖啡馆、俱

---

① 刘彤：《互联网+：让艺术品进入寻常百姓家》，《光明日报》2015 年 12 月 5 日，第 9 版。

② 黄隽：《艺术品金融——从微观到宏观》，中国金融出版社，2015，第 26 页。

乐部、读书协会、剧院、音乐会、画室和拍卖行等文化活动场所的大众化消费品。①

这样的转变和我国目前的艺术电商标的变迁有关。艺术标的不再是高高在上的"圈子"产物和让人顶礼膜拜的藏品，如今它是渗透进生活方方面面的"参与感"的多元化产物，这种参与感的多元化功能包括装饰、收藏、审美、投资、社交、营销、实用、休闲以及能力提升。《艺术商业》杂志举办的《中国艺术消费品指数》（2015）的调查数据②显示，用于"收藏"的艺术品占比低于一半，为43%，而用于个人欣赏（审美）的占83%，用于装饰、送礼的艺术品占比均超过25%（见图2）。这种多元化的功能印证了从藏品到产品的趋势。

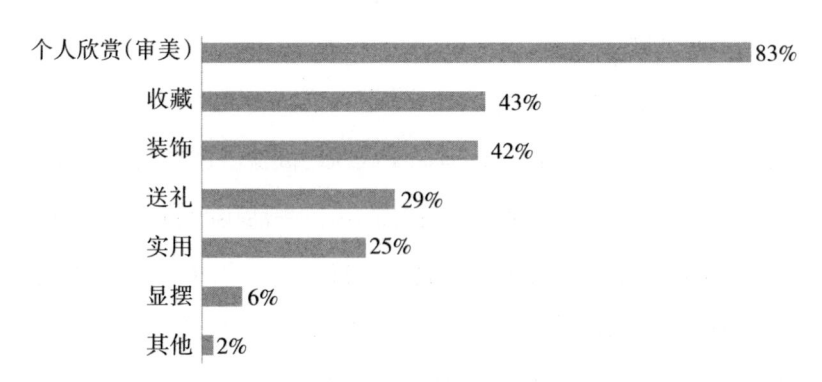

购买原因	百分比
个人欣赏（审美）	83%
收藏	43%
装饰	42%
送礼	29%
实用	25%
显摆	6%
其他	2%

图2 艺术消费品的购买原因

---

① 李新宽：《18世纪英国文化消费的繁荣及其原因》，《决策探索》2016年第2期。
② 《中国艺术消费品指数》（2015）调查报告，从2015年10月到2015年11月30日通过随机抽样的方式共发放问卷28413份，回收2859份，回收率10.06%。

（二）受众：从小众到大众

艺术市场是一个利基市场，这种高度专门化的需求市场受众较少，交易范围狭小。艺术品具有独一无二性，同一作者或同一流派作品的替代性不高。此时的艺术电商尽管依托入口自由的互联网，但其高门槛依然将大部分消费者拒之门外，消费者也是有心无力。在这种小众的市场中，选购相应的艺术品依赖于充足的资金、专业知识的积累、对市场的长期关注或是熟悉的业内资源帮扶。

随着经济的发展，单一实用功能的产品过剩，而功能与艺术的结合带来了产品销售的转机，商品的审美化和艺术的商品化模糊了艺术、审美和商业消费之间的界限，促使艺术大众消费的崛起。大众更倾向于接受充满创意、怀旧、古典、科技气息的产品，移动互联网的广泛应用带来了这种需求的快速膨胀。人们的碎片化时间需要令人耳目一新的艺术审美（甚至有时候是"审丑"）来填充，同时移动互联网让具有相同爱好的人群产生了交集，组成了各种形式的网络群体（QQ群、讨论小组、微信群等），通过持续的沟通和交流，审美被不断地强化传染。缺乏互动和参与感的传统艺术形式和销售方式变得落后，传统艺术交易的减少促使一部分从业者开始开拓符合大众审美的艺术细分市场。

《中国艺术消费品指数》（2015）的调查数据显示，在购买人群（经常买与偶尔买）方面，年收入在5万元（人民币）以下的人群占38%，年收入在5万—10万元的占32%，年收入在10万—

20万元的占20%，年收入在20万—30万元的占2%，年收入在30万元以上的占8%。年收入10万元以下的人群被归为"大众消费者"，年收入10万元以上的消费者被归为"小众消费者"。大众消费者的占比合计高达70%，而小众消费者则只占30%。

在购买频率方面，"偶尔买"人数占所有人数的79%。年收入在5万元以下中"经常买"的人群占"经常买"总人数的27%，年收入在5万—10万元的占30%，年收入在10万—20万元的占23%，年收入在20万—30万元的占8%，年收入在30万元以上的占11%。"经常买"的大众消费者占58%，"经常买"的小众消费者占42%。①可以看出，收入越高，经常买的人数比例呈递增趋势。

（三）渠道：从线上到线下

中国艺术电商在十几年的历程中实现由单向静态到双向互动的改变，经过艺术资讯广告、博客宣传、在线艺术画廊的交易形态，艺术品终于实现了在线交易的功能，呈现出了新的交易形态。②"互联网+艺术"这种工具式的应用已经不再是一种独特的创新，艺术"上网"成了互联网时代的传统作风。现在的艺术电商更加关注"线上+线下"（O2O）的相互依存，线下互动依托线上平台扩大传播，线上交易依托线下情境放大价值。

---

① "20万—30万元"的样本数仅有46份，远低于其他样本水平，但是依然可以看出购买频率随着收入水平的提高而增加。

② 刘然：《中国艺术品电子商务运营现状研究》，载《中央美术学院硕士学位论文集》，2015，第3页。

艺术电商的线上业务包括在线展示、网络拍卖、网络交易、网络社交等依托于互联网完成的一系列相关活动。艺术电商的线下业务主要表现为依托于物理空间的博览会、展览、艺术教育、沙龙交流、情境体验等各种内容和活动。随着网络技术的发展，线下交易过程可以更多地与线上同步。2014年7月，老牌拍卖行苏富比与ebay合作，开设苏富比艺术品频道，并举行艺术品专场拍卖会。参与竞拍的藏家可通过网络实时观看竞拍过程，并可随时参与出价竞拍。

　　O2O之所以受到艺术电商的广泛重视，主要因为支付宝、银联支付、微信支付等线上支付方式的便捷，消费者并不缺乏线上选择和购买的操作时间，相反，线下特有的艺术和社交情境已经变得相对稀缺。线下艺术情境的感染更容易让消费者产生购买的冲动。由于艺术品的特殊性，中国的消费者还是倾向于在传统的渠道中购买艺术品。[①]调查数据显示：60.8%的消费者更倾向于在正规的画廊、古董店、文物商店、特色商店购买艺术品，50.9%的消费者倾向于在艺术品、设计品博览会购买艺术品，45.2%的消费者倾向于在跳蚤市场、创意集市购买艺术品（图3）。

　　不管是线上、线下的何种应用，发展艺术电商的目标是一致的，即谋求以最合理的方式搭建网络平台，实现最佳用户体验，增强艺术家、消费者的用户黏性，从而达到艺术商业利益的最大

---

① 孔少华：《艺术品消费调查分析——大众篇》，《艺术商业》2016年第3期。

化。①这种目标的核心在于创造稀缺的艺术体验来最大化平台内的艺术估值。

画廊、古董店、文物商店、特色商店 60.8%
艺术品、设计品博览会 50.9%
跳蚤市场、创意集市 45.2%
网上艺术品商城 30.8%
商场家具艺术区 21.9%
私人交易 20.7%
拍卖会 17.9%
微信朋友圈、微信群拍卖 14.1%
网上拍卖 11.1%
其他 0.9%

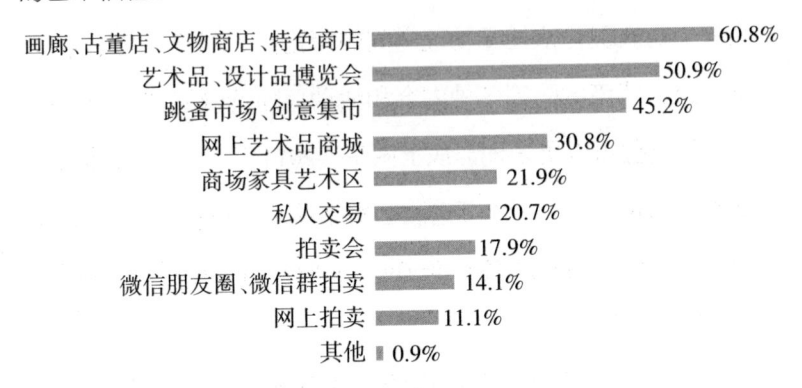

图3 艺术消费品购买渠道占比

（四）定位：从专业到细分

艺术电商已经逐步开始功能、价格、消费者、产业链的细分。艺术电商，如赵涌在线，最初主营各时期邮票、钱币、纸杂、文献、艺术品、磁卡、杂项等，通过多年的发展成为全球最大的邮币卡网络交易平台。以赵涌在线为代表的艺术电商定位于一个具体领域，定位明确而后取得了巨大的成功。

如今艺术电商的定位趋于多样性，针对不同消费者的需求有着不同的细分领域（表1）。

表1 艺术电商的市场定位

序号	名称	定位
1	雅昌艺术品拍卖网	国内权威的艺术品收藏门户网站

---

① 管理：《我国艺术品电商发展的现状与趋势》，《美与时代》2015年第6期。

续表

序号	名称	定位
2	艺高高	当代原创艺术品直购平台
3	艺窝网	全球原创艺术用品第一共创平台
4	觅他	品牌与艺术跨界的商城
5	良仓	生活美学平台
6	艺集	多元跨界艺术体验空间
7	Hi Hey艺术网	艺术消费品电商
8	Hi小店	以线上为主、线下并行的艺术品经营机构
9	艺客	高端艺术品线上交易平台
10	Art net	最专业的艺术社交平台
11	文玩迷	文玩爱好者社区（手串）
12	易拍全球	全球古董艺术品在线交易平台
13	艺术家公盘	新型艺术品投资收藏平台

资料来源："定位"内容均来自艺术电商的网站和App介绍。

这些变化源自消费者需求变得多样化。调查数据显示，在整个消费群体的购买意愿中，"偶尔买"的人群占比为71%，"经常买"的人群占比为15%，"不会买"的人群只占14%。这说明具有购买欲望并进行消费行为的人群占据了86%。

女性消费者对艺术消费品的购买欲望更强烈。无论是在经常购买，还是在偶尔购买的人群中，女性人数均超过男性近10个百分点（图4）。

经常买　　　　　　　偶尔买

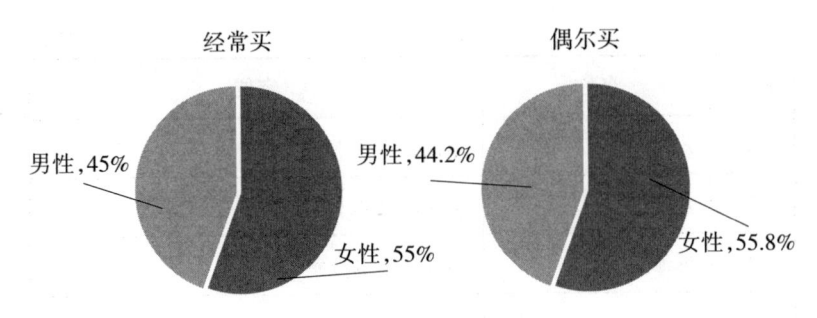

男性,45%　　　　　　男性,44.2%

女性,55%　　　　　　女性,55.8%

图4　不同购买群体的男女比例

在消费群体购买艺术消费品的价格范围（货币单位：人民币）中，剔除38.2%的"无所谓，只要在自己能力接受范围内"和2.2%的"无所谓，只要喜欢多少钱都愿意"这两类不可估的答案，可以看出，购买意愿与艺术品的价格成反比。

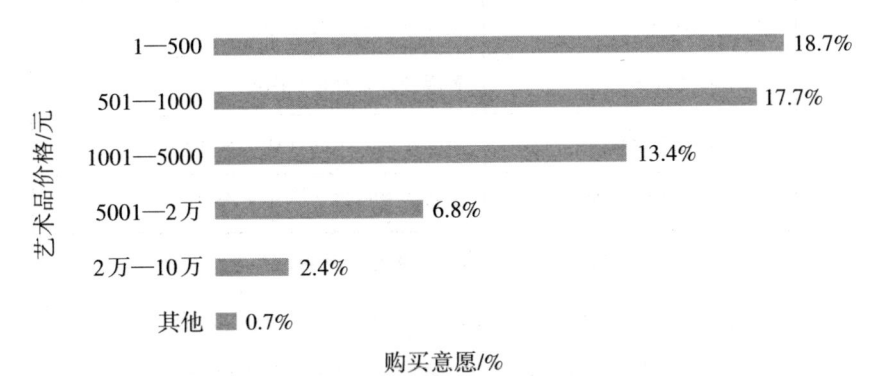

艺术品价格/元

价格区间	购买意愿
1—500	18.7%
501—1000	17.7%
1001—5000	13.4%
5001—2万	6.8%
2万—10万	2.4%
其他	0.7%

购买意愿/%

图5　消费群体购买不同价格的艺术消费品的意愿

二、文化消费在模式固化进程中呈现新趋势

中国经济面临着转型，文化产业凭借其强大的发展模式、优化的价值链以及强势的竞争力，推动着我国的产业优化升级。

2014年我国人均GDP达到7575美元。①根据发达国家的经验，人均GDP达3000美元时，文化消费将有较大的增长；人均GDP达5000美元以上，文化消费将有爆发式的增长。②但是根据国家统计局2014年的数据计算得出，中国城镇居民"教育文化娱乐"的消费支出总额（2142.3元）占城镇居民人均消费支出（19968.1元）的10.7%，农村居民"教育文化娱乐"的消费支出总额（859.5元）占农村居民人均消费支出（8382.6元）的10.2%。③这两组数据仅达到发达国家的一般水平（10%—12%）。这种压抑的文化消费有着固化的模式，但是呈现出发展的新趋势。

艺术消费属于文化消费的一种，不同时代背景下不同的文化消费模式都来源于不同的稀缺消费品，模式的形成来自市场与受众的双向互动。中国传统消费模式包括以过分节俭为根本特征的中国传统消费观念，以从众心理为根本特征的中国传统消费动机，以自给自足为根本特征的中国传统消费方式。④传统的文化消费模式核心源于产品稀缺，由于文化消费品种少、同质化严重、重复消费率高，如"文化大革命"期间少量的样板戏、革命

---

① 《国家统计局数据显示中国人均GDP达到7575美元》，http://poutics.people.com.cn/n/2015/0226/c70731-26599998.html，访问日期：2016年7月4日。

② 金元浦：《消费引领：补齐我国文化产业发展的短板》，《同济大学学报（社会科学版）》2013年第5期。

③ 中华人民共和国国家统计局：《6-7城镇居民人均收支情况》，《6-12农村居民人均收支情况》，载《中国统计年鉴（2015）》，http://www.stats.gov.cn/tjsj/ndsj/2015/indexch.htm，访问日期：2016年7月4日。

④ 张晓宏：《论中国传统消费模式的弊端》，《金融与市场》1999年第7期。

电影，甚至诞生了千篇一律的国民床单。在这种模式中，文化消费的弹性大。文化消费在消费观念上被认为是对金钱的浪费，"可有可无"这种观念极大地遏制着文化消费的发展。从众的消费动机更为明显，消费方式整体上缺乏互动和体验。

现代的文化消费模式核心源于用户稀缺。虽然文化消费品种多、数量大，但是受众的时间和注意力有限，这就导致对用户的争夺。文化消费在消费观念上是个人能力投资的重要部分；在消费动机上，更为个性化的产品受到市场青睐；在消费方式上，体验度高、参与感强的互动要更加吸引消费者。

表2 传统与现代的文化消费模式对比

项目	文化消费模式	
	传统	现代
消费观念	文化消费＝资产浪费	文化消费＝能力投资
消费动机	从众化	个性化
消费方式	单向、互动体验弱	双向、互动体验强

（一）消费观念在理性中呈现新动因：弹性推动设计提升

理性消费观念占据了艺术消费观念的主导地位，理性消费与冲动购买分别处于消费动因的两个极端。这种理性消费者和文化知识型消费者更多地带有个人能力投资的倾向。调查结果显示，理性消费者比例最高，59.5%的被调查者认为自己是理性消费型；其次是文化知识型，38.9%的被调查者认为自己是文化知识型；

最后仅有16.3%的被调查者承认自己是冲动消费型，5.1%的是品牌热衷型，3.8%的是广告导向型（图6）。

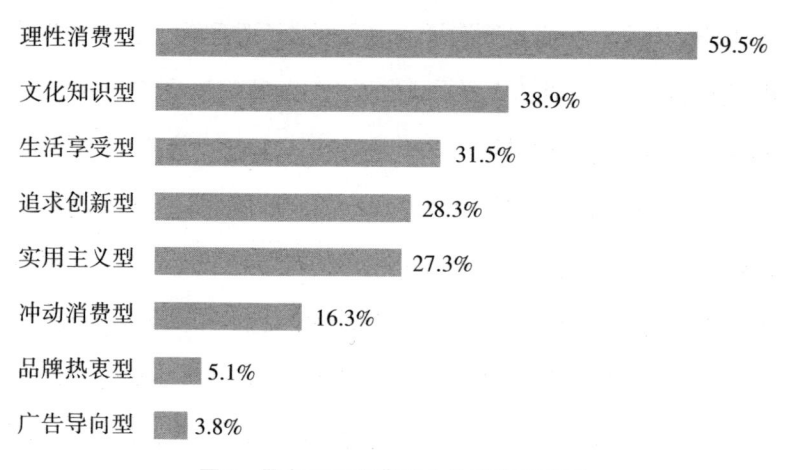

类型	比例
理性消费型	59.5%
文化知识型	38.9%
生活享受型	31.5%
追求创新型	28.3%
实用主义型	27.3%
冲动消费型	16.3%
品牌热衷型	5.1%
广告导向型	3.8%

图6　具有不同消费观念的消费者类型

但是这项调查的其他数据反映出理性消费的堡垒并不是坚不可摧的，承认是"生活享受型"的被调查者占比31.5%，排第三位，承认是"追求创新型"和"实用主义型"的分别占28.3%和27.3%。消费者认为这三类需求是正当合理的，更愿意接受此类产品，一旦艺术消费品在审美、创新、实用这三项功能和设计上有所提升，将极大地改变消费者的消费观念，促成交易完成。

（二）消费动机在传统中呈现新动态：意见领袖影响购买

从众的消费动机表现为消费者既相信自我的判断力，也看重当下主流，追求流行性。"购买艺术品时最看重什么"的调查结果显示，"当下主流"评分最高，为2.3分。"品牌""设计师或艺术家的名气""市场口碑""内在升值潜力"同时排第二位，均为2分。

大多数消费者的消费动机是传统的,在艺术的个人消费中,审美的从众是一个稳妥的选择。那我们也不难理解"艺术消费品购买原因"的一项调查结果显示"个人欣赏"居第一位,为83.4%,远远高于"收藏""装饰""送礼""实用""显摆"等选项。

新动态反映了在"从众"这一行为背后的意见领袖对消费者的购买行为和动机产生了巨大影响,消费者的个人审美行为更多地打上了意见领袖的印记。这些功能化的意见领袖分别在审美、社交、投资、实用等功能上对个人消费行为产生了主导性的话语权。消费者的购买与其说是个人行为,倒不如说是特定情景下意见领袖利用各种形式定义了消费者心中的"主流""流行"。因此包装宣传特定的意见领袖会影响消费者的审美,进而作用于购买行为。

(三)消费方式在保守中呈现新态势:品牌黏性不断增强

消费方式的保守反映出消费者在审美中自给自足,缺乏审美品位的传承,互动体验感一般,消费者对艺术品牌的黏性总体偏低,缺乏品牌忠诚度。这种"自给自足的审美"仍然占据主导的位置,"艺术消费品购买类型"的一项调查结果显示,47.6%的被调查者会购买"特色艺术展览的周边产品",居第一位。

但是,同时我们也看到购买类型中"价格亲民的艺术家原作"的占比为39%,"艺术家、设计师与品牌合作的时尚类商品"的占比为34.7%,"旅游景点周边的纪念产品"的占比为33.8%,

其他"印有艺术家代表作品的商品""原作真迹的高仿品""动漫产业的衍生品""电影产业的衍生产品"的占比均介于20%—24%之间。

这种新态势也说明了消费者对艺术的品牌黏性在不断增强。艺术家、设计师的原创仍然是吸引消费者购买的主要原因。尤其可以看到消费者更倾向于在艺术家、艺术产品集中的展览会这一类的特定情境下形成品牌依赖，产生消费行为。另外，影视动漫这一类拟态环境下的IP衍生产品开始逐渐侵蚀艺术家的小众市场空间，在部分人群中形成了相当的品牌依赖。这也意味着，形成品牌忠诚度的IP衍生产品有着极大的市场增长空间。

三、艺术电商的发展

艺术电商根源于其所产生并发展的艺术市场。艺术市场可以分为控制领域、交流领域、交换领域、私人领域。[①]也可以说，艺术市场中包含四种利益方：利益核心（艺术家、艺术品）、交易方（艺术电商、画廊、拍卖行、美术公司、艺术经纪人、艺术鉴定与评估家、艺术品投资方、消费者或收藏者等）、交流方（公立或私立的博物馆及美术馆、媒体、艺术展、艺术组织）、控制方（文化行政部门及相关文化政策制定机构）。而与交易环节最直接相关的是利益核心和交易方，其次是交流方，最后是控制

[①] 李万康：《中国艺术学大系：艺术市场学》，生活·读书·新知三联书店，2012，第2—3页。

方。利益核心和交易方形成了生产和消费的闭环,交流方和控制方影响着闭环的形状和状态。

(一)交易成本的普遍降低凸显核心竞争力

经济学家科斯(Ronald Harry Coase)的交易成本理论与艺术消费品领域的消费情况高度吻合。科斯试图解释在市场上为什么会出现一系列的企业参与价格机制的协调,而不是一大群具有专业分工的人分别签署不同的合同,参与价格拟定。企业的特殊性质正是价格机制的替代物。在这个阶段,艺术电商正是艺术消费品市场中价格机制的一个部分,在同传统的交易方竞争中参与价格制定。

科斯指出:"价格机制本身是有成本的,同时在利用价格机制组织生产中最显著的成本就是相应价格的调查耗费。随着专业买卖这种价格信息的人士出现,这种成本可能会降低,但并不会消失。价格机制的成本还应该包括为市场进行的每一笔交易所进行的谈判和签约的成本。"[1]

艺术电商这一角色产生的最重要功能是在确认艺术品价值的前提下减少交易环节和签约成本,培育并满足新兴艺术消费者的需求,这也是消费者青睐在艺术电商平台上消费的最重要原因。通过互联网的各种手段降低了交易(支付、物流、存储、变现等)成本,但是这种成本在竞争对手中普遍降低,因此艺术电商

---

[1] Ronald H. Coase,"The Nature of the Firm",*Economica*,4no.1(1937):386-405.

面临的生存压力并不比画廊和拍卖行主导的时代小，门槛的降低迫使差异化竞争更加激烈。所有艺术电商都采用移动互联网、意见领袖入驻、线上展览等任一或组合方式进行销售，如手机App、微信拍卖、公众号营销、知名大V推荐等。其产品领域大多覆盖书法、绘画、雕塑、陶瓷、玉器、奢侈品等多项内容，出于差异化竞争的需要，甚至包含新媒体三维图像、铅笔画等更加细分的领域。有消费意向的艺术消费者在艺术电商中集聚，形成了艺术消费互动。互联网的公开透明性使得艺术消费品的购买记录和评价变得透明，所有相关消费者的公开评价（点赞或差评）直接影响到了艺术消费品的接受效果及消费者的决策。

互联网消弭了传统交易模式的部分交易成本，使交易中的核心——艺术家及相关艺术消费品愈发受到重视。互联网便捷了消费者的集聚，这种集聚又是以优质艺术家及艺术消费品为核心，主要通过价格、追捧度（关注与点赞）来展现。当"互联网+"作为技术优势已经不再明显时，受到市场认可的优秀艺术家、高品质或稀缺的艺术消费品才是核心竞争力。

一方面，画廊、拍卖行在已拥有的签约艺术家、藏家（品）规模、受众数量、渠道覆盖等方面具有主导性优势，垄断了传统市场（已形成文化消费品位的买家群体），争取这部分艺术品并且塑造渠道信任对新进入的艺术电商无疑是巨大的交易成本，这也是不现实的竞争选择。因此，挖掘培育平台拥有的优秀艺术家并推出优质艺术品成了艺术电商的不二选择（图7），这种稀缺性的创造是其本质。

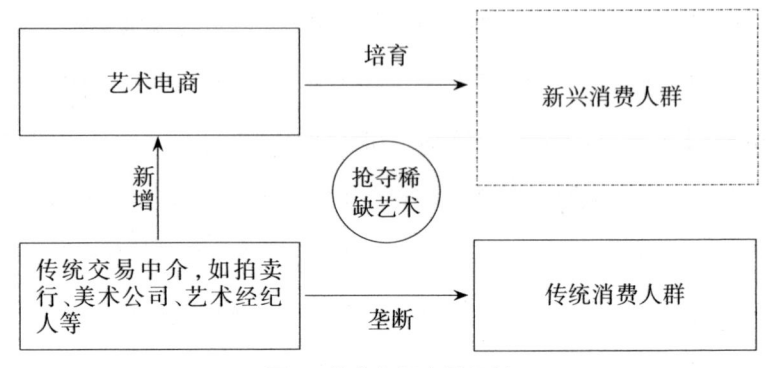

图7 艺术市场交易机制

另一方面,如何满足"80后""90后"这部分新兴受众群体的艺术审美、收藏、投资等上升需求。基于互联网的快速和规模集聚效应带来流量变现的可能性大大加强,把受众转变为粉丝,把粉丝转变成购买力,这部分新兴受众需要经历消费偏好养成、"方向调整、范围收缩、藏品更替"①这些过程,在对接艺术品与受众的过程中,需要艺术电商积极培育受众。

(二)"消费中学习"理论解释稀缺性创造

艺术消费是文化消费的一个重要细分领域。国外经济学家在实践发展的基础上不断完善文化消费行为研究,通过文化资本理论体系中的习惯形成、理性致瘾和消费中学习等模式来解释文化消费行为。习惯形成理论假设过去的消费会影响将来的消费行为,在此假设下,消费者一旦多次消费文化产品和服务,消费习

---

① 马继东:《中国80后藏家的新思路》,http://collection.sina.com.cn/cqyw/2017-06-14/doc-ifyfzfyz4086172.shtml,访问日期:2016年5月17日。

惯便会养成，文化消费品位也逐渐形成。如果理性消费假定消费者的偏好是稳定的，不同消费者的文化消费偏好是相似的，那么影响文化消费需求变化的不是偏好，而是消费者过去的文化消费经验（或体验）。[①]

"消费中学习"模型认为消费者文化消费的偏好具有不确定性，因此需要通过消费过程进行学习，从而挖掘偏好，在此过程中发现自身品位，确定的偏好将会增加这种文化消费，反之则会减少。Brito 等人通过以下公式（1）得出文化消费对文化存量及实际净财富增加的显著作用。[②]

公式（1）：$k(t) = k_0 e^{-\rho t} + \int_{t_0}^{t} \rho c(\tau) e^{-\rho(t-\tau)} d\tau$ （$t \geq 0$，$\rho > 0$）

公式（1）中 $k(t)$ 代表的是文化存量。文化存量初始值 k_0，随着时间 t 的变化，消费者从"文化产品消费" $c(t)$、"非文化产品的消费" $z(t)$ 以及自身的文化存量 $k(t)$ 中得到相应的效用，尽管"文化产品消费" $c(t)$ 会有折旧率 ρ，消费者通过持续的消费会增加文化存量。消费者从非文化产品的消费和过去的文化消费两方面中获取效用，最终要实现效用最大化。

公式（2）：

$$a(t) = a_0 e^{rt} + \int_0^t (w - z(t) - \pi(t) c(t)) e^{r(t-\tau)} dt \quad (t \geq 0)$$

[①] 资树荣：《国外文化消费研究述评》，《消费经济》2013年第1期。

[②] Paulo Brito, Carlos Barros, "Learning-by-Consuming and the Dynamics of the Demand and Prices of Cultural Goods". *Journal of Cultural Economics*, 2005, 29 (2), pp.83 - 106.

公式（2）中 $a(t)$ 代表消费文化产品和非文化产品最终得到的实际净财富。r 是经济利率，$\pi(t)$ 是文化产品的相对价格。实际净财富 $a(t)$ 是通过对文化产品和非文化产品的消费，产生额外的劳动收入价值。

因此可以得出，消费者先前的文化消费体验会叠加为文化存量，这种文化存量通过多次的文化消费进一步提升，在此基础上，消费者的文化消费能力提升，未来文化消费的"生产率"也相应提高。在这里必须注意的是，只有优秀的产品才能增加文化存量，同时强化消费者的渠道偏好，较差的产品则会促使消费者选择其他的优秀产品。

也可以得出，文化存量增加到一定程度，消费者形成的文化偏好便不能轻易改变，更无法改变因偏好相似而集中形成的艺术消费社交圈。而培养新的消费者群体偏好并形成排他性则是艺术电商的最佳机遇。如今艺术市场的变革也是艺术消费者代际更替的重要反映。

（三）多元化策略服务于稀缺性创造

围绕着稀缺艺术和稀缺用户的创造，艺术电商只有生产出优秀的产品，才能真正地增加消费者的文化存量，满足新的艺术消费需求。艺术电商不同于传统交易方式，不仅要运用互联网思维和方式创造出稀缺艺术，更要培育稀缺的用户群体。

艺术电商在发展的过程中，一般采用以下八种策略。

1. 研发原创爆款

创意产业的核心是原创力，原创、创新、设计创意、创意研发是整个产业赖以安身立命的灵魂。①艺术创意是稀缺品，通过对传统资源的衍生开发，研发符合新兴艺术消费群体的稀缺艺术。同时互联网的重要特点是集聚用户，在庞大的用户池中培育潜在用户，利用产品及服务口碑增强用户黏性，创造稀缺的用户群体。

原创爆款的研发充分开发了现有的艺术资源，结合自媒体、微信群等新媒体传播，利用粉丝经济刺激艺术消费。这种原创爆款属于艺术衍生品，设计师借助特定艺术形象的知名度，结合现代人的生活开发出符合现代人生活习惯的产品。台北故宫博物院在原创爆款开发方面就是一个很好的典型。2013年夏，台北故宫博物院推出一款创意胶带纸，上印康熙的御批手迹"朕知道了"四个字，立即在网络爆红。这款产品售价仅为40元新台币，根据台北故宫博物院统计，从2013年7月开始售卖至2014年3月，总计售出139000组。台北故宫博物院的馆藏珍品翠玉白菜更是有200多种衍生品，类型涵盖了公交卡、项链、挂饰、文件夹等，可谓无所不及。台北故宫博物院已经推出了2400多种文化创意产品，仅2013年的销售收入就接近9亿元新台币，这一数字直逼10亿元新台币的门票收入，文化创意产品已成为台北故宫博物院重要收入来源。②艺术衍生品日趋成为大众消费品。

---

① 金元浦：《论创意经济》，《福建论坛（人文社会科学版）》2014年第2期。
② 牛禄青：《博物馆"文创蓝海"》，《新经济导刊》2015年第3期。

"艺集"推出的365天艺术家玩偶系列，通过微信拍卖艺术原创爆款，收到了极好的效果。2015年全年，艺术家袁贝贝每天创作出一款不一样的小怪兽。每一个怪兽都有独特的含义，具有十足的稀缺性，引发了受众极大的关注。每天晚上8点整，小怪兽在"日行一兽"微拍群进行拍卖，最高拍卖价格达到12800元。

2. 创新产品模式

艺术电商通过版权购买、版权开发、艺术租赁、艺术众筹等方式创造专属稀缺艺术。在"双创"的时代大潮下，艺术创业成了有待开发的消费蓝海，产品模式的创新成了最新的盈利点。艺客通过购买艺术家版权，利用版权开发艺术衍生品，以低廉的价格销售给大众消费者；同时针对机构用户开展艺术租赁，加速布局家装市场。媒体平台"62度灰"把用户引流至艺客网平台和手机端App，在PC端、移动端和线下形成更紧密的连接。这种产品模式已经收到良好的效果，并得到投资人的认可。其于2015年1月获多家投资机构1000万美元的A轮投资，2015年10月与豆瓣实现战略合作[①]。

众筹成了一种新的产品开发模式，以艺术产品为众筹标的，通过众筹过程中用户评价、众筹金额完成度等来形成最直接的市场反馈。艺术众筹项目以售卖作品为主，作品价格相对低廉，参

---

① 《自媒体"62度灰"借力互联网+推动艺术品大众消费》，http://news.ifeng.com/a/20151220/46757748_0.shtml，访问日期：2016年4月20日。

与众筹者获得一幅作品只需要支付几百元或上千元不等,或购买艺术作品的部分使用权,享有特定作品的股份。促成艺术产品交易的许多因素,如作品的价格、质量,创作者的知名度,作品类型、审美风格等,都会直接影响到众筹参与。

艺术消费面临着用户体验升级的风口:一方面,移动端的使用成为主流,微博、微信等社交软件打通了获取艺术信息的渠道,支付宝、微信支付等便利的移动支付形式普及;另一方面,创业创新大潮一浪高过一浪,资本、市场和用户都会实现资源最优化配置。在"互联网+艺术"这一概念的实践中部分商业机构把互联网当成艺术消费品售卖的工具与通道,强调互联网在交易层面的渠道作用,并没有从用户的需求角度考虑,找准用户痛点,优化用户体验。用户流量不是王道,只有用心创造稀缺艺术,维护好艺术消费群体,才能有效地促进口碑传播,实现利益最大化。

3.升级用户体验

诞生于互联网时代的新兴用户更需要优质的稀缺艺术和用户体验来满足。各大拍卖行、画廊、艺术机构已经逐步开展电子商务业务,艺术品电子商务机构借助互联网的开放性、高自由度和低成本搭建交易平台,这已经成为艺术电商行业的重要共识。雅昌艺术网"画廊频道",有近千家艺术机构在线展示并销售作品。一方面,艺术中介大多销售著名艺术家作品;另一方面,资历尚浅的艺术家也在网站上展示自己的画作,明码标价,并通过互联网寻求买主。但是单纯的线上复制过于简单,并没有太大的吸引力。

而目前艺术品的在线营销上升到新高度,除了艺术品的展示销售,衍生品的制造、艺术家的包装、艺术教育的普及等都促进着整个体系的逐步完善,用户体验进入新阶段。艺术消费品网络交易对网络平台的设计提出了特色化的要求,这是以往艺术品交易环节中所不需要考虑的地方。消费者的网络购物用户体验,网络界面设计的风格、交易流程的简易程度、内容推送的精准与否、社群运营的黏性程度都会影响到用户体验的愉快与否。

针对非专业的新买家所担心的假货、价格水分大、购买后保值升值难等用户痛点,"艺术家公盘"艺术电商在2015年上线,标志着新型艺术品交易平台诞生。在主页上,"艺术家公盘"用一个制作精美的沙画视频向消费者展现"艺术品投资收藏发展史",五分钟的视频不仅利用了消费者短平快的碎片化时间,更把安全投资艺术品的网站属性用现代人喜闻乐见的沙画方式深入浅出地讲解出来。

艺术家公盘在艺术稀缺方面做到了最大化,对每一件艺术品都进行保真、保险、托管、转让、交易等一体化服务。艺术家都需要与经纪机构和专营机构签约,共同推广和运营;艺术家和专营机构在公证机关的支持下完成公证程序,实现作品的保真与鉴权。艺术品需要完成特征信息备案,取作品上的一个点放大10倍、20倍、60倍到200倍,让其拥有独一无二的身份证。这种身份证最大限度地实现了稀缺这一属性。

在艺术家的详情页上可以看到艺术品的价格走势和作品交易情况，流通的艺术品价格由全体交易会员公开参与定价。艺术家都有专业的市场运营，能随时看到艺术家的艺术品的价格走势图。这是一种全新的用户体验，让用户看到自己购买的艺术品不断升值，体会到成就感和幸福感，形成正反馈的用户体验。在公盘交易后，可以申请提货用于收藏和消费，也可以继续在公盘上挂牌交易获得投资收益。

4. 创新组织管理

艺术电商通过网络商城、线上社区、线下体验、数据库运营等来运营稀缺艺术并维护稀缺用户。艺术电商在不断调整艺术品设计和制作的方向，在流程管理、供应链控制、销售渠道、风险控制、互联网支付、平台改进方面都需要有所建树，不能存在短板。如加意新品网站，在传统网站运营的组织基础上又增加了以首席技术官为代表的新成员。其设有首席技术官这一职位，由其职业背景"国内最先探索云架构并提供解决方案的IT团队领导人，云架构及大数据领域资深专家"，我们也可以看出艺术品电商在面临着组织架构的重组。

互联网时代讲究的是大数据，其本质是打造定制化的稀缺产品。通过市场交易记录、流量和流向，分析判断艺术家的潜力，导入潜在消费者，揭示数据中潜在的用户偏好，了解和掌握消费者的审美偏好和艺术关注。大数据促使艺术电商成为以网络商城、线上社区、线下体验、数据库运营为一体的综合机构。比如标榜为"中国最大的艺术品电商"的哈嘿艺术网（HIHEY）网站主营艺术品的在线零售和拍卖，签约了1万多名艺术家，同时HIHEY目前注册的藏家有1.6万人。对于艺术家而言，他们提供了一个在线平台，给了不知名的艺术家一个机会。通过线上展览、达人榜、线下品牌活动等内容充分实现艺术消费品的价值增值。通过社交模式来建立艺术生态圈，继而打造交易的闭环。

5. 设计多元情境

多元情境的设计是为了创造符合当代文化气息的线下用户体验。通过创造高度黏性的多元情境，满足用户的审美需求，实现稀缺的用户体验。美学情境的创设会为艺术品增加稀缺属性，升华艺术消费者的美学体验，提升消费者对艺术品价值的认识。

在以微博、微信为代表的互联网营造出了"拟态环境"，这种拟态环境正在大量渗透进我们的日常生活，影响我们的语境和审美。这种亚文化表现在两个方面：一方面，产品的外在风格和功能与时尚科技结合得更为紧密，符合年轻群体的需求；另一方面，用户体验与专门的亚文化情境紧密关联，在产品呈现方面也采用小清新、萌、二次元的设计观感，形成了不可分割的关系。

青年亚文化是目前一种重要的美学情境。这种风格源于21世纪"去中心化"的特征，不同于大工业时代的机械复制。伯明翰学派研究认为亚文化青年善于举行多元化仪式，创造有悖于主流文化的风格。艺术消费本身作为一种独特的审美行为，震撼的审美情境是吸引消费者的主要原因。

这种亚文化的风格有一个很独特的落脚点：礼品。大多数的艺术电商会专门开设这一专栏，这个特殊性反映了分享是这个时代年轻人在亚文化塑造中的重要特色。比如"方所"正是一个独特的亚文化集散地，其包括书店、美学生活馆、咖啡店、画廊与服装店的多重文化功能，满足了消费者在"家"的场景下，实现一种知识、审美与消费的完美结合。从某种程度上说，亚文化的核心概念就是"家"，"家"是一种志同道合的理念。"家"的这种概念在 Art link art 这个艺术展览网站上更为明显。它以艺术家展览为主要切入点，汇集全世界大大小小的各类艺术家，在这里进行展览预告，发布作品，吸引消费者前往观看，并完成购买行为。

6.增强跨界互动

互联网思维是跨界融合的思维。笔者认为，跨界融合是第二产业与第三产业的融合；是第三产业内部各行业之间的融合；是文化与科技的融合；是文化产业与金融（投融资）的融合；是传统媒体与新媒体的融合；是线上与线下的融合；是全球化与本土化的融合；当然也是相关学科的融合，比如人文学科、社会学科与经济学科的融合；是文化产业与政治学、艺术学、美学、伦理学、管理学、商品学、消费学的融合。艺术电商的跨界是以满足用户体验、创造稀缺艺术为出发点，通过优质稀缺艺术的跨界互动增强艺术感染力，扩大艺术消费群体。

企业用户成了稀缺用户开发的重要蓝海。互联网企业订单是艺术电商重要的现金流回收途径。纯复制类的订单趋于减少，针对互联网企业的个性化定制增多，互联网企业的偏好成为重要的市场点。自提出"大众创业、万众创新"这一口号并把"互联网+"写入政府工作报告以来，新晋互联网企业在技术层面创新的同时更迫切地渴求用艺术提升品位、塑造形象来吸引投资人和用户，他们摒弃了传统的贴牌艺术品，转而采用定制符合企业文化的艺术品等形式来彰显企业实力和风格。如小米、陌陌等知名的互联网企业都会要求在产品和礼品设计上具有独特稀缺的艺术质感，还会邀请知名的艺术家参与产品设计和新品发布。

社群运营是跨界互动中链接定位用户的重要方式。比如ARTAND吸引艺术家入驻，以社区形式推广早期艺术家，由此延伸到艺术品的交易，从而进一步吸引产业链下游入驻，让早期艺术家更容易为市场所接受。艺术稀缺并不是天生而来的，而是需要优质艺术家来挖掘符合特定用户群体的审美和需求。

7.加强艺术教育

稀缺艺术需要用户接受才能完成艺术消费的闭环。在传统消费群体偏好固化的现状下，只有通过培育新兴消费人群的艺术审美理念，增加其文化消费存量，才能逐渐创造出符合稀缺用户要求的稀缺艺术。艺术教育已经成为和艺术展示、艺术交易、艺术投资并重的产业链环节。美学素养的教育有利于培养潜在客户群。南方报业传媒集团以艺术媒体、艺术园区、艺术电商为一体，289玩艺网是其中的重中之重。艺术电商、289艺术MALL、

《289艺术风尚》全媒体、289生活学院等平台跨界紧密合作，并密切结合电商、体验、传播、用户，最大限度地把用户聚合在以艺术生活方式为核心的艺术教育平台——289生活学院中。充分利用"289艺见""289生活实验室"等艺术教育活动，来提升用户的美学体验，实现艺术教育的目的。

8.树立意见领袖

意见领袖要利用其知名度或专业性来凸显特定艺术家或艺术品，创造出稀缺艺术。

"意见领袖"概念最早由美国著名社会学家拉扎斯菲尔德在两级传播理论中正式提出。他认为，在传播过程中存在两级传播，大众传播并不是直接"流"向一般受众，而是要经过意见领袖这个中间环节，即大众传播—意见领袖——一般受众。[①]

两级传播理论认为意见从媒体到意见领袖后，再到达受众，最后在受众接受或者否定后，再次回归媒体。艺术消费更是如此。艺术消费品方面的意见领袖包括拥有相当粉丝数量的艺术家、经常推荐艺术消费品的评论家或网络红人，由于艺术消费品的多重功能，功能化的意见领袖层出不穷。这些意见领袖的出现促成了多元化传播模式的形成。

"网站+美学意见领袖+艺术家"模式形成。"良仓"主打"生活美学平台"，整体风格文艺小清新，用户体验独特，网站上的数百位意见领袖会推荐他们心仪的艺术品。其策略是"分享社

---

① 朱微：《微博舆论"意见领袖"作用分析》，《新闻实践》2011年第12期。

区+线上杂志+良品商店"。分享社区主要依托美学方面的意见领袖推荐各类艺术消费品,意见领袖推荐的消费品大多是具有艺术风格的物品,相关物品的图片制作风格清新,同时在物品的说明中会加上具有感染力的文字,图片上会用心形显示被点赞的数量。这些点点滴滴的细节提升了用户体验,同时把意见领袖的意见以最大的说服力传播了出去。

上述八种策略的本质是利用互联网创造稀缺的艺术(艺术家和艺术品)、稀缺用户、稀缺体验,攫取制定艺术市场价格机制的话语权,来实现更大的利益。

四、结语

任何重大技术革命的背后都有科学、哲学[1],而如今互联网已经成为我们这个时代的哲学。不同艺术电商虽然对艺术消费的定位不同,但是有一个点是达成共识的:艺术品交易将实现网络化。HIHEY的总裁何彬认为在下一个十年中,会有一半的艺术品在网络上完成交易,人们对艺术品的趣味和发现的渠道,都会进行改变。[2]这种网络化意味着稀缺艺术家、稀缺艺术品、稀缺用户、稀缺体验制造的彻底互联网化,艺术电商需要尊重互联网的原创爆款、用户体验、用户黏性、社群运营、多元情境、流量变现等游戏规则,来打造核心竞争力。艺术家和艺术品的淘汰率

---

[1] 阿里研究院:《互联网+:从IT到DT》,机械工业出版社,2015。
[2] 何彬:《在线艺术品交易要线上线下结合》,http://www.iceo.com.cn/renwu2013/2013/0720/269068.shtml,访问日期:2016年4月21日。

会越来越高，艺术消费者的审美品位也越来越高。"艺术家为王"这一理念在这个时代将会得到强化，内容、品质、客观价值永远为王。在这种交互融合之下，互联网艺术美学渐成主流。这会带给艺术市场参与者思维的转变，逐步形成一个良性运转的艺术市场生态圈。

用哪些指标评价文化消费
——文化消费评价指标体系框架设计研究

从文化消费主客体辩证关系的哲学基础出发，为了尽可能全面考察文化消费的构成因子，遵从分类完备性的原则，同时兼顾关键指标和数据可获得性，我们从宏观环境到微观个体，既考虑客观条件又考虑主观意愿，依托社会心理学的"消费行为模式理论"、消费者行为学的"消费者购买意愿与消费能力理论"以及"消费者满意度理论"，引申出"文化消费要素链"：环境—供给—需求—行为—信心指数（图1）。

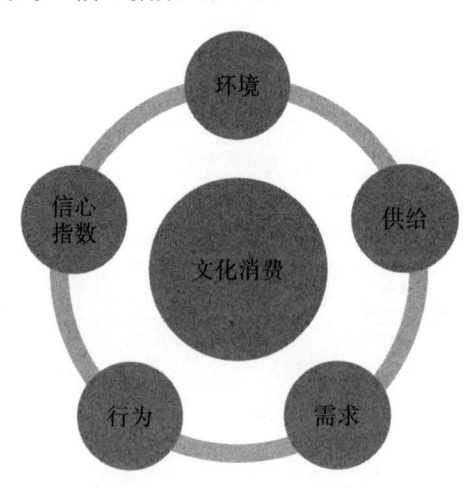

图1 文化消费要素链

一、三级指标简介及必要性说明

接下来，我们将关注六大一级指标的详细内容，分别阐明每个一级指标下的二级指标及其测度指标的设计。在二级指标及其测度指标的设计之中，我们将以文化消费的影响因素为理论基础，兼顾北京市的一些特殊因素，按照关键指标原则进行设计。

（一）环境

"环境"衡量了北京市文化消费微观背景，即独立于文化消费个体且在文化消费个体间无差别的与文化消费密切相关的因素。根据一般的社会科学研究中的环境因素分析方法，结合对文化消费影响因素的把握，我们将一级指标拆分为四个二级指标：经济环境、政策环境、社会环境和自然环境（表1）。课题组认为，在近年来自然环境问题日益受到关注的背景下，自然环境应纳入影响文化消费的重要因素考虑之中。

表1　环境评价指标

环境评估指标	测度指标
经济环境	房地产价格指数
	短期流动人员数量占比
社会环境	人均公共交通数量
	人均执法机构数量
政策环境	文娱财政支出占比
自然环境	一年中极端天气数量

经济环境指标主要衡量经济发展水平，特别是商务活跃程

度。一方面,北京市作为全国性的政治经济中心,在其地域内的文化消费与其商务活跃程度紧密相关;另一方面,购房成为中国人的人生重点之一,而北京市房地产价格攀升迅速,且居高不下,因而将其也纳入考虑。因此,此处用两大关键指标测度经济环境指标:房地产价格指数、短期流动人员数量占比。

社会环境主要衡量影响文化消费的一般社会学因素,这里则重点关注交通与安全感。课题组认为,文化消费中大部分是外出消费,即交通应该是消费者重点考虑的因素。与北京市实际结合来看,北京市堵车问题由来已久,而且尚未得到有效解决,应纳入考虑。此外,课题组认为安全感也应该纳入影响文化消费的社会环境指标之中。我们用两大关键指标测度社会环境指标:人均公共交通数量、人均执法机构数量。

政策环境主要衡量政府机构对文化产业发展尤其是推动文化消费提升的重视程度。据《文化部"十二五"时期文化产业倍增计划》,政府部门对文化消费水平的提高给予高度重视,文化消费成为新经济增长方式转型中的重中之重,政府部门的相关政策支持必然对文化消费产生关键性的影响。这里,我们用于测度政策环境的指标为:文娱财政支出占比(其中,文娱财政支出指国家统计局对于居民消费的八大分类中的文化体育传媒支出和教育支出)。

自然环境指标衡量影响文化消费的自然环境因素,这里重点关注天气状况。课题组认为,随着经济发展,当文化消费在总体消费中的地位逐渐上升时，人们对文化消费的体验要求也会随之增加。与北京市实际相结合，有些年北京市天气状况越来越受到市民的密切关注，除了风沙天气，雾霾成为关注的重点。这里，我们的测度指标为：一年中极端天气数量。

（二）供给

"供给"是文化消费的物质基础，是文化消费客体的主要方面。文化供给是指文化生产部门为了满足社会的文化需求而在一定时期内向社会和市场提供的文化产品和商品的数量。它与文化需求相对应，作为文化经济活动的一个重要内容，与文化需求共同构成文化经济活动的基本矛盾运动。《国家"十二五"时期文化改革发展规划纲要》要求加强供给，反映出政策制定者的基础认识是：目前的文化产品和服务与需求相比是不足的，或者说，"供需不平衡"是文化发展的核心结构性问题。

供给能力主要从产品与服务、设施、结构、渠道和市场化程度进行考察（表2）。主要通过产品、服务和设施来考察文化企业向社会提供文化消费对象的能力，其中通过文化创意产业增加值、文化贸易进口额、规模以上文化企业数量、文化市场主营业务收入来考察文化市场各经营单位的文化产品与服务的产出规模和整体产出状况。文化、体育和娱乐业新增固定资产投资和研发投入主要从供给主体出发，考察市场经营单位的投入规模和效益。

结构指标方面，通过测量每一门类文化产业总产值占文化产业总产值的比例考察供给结构。理清文化市场供给结构对于掌握主要文化消费品的市场动向和巩固文化消费市场薄弱环节都有着重要的现实意义。供给渠道设计主要考察文化消费客体在与文化消费主体进行沟通时是否通畅和便捷,以及为此承担的成本。在现代传媒以及物流业迅速发展的今天,渠道的好坏直接关系到产品与服务对于消费者的影响度。渠道指标正是基于现代市场营销学对渠道管理的相关理论进行设计的。本课题组考虑到数据的可得性和真实性,以文化产业营业总成本减去职工工资的剩余部分作为文化产业在渠道上的宏观投资。

表2 供给评价指标

评价指标	测度指标
产品与服务	文化创意产业增加值
	文化贸易进口额
	规模以上文化企业数量
	文化市场主营业务收入
	文化、体育和娱乐业新增固定资产投资
设施	研发投入
结构	每一门类文化产业总产值/文化产业总产值
渠道	文化市场营业总成本-职工工资
市场化程度	国有经济文化市场经营机构数/文化部门文化市场经营机构总数

在"供给"指标下面还专门设立了"市场化程度"这个特色

指标，这个特色指标区别于国外的相关研究。我国有并不完全市场化的经济制度，在某些行业中国有企业占据着重要地位，这对于资源的合理有效配置实际是颇为不利的。文化产业的市场化程度直接关系到非公有制经济主体的市场活跃程度，因此"市场化程度"指标是完全考虑我国社会主义市场经济特点进行设定的，主要以国有经济文化市场经营机构数占文化部门市场经营机构总数的比例来衡量，它是一个逆指标。

（三）需求

"需求"是文化消费的动因，是文化消费主体的主要方面。文化消费不仅与一个地区的经济发展水平和文化产品供给有关，而且依赖于微观消费者的需求。这既包含了消费者的消费意愿，又包含了消费者的消费能力和组织化程度。即我们将需求指标拆分为两大一级指标：个人能力、个人意愿和个人组织化程度（表3）。

个人能力衡量了消费者进行文化消费的能力，特别是文化消费的支出能力，这是文化消费的物质基础。而课题组认为，从劳动经济学中劳动—闲暇决策的角度来看，文化消费与一般消费相同，都属于闲暇的消费。因此，闲暇时间也被纳入考虑。此外，文化消费特别是高档文化消费具有文化的内涵，要求消费者具有一定的认知水平。这里，个人能力指标由以下指标测度：人均可支配收入中非饮食部分（人均可支配收入×〔1－恩格尔系数〕）、可支配闲暇时间（区别于通常意义上的周末或节假日）、受教育程度。

个人意愿仅指消费者对文化消费的主观要求，即想要的文化消费，包括文化消费数量、种类等。课题组认为，文化消费的客观物质基础仅仅反映了文化消费需求的一个方面，而主观意愿则反映了文化消费需求的另一个重要方面。全面把握文化消费主观意愿，对于有效增强文化消费意愿，从而拉动文化消费具有重要意义。在这里，个人意愿有以下五个测度指标：①阻碍文化消费的主要因素排序，其中，阻碍因素可以归纳为收入不足、时间不足、文化消费信息不通畅、个人文化消费认知水平不高；②最渴望的文化消费种类，即主要阻碍因素得到改善时最愿意、最急切的文化消费方向，可以是已发生的，也可以是未发生的；③最喜欢的文化消费方式，如室内与室外、网络与非网络等；④个人文化消费积极程度，如对于额外增加的收入，有多少比例愿意用于文化消费支出；⑤对文化消费的依赖程度，如每隔一段时间就特别想看一场电影。

个人组织化程度主要用于区分文化消费是个体或家庭行为，还是组织行为。在现代社会中，公司或企事业单位是社会中最典型的组织，不仅是人们日常工作的地方，也是一些社会活动举办的地方，而这些社会活动中的许多都涉及文化消费，如公司组织的晚会、旅游，企事业单位组织的文艺汇演等。这一指标主要有两大测度指标：文化类非政府组织（NGO）数量总增长率，即文化类NGO数量增长率及其人数增长率之和；企事业单位文化经费拨款。

表3 需求评价指标

评价指标	测度指标
个人能力	人均可支配收入中非饮食部分
	可支配闲暇时间
	受教育程度
个人意愿	阻碍文化消费的主要因素排序
	最渴望的文化消费种类
	最喜欢的文化消费方式
	个人文化消费积极程度
	对文化消费的依赖程度
个人组织化程度	文化类非政府组织数量总增长率
	企事业单位文化经费拨款

（四）行为

"行为"是文化消费主体与客体直接相互作用的结果。"行为"侧重于文化消费主体的文化消费活动，而与"需求"有所不同，"需求"关注文化消费主体的主观意愿，"行为"则关注文化消费主体的实际文化消费。

"行为"代表着居民实际的文化消费，涉及实际消费水平、消费方式和消费内容三个方面。

在消费水平上，通过设立"人均教育文化娱乐消费支出"和

"娱乐教育文化用品及服务基期居民消费价格指数"考察不同居民群体的实际消费水平。

考虑到网络技术的发展，我们按消费方式及地点的不同分为线上与线下、户外与室内消费。需要注意的是文化消费主体在进行消费的时候包括时间和金钱的消费，但是由于本课题的服务方为政策制定者，更加注重文化金钱消费领域，因此此处就不单设时间支出内容。支付方式的设计也有深刻的时代背景，在互联网金融和移动支付越来越繁荣的现代社会，这一支付方式影响了很多群体的消费，设立该指标主要是为了得到北京市居民在某些新兴支付方式上的使用率，得出的数据可以作为相关部门制订或修订关于支付便捷度政策的依据。

最后，关于文化消费内容指标的设计，主要是考察居民实际的文化消费领域，这一领域正是政府关注度最高的领域。同时，我们在设计调查指标的时候也会设立反映现在某些主流文化消费和低端的文化消费领域的指标，以此观察北京市居民文化消费现状。除了专门反映主流文化消费的指标，本课题组对北京市的高端文化消费和服务型文化消费进行调查。主流文化消费主要考察北京市居民文化消费的重点和主流方向，高端文化消费考察的侧重点在于对高端文化精品消费的把握，这也与文化产业提倡"文化精品"的概念不谋而合。观察近几年北京市文化娱乐服务消费支出的数据可以发现，北京市文化娱乐服务支出占总文化消费的比例逐年提高，可见实体和服务型消费的比例格局已经在变化。

因此，把握这一比例变化趋势对于消费引导有较强的实践意义。

表4 行为评价指标

评价指标	测度指标
消费水平	组织消费占文化消费支出比例
	人均教育文化娱乐消费支出
	娱乐教育文化用品及服务基期居民消费价格指数
消费方式	线上与线下文化消费支出比例
	户外与室内文化消费支出比例
	支付方式选择的各比例（支付方式包括现金支付、移动支付、网上支付）
消费内容	主流文化消费支出所占比例
	高端文化精品消费支出所占比例
	文化服务消费支出所占比例

（五）信心指数

"信心指数"是文化消费主体对未来文化消费的期望和信心。参照国家统计局中国经济景气监测中心与尼尔森公司联合发布的消费者信心指数设计，消费者信心指数由消费者满意指数和消费者预期指数构成。满意度指标主要从居民最为关心和反映最强烈的指标入手，包括质量和价格、服务满意度。联系"需求"和"行为"指标对文化精品消费、主流文化消费和高端文化消费等指标的设计，课题组在这一部分设立文化创意满意度调查。

预期乐观度包括文化消费主体对自身文化消费能力的信心以及对宏观环境的信心。自身文化消费能力的信心主要是对未来一年内加大文化消费支出乐观度和未来一年内对文化消费市场繁荣的乐观度，两者都是主观指标，主要考察的是消费者的预期和信心。

本课题主要从这两方面考察文化消费信心，具体见表5：

表5　信心评价指标

评价指标	测度指标
当前满意度	文化创意满意度
	行业服务水平满意度
	质量满意度
	价格满意度
预期乐观度	未来一年内加大文化消费支出乐观度
	未来一年内对文化消费市场繁荣的乐观度

二、文化消费特色指标说明

在上述的子框架中，本课题组结合实际需要和社会发展趋势的要求设立了反映某些领域文化消费的特色指标，这些特色指标包括：

房地产价格指数，主要衡量经济环境。一方面，类似于居民消费价格指数，房地产价格指数可以从一个侧面反映社会经济的通货膨胀程度。另一方面，购房需求是典型中国家庭的传统需求，是与代际选择和养老联系在一起的，因而具有特别的意义。而在北京市房价持续走高、人口增加的背景下，购房需求导致的强烈储蓄愿望使得消费支出必然受到限制，从而影响到家庭的文化消费支出。

一年中极端天气数量。这一指标主要衡量自然环境。课题组认为，随着经济发展，当文化消费在总体消费中的地位逐渐上升时，人们对文化消费的体验要求也会增加。与北京市实际相结合，近年来北京市天气状况越来越受到市民的密切关注。显然，极端天气将会极大地影响北京市的文化消费，特别是户外文化消费和外来人口的文化消费。

供给。"供给"作为文化消费的重要客体，在市场经济中是一个不可或缺的研究对象。鉴于国内学者对文化消费的研究单单考虑某一个截面，比如文化消费内容（教育、文化娱乐消费等），本课题组从文化要素链的角度全面阐释供给内容、结构、渠道和市场化程度等多方面问题。供给指标本身就是一个鲜有的研究指标，与之相应的二三级指标也力求能全面反映市场的供给能力和效率。

个人组织化程度。这一指标主要衡量个人文化消费的组织化程度，即区别于个人消费的组织型文化消费。根据社会学相关理论，在现代社会，当公司或企事业单位成为社会最典型的组织并深入人们生活的各个方面，组织对于个人的成长和社会活动决策具有重要的影响。由于经济和科技全球化的发展，人类在经济领域需要日益加强分工和合作，其社会组织化程度也是愈来愈高。而人类社会在经济领域组织化程度的提高，也会促使其在上层建筑领域的组织化程度进一步提高，从而推动社会的不断进步，这是一个双向推动的过程。组织化程度在很大程度上直接促进了居民的文化消费。组织是一个需要协同和规范的集体，其中文化类组织的消费是我们研究文化消费所必不可少的环节。尤其在北京，大中型国有企业与大量的各种社会组织团体的存在，对人们的文化消费决策具有不可忽视的影响力。

文化消费电子商务使用率。这一特色指标综合反映了在互联网迅速发展的今天，科技和消费是如何紧密结合的。这一指标不仅对互联网金融，包括现在发展迅猛的移动支付领域有着较大的指导意义，而且对相关政策制定者来说也有着较强的现实指导意义。

文化消费健康度。通过对居民文化消费内容的调查，理清居民对主流文化消费的频率，以此掌握居民文化消费的消费重点。这不仅可以反映社会的文明健康程度和社会主义精神文明建设的实效，而且对文化消费的主客体有引导意义。

文化产业市场化程度。这一指标主要衡量文化市场内各供给主体的市场化程度，是一个带有中国特色的指标。市场化是以建立市场型管理体制为重点，以市场经济的全面推进为标志，以社会经济生活全部转入市场轨道为基本特征的。把特定对象按照市场原理进行组织，通过市场化，实现资源和要素优化配置，从而提高社会效率，推动社会进步。其实质在很大程度上是指经济决策的权力从中央计划部门逐渐转交到分散的经济主体手中的程度。课题组从国有企业数量占文化市场经营机构总量的比例可以从宏观上把握文化市场的市场化程度。

高端文化精品消费率。市场经济下文化消费内容的多样性是由文化消费的供给状况与需求状况决定的。随着我国经济财富的不断积累和人们生活水平的不断提高，文化消费逐渐呈现出低龄化和大众化消费的特征。随着我国经济的持续发展和新消费者的不断涌入，文化消费将逐渐呈现出分化的趋势。同时，一些高端消费者为了彰显身份，将会选择高级的奢侈品，而部分奢侈品可能因为退出高端消费而"被平民化"。掌握当前高端文化精品消费率对于把握当前和未来高端文化精品消费重点和市场相关主体的决策有重要的现实意义。

文化消费信心指数。消费者信心指数由消费者满意指数和消费者预期指数构成。消费者信心（或情绪）归根结底是消费者对其家庭收入水平的估价和预期的反映，这种估价和预期建立在消费者对各种制约家庭收入水平因素的主观认识上。这些因素主要包括：国家或地区的经济发展形势、失业率、物价水平、利率等。一定时期这些因素的变动必然使得消费者信心（或情绪）产生变化，而消费者信心（或情绪）的变化又会导致其消费决策的改变，从而影响经济发展的进程。消费者信心指数就是对消费者消费心理感受变化的测度。文化消费信心指数是参照消费者信心指数的设定，又考虑到文化消费的特殊性和五大一级指标的交叉性原则以及数据的可得性，选取具有代表性的指标进行测量。

三、文化消费的衍生指标说明

我们在构建文化消费指数评价体系的同时,结合相关学者的研究和真实的市场环境构建了基于文化消费的衍生指标,这些指标补充了五大一级指标无法一一说明的部分,同时也是对指标体系中某些指标效力的说明。

供给贡献率和供给拉动。首先供给贡献率=文化创意产业增加值/文化创意产业地区生产总值,这一指标测算的是文化消费市场供给对整个文化市场产值增长的贡献。供给拉动=文化创意产业地区生产总值增长速度×供给贡献率。

供给贡献率和供给拉动是按照北京市统计局和国家统计局北京调查总队对国内生产总值的三大构成项目,即最终消费支出、资本形成总额、货物和服务净流出来测算和设计的。

实际消费贡献率和实际消费拉动。同理,还可以计算实际消费对文化创意产业的贡献率和拉动,其中实际消费贡献率=文化创意产业收入合计/文化创意产业地区生产总值。实际消费的拉动=文化创意产业地区生产总值增长速度×实际消费贡献率。

财政支持度,就是每产生1元的生产总值,需要多少财政支出来推动。这是衡量财政支出对文化产业生产总值推动效应的一个指标。通过对比各个时期的指标值可以很清晰地看出北京市政府对教育以及文化体育与传媒财政支出的变动、增长情况。同时,财政支持度指标可以反映财政支出对文化创意产业产值的生产带动率。

潜在文化消费量与文化消费缺口。该指标通过对居民储蓄量的调查，将储蓄量分为两部分：一部分是将来用于食品等相关生活用品支出；另一部分主要用于文化娱乐及教育支出。因此，按照现有统计计算文化娱乐及教育支出占家庭支出的比例乘以储蓄总量（潜在的文化消费量），这一指标与实际文化消费之间进行对比即可得到文化消费缺口。

文化消费评测指数体系的设计及其说明

党中央、国务院高度重视发展流通扩大消费。2019年8月27日国务院办公厅发布《关于加快发展流通促进商业消费的意见》(国办发〔2019〕42号,以下简称《意见》)。《意见》指出,受国内外多重因素叠加影响,当前流通消费领域仍面临着一些瓶颈和短板,特别是传统流通企业创新转型有待加强,商品和生活服务有效供给不足,消费环境需进一步优化,城乡消费潜力尚需挖掘。要推动流通创新发展,优化消费环境,促进商业繁荣,激发国内消费潜力,更好满足人民群众消费需求,促进国民经济持续健康发展。

从文化产业角度来看,文化消费是当前文化产业发展的难点、堵点,也是新突破点和亮点,因而要把握目前我国文化消费特点,分析难点,消除堵点,补足短板,多角度寻求文化消费发展突破点,形成文化消费的新亮点。我们只有通过对新形势下文化消费全方位的把握,提出具有针对性、切实可行的合理对策,方能引爆大众文化消费的热情,提高文化产业市场投资效率,促进政府文化投资的合理化,助力功能转型、产业转型以及经济发展方式的高质量转变,真正将文化消费打造成经济的新的增长点。

为了评测和把握文化消费发展状况和层次,我们设计了如下文化消费评测指数体系。

一、文化消费要素链

图1 文化消费要素链

二、评测指数体系

表1 供给评价指标

二级指标	三级指标
市场总量	文化创意产业总收入
市场结构	文化贸易进口额
	规模以上文化创意产业从业人数
	规模以上文化创意产业利润总额
内容	各门类文化产业增加值占总增加值比例
	大型上市企业核心经济指标
	大型上市企业研发投入

099

续表

二级指标	三级指标
组织化程度	企事业单位文化经费支出
财政投资效率	财政对文化产业投资增量/文化产业资本总量增量

表2 需求评价指标

二级指标	三级指标
能力	家庭人均可支配收入
	家庭人均可支配闲暇时间
意愿	经济成本与时间成本投入意愿
	最喜欢的文化产品或服务
	同一类产品或服务的消费频率
内容	书画、风筝等实体文化产品（硬件）
	广电、App、动漫等虚拟文化产品（软件）
	演出、展览等文化服务（服务）
组织化程度	组织提供的文化消费占个人享受的文化消费比例
财政投资效率	惠民卡拉动居民文化消费效率

表3 行为评价指标

二级指标	三级指标
消费水平	人均文化消费支出
	人均文化消费时间支出

续表

二级指标	三级指标
消费方式	户外运动等健康型文化消费支出比例
	文化消费中的移动支付比例
消费内容	3D电影、外国歌剧等新兴文化消费支出所占比例
	京剧等特色文化消费支出所占比例
	红色旅游、红色历史剧等红色文化消费支出所占比例
消费目的	投资性消费(众筹等)
	技能性消费(乐器等)
	享受性消费(电影等)
	习惯性消费

表4 信心评价指标

二级指标	三级指标
当前满意度	创意满意度
	行业服务水平满意度
	质量满意度
	价格满意度
	惠民政策满意度
预期乐观度	未来一年内文化消费支出变化趋势
	未来一年内对文化消费市场变化的预期

表5 环境评价指标

二级指标	三级指标
经济环境	房地产价格指数
	文化产品众筹、文化企业网贷等互联网金融的参与度
	中小微文化企业融资的便捷程度
法治环境	文化领域违法行为治理
	消费者侵权案件处理
文化环境	"正能量"文化话题频率
	看到暴力、裸露、拜金主义等低俗文化内容与话题的频率
自然环境	空气质量二级和好于二级天数

三、文化消费评测指数体系主要评价指标说明

表6 主要评价指标说明

消费要素	评价指标	说明
供给	大型上市企业核心经济指标、大型上市企业研发投入	我国文创航母集群正在初步成形,而且北京成了这些航母集群停泊的第一锚地,这是当今世界上唯一准备与美国文创科技航母相媲美的以民营经济、混合所有制为主的企业群。阿里巴巴在美国上市,成为国际互联网经济的重大事件。其市值已超过3000亿美元,成为中国最大的文化创意领军企业。这些企业的经济状况将能直接反映北京市文化产业整体的质量和发展速度,具有重要的研究意义。

续表一

消费要素	评价指标	说明
供给	财政支持度	反映财政投资效率的重要指标。从数值上看,就是指每产生1元的收益中需要有多少的财政投入来带动。这是衡量财政支出对文化产业生产总值推动效应的一个指标。通过对比各个时期的指标值可以很清晰地看出北京市政府对文化体育与传媒财政支持的变动增长情况,同时财政投资效率可以反映财政支出对文化创意产业产值的生产带动率。
需求	实体文化产品（硬件）	通常以物质实体的形式存在,一般都有实体店存在,计算机网络可以辅助其营销渠道,不能通过计算机网络来传递,必须依靠传统的运输系统。例如以光盘形式销售的软件、音乐、电影等,由于其载体是物质形式的,相应的这类文化产品被归为实体文化产品,这是文化消费品的基础,也是文化需求内容的基本形态。
需求	虚拟文化产品（软件）	虚拟文化产品(软件)指电子商务市场中的数字产品和服务(专指可以通过下载或在线等形式使用的数字产品和服务),具有无实物性质,是在网上发布时默认无法选择物流运输的文化产品。虚拟文化产品主要包括手机App,直播,短视频,网络游戏,电竞VR、AR、MR、HR,特别是人工智能(AI)新业态新创造等一系列新产品和服务形式。虚拟文化产品市场发展异常迅猛,逐渐成为特定人群特别是年轻人的新兴需求方向。
需求	文化服务	随着文化产品生产和文化产品交换的发展与进一步完善,其最基本的特点是服务与文化产品的生产、交换和消费紧密结合。消费者的文化需要具有连带性,如作为典型的文化旅游消费中,除住宿外,需要有通信、交通、饮食、洗衣、理发、购物、医疗等多种服务配合。此外,各地的自然条件和社会条件的不同,经济、文化发展有一定差别,特别是一些为文化服务的地方色彩浓厚,因而文化服务又具有较强的地方性。研究文化服务的这些特点,有助于识别消费者对文化需求内容的多样性与特异性。

续表二

消费要素	评价指标	说明
信心	惠民政策满意度	惠民政策满意度是消费者对于政府出台的鼓励文化消费的政策的满意度评价意味着宏观政策环境下人们进行文化消费的信心。这是一种主观的认可感受,体现了消费者对于鼓励文化消费的政策持有的相应看法。
行为	新兴文化消费	在迅速发展的高新技术的推动下,我国新兴文化消费方式层出不穷,极大地丰富了人民群众的精神文化生活。以数字技术为例,传统的文化消费格局因为数字技术与文化的融合而迅速改变,产生了诸如动漫、网络游戏、数字娱乐等新兴文化消费内容。同时,在影响范围上,互联网技术基础上的文化科技传播手段,如微博、微信等传播方式,使文化产品的传播速度提高、传播路径更加多样、传播范围大为拓展,加大了文化消费对人群的冲击。
行为	特色文化消费	带有更多的地域色彩,偏向于反映地方的自然环境和社会环境对文化消费的影响。例如农业旅游消费作为具有地方特色的文化消费方式,其农业自然环境中的花鸟虫鱼等各种动物与植物,具有极好的欣赏价值,给人们带来精神享受;社会的发展,又使农业不局限于生产作物的基础产业地位,农村生活已成为与都市生活相对的一种生活方式,能够提供都市所没有的清新空气、淳朴民风、宁静环境;农业民俗文化,包括风情民俗、传统节日、婚丧嫁娶、宗教仪式、建筑风格、民间歌舞等,都极大地满足了人们的文化消费需求。
行为	红色文化消费	各机关、企事业单位掀起了"红色"浪潮,民间自发形成各种"红色"文化消费日趋升温。在"红色经济"的热潮中,一些时尚个性的红色纪念品受到众多消费者的追捧,水晶奖杯、名片夹、纪念金币、邮票、纪念徽章等种类丰富的红色商品受到了广大消费者的青睐。每年随着"七一"的临近,红色旅游便成为旅游市场的热点,各家旅行社纷纷推出多条红色旅游线路,迎接红色文化消费的新浪潮。

续表三

消费要素	评价指标	说明
行为	投资性消费、技能性消费、享受性消费、习惯性消费	新增的消费目的下的四个二级指标,其中以众筹为代表的投资性消费已成为文化消费中被重点关注的内容。众筹是用团购结合预购的形式,向网友募集项目资金的模式,利用互联网和社交网络服务(SNS)传播的特性,让小企业、艺术家或个人向公众展示他们的创意,争取大家的关注和支持,进而获得所需要的资金援助。相对于传统的融资方式,众筹更为开放,能否获得资金也不再是以项目的商业价值作为唯一标准。只要是网友喜欢的项目,都可以通过众筹方式获得项目启动的第一笔资金,为更多小本经营或创作的人提供了无限的可能,也为文化消费提供了更广泛的选择。
环境	文化产品众筹、文化互联网金融、中小微文化企业融资	衡量经济环境的关键因素。目前我国宏观经济环境下,文化金融仍处于起步阶段,政策性金融支持依然占主要地位,文化产业发展专项资金、政策性银行贷款、财政拨款等成为目前我国推动文化产业成长的重要资金来源,商业性金融支持有待深化。尽管如此,文化金融的发展步伐并未停滞。继新闻出版总署出台《关于支持民间资本参与出版经营活动的实施细则》、文化部发布《关于鼓励和引导民间资本进入文化领域的实施意见》,民间金融的发展正在受到公众的重视,必将成为我国文化产业发展的多元化融资渠道之一。随着文化金融的发展,众筹、网贷等特色新型金融产品将涌现在文化经济发展的大潮中。

四、数据拟合

（一）数据处理

1.正向化

在多指标综合评价过程中,有些指标数值越大得到的评价越好,这样的指标被称为正向指标;反之,指标数值越小所得的评价越好的，则被称为反向指标。综合评价时，首先必须将指标同趋势化。本研究报告中的指标以正向指标居多，同时采取将逆向指标正向化的方法。

为了不改变原有指标的分布情况，本报告采取了如下的方法进行指标正向化：

$$y_{ij} = \max\{X_j\} - x_{ij}$$

这种线性变化不会改变指标值原有的分布规律，是比较常用的数据正向化方法。

2. 无量纲化

对于多指标综合评价体系，在处理不同性质的指标值时，就要涉及指标的无量纲化（也称数据的标准化，即通过数学变换来消除原始变量量纲影响），以便于指标之间的比较。

考虑到课题组所研究问题的特殊性，为了突出城市在某些方面的优势，本报告采用了比较普遍的无量纲化处理方法——极差正规化法，同时为了最后得到以100分为标准进行实证评价的结果，有如下的去量纲公式：

$$y_{ij} = \frac{x_{ij} - \min(x_j)}{\max(x_j) - \min(x_j)} \times 40 + 60$$

其中 $\max(x_j)$ 和 $\min(x_j)$ 分别为指标 X_j 的最大值和最小值。经去量纲后，消除了量纲和数量级的影响。

（二）权重确定

在多指标综合评价中，权数的确定直接影响着综合评价的结果,科学地确定指标权数在多指标综合评价中的意义是举足轻重的。权数是以某种数量形式对比、权衡被评价事物总体中诸因素相对重要程度的量值。层次分析法(AHP)是对一些较为复杂、较为模糊的问题做出决策的简易方法,特别适用于那些难于完全定量分析的问题。它是美国运筹学家T.L.Saaty教授于20世纪70年代初期提出的一种简便、灵活而又实用的多准则决策方法。

1.基本原理

人们在进行社会的、经济的以及科学管理领域问题的系统分析中,面临的常常是一个由相互关联、相互制约的众多因素构成的复杂而缺少定量数据的系统。层次分析法为这类问题的决策和排序提供了一种新的、简洁而实用的建模方法。层次分析法把复杂问题分解成各个组成元素,按支配关系将这些元素分组、分层,形成有序的递阶层次结构。在此基础上,通过两两比较方式判断各层次中诸元素的重要性,最后利用判断矩阵,确定诸元素在决策中的权重。

2.基本步骤

将所研究的问题分解,建立的递阶层次结构如图2所示:

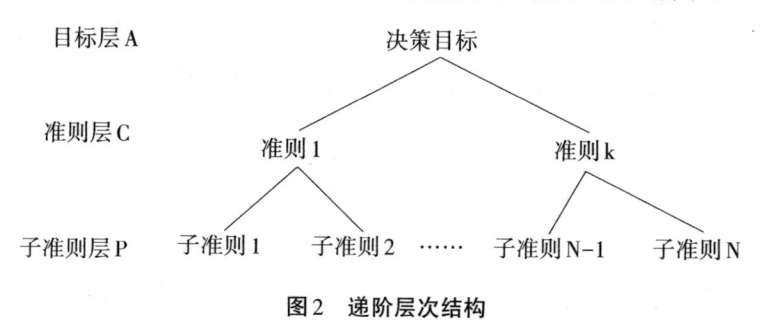

目标层 A —— 决策目标

准则层 C —— 准则1 …… 准则k

子准则层 P —— 子准则1 子准则2 …… 子准则N-1 子准则N

图2 递阶层次结构

设 C 层次中 C_k 因素与下一层次 P 中的 P_1，P_2，$\cdots$，P_n 有关联，则每个 P_i 在 C_k 中有一个权重 $w_i = w(P_i)$，因素 P_i、P_j 权重之比为 $\dfrac{w_i}{w_j}$，可构成一个权重比矩阵 C_k（判断矩阵）。相类似地，采用 9 级标度法，通过专家为影响指标比较打分，构造出每一层中均与上一层某因素有关联的各因素间的权重比矩阵。

3. 合成方法

首先，在获得 n 个系统的评价指标值 $\{x_{ij}\}$（$i=1, 2, \cdots, n; j=1, 2, \cdots, m$）的基础上，选取或构造评价函数 $y=f(w,x)$。式中，$w=(w_1, w_2, w_3, \cdots, w_m)$ 为指标的权重向量，$x=(x_1, x_2, x_3, \cdots, x_m)$ 为系统的状态向量。通过上式可以求出各系统的综合评价值 $y_i=f(w, x_i)$，$(x_i=x_{i2}, x_{i3}, \cdots, x_{im})$ 为第 i 个系统的状态向量 $i=1, 2, \cdots, n$，从而达到根据 y_i 值的大小将这 n 个系统进行排序或分类的目的。

其次，拟采用线性加权的动态综合评价方法进行指数拟合，即：

$$y = \sum_{j=1}^{m} w_j x_j$$

式中，y 为评价对象的综合指数，w_j 是评价指标 x_j 的相对权重系数（$0 \leq w_j \leq 1$，$j=1, 2, \cdots, m$，$\sum_{j=1}^{m} w_j = 1$）。

4. 权重系数

经过以上分析，我们确定各个指标的权重系数如表 7：

文化消费评测指数体系的设计及其说明

表7 权重系数表

一级指标	系数	二级指标	系数	三级指标	系数
供给	100		100		100
	13.837	市场总量	1.154	文化创意产业总收入	1.154
		市场结构	3.459	文化贸易进口额	1.153
				规模以上文化、体育与娱乐业企业单位数	1.153
				文化、体育和娱乐业新增固定资产投资	1.153
		内容	2.308	每一门类文化产业增加值占总增加值比例	1.154
				大型上市企业核心经济指标与研发投入	1.154
		组织化程度	3.458	企事业单位文化经费支出	3.458
		财政支持度	3.458	财政对文化产业投资增量/文化产业资本总量增量	3.458
需求	23.919	能力	3.458	家庭人均可支配收入	1.153
				家庭人均可支配闲暇时间	2.305
		意愿	8.357	经济成本与时间成本投入意愿	3.458
				最喜欢的文化产品或服务	2.594
				同一类产品或服务的消费频率	2.305
		内容	2.306	书画、风筝等实体文化产品（硬件）	0.761

109

续表一

一级指标	系数	二级指标	系数	三级指标	系数
需求	23.919	内容	2.306	广电、App、动漫等虚拟产品（软件）	0.450
				演出、展览等文化服务（服务）	1.095
		组织化程度	9.798	组织提供的文化消费占个人享受的文化消费比例	2.882
				惠民卡拉动居民文化消费效率	6.916
		消费水平	6.916	人均文化消费支出	3.458
				人均文化消费时间支出	3.458
		消费方式	8.645	户外运动等健康型文化消费支出比例	2.305
				文化消费中的移动支付比例	6.340
行为	24.780	消费内容	6.915	3D电影、外国歌剧等新兴文化消费支出所占比例	2.305
				京剧等特色文化消费支出所占比例	2.305
				红色旅游、红色历史剧等红色文化消费支出所占比例	2.305
		消费目的	2.304	投资性消费（众筹等）	0.576
				技能性消费（乐器等）	0.576
				享受性消费（电影等）	0.576
				习惯性消费	0.576

文化消费评测指数体系的设计及其说明

续表二

一级指标	系数	二级指标	系数	三级指标	系数
信心	19.020	当前满意度	12.104	创意满意度	1.153
				行业服务水平满意度	2.882
				质量满意度	2.305
				价格满意度	2.882
				惠民政策满意度	2.882
		预期乐观度	6.916	未来一年内文化消费支出变化趋势	3.458
				未来一年内对文化消费市场变化的预期	3.458
环境	18.444	经济环境	6.915	房地产价格指数	2.305
				文化产品众筹、文化企业网贷等互联网金融的参与度	2.305
				中小微文化企业融资的便捷程度	2.305
		法治环境	4.610	文化领域违法行为治理	2.305
				消费者侵权案件处理	2.305
		文化环境	4.610	"正能量"文化话题频率	2.305
				看到暴力、裸露、拜金主义等低俗文化内容与话题的频率	2.305
		自然环境	2.309	空气质量二级和好于二级天数	2.309

互联网移动网环境下的文化消费新形态和新模式*

我国经济已进入增速放缓和动力转型的关键期，进入了从投资和出口主导转向消费主导增长的关键阶段。我们常说的外贸、投资和消费三驾马车的主驾换了位，消费已经成长为我国经济发展首位动力机制。2020（第十届）全国年货购物节暨四川（泸州）迎春购物月·第四届美食节启动仪式上，第十三届全国政协经济委员会副主任房爱卿在发言中指出：2019年我国保持了经济社会持续健康发展，全面建成小康社会取得新的重大进展。特别是消费市场出现了新变化。一是消费结构不断升级，服务消费已占到一半，信息消费快速增长，品质化消费成为人们的普遍追求，个性化定制化消费已成为一种时尚。二是消费模式不断创新，线上线下融合发展加速，供应链产业链建设加速，跨界融合发展加速，全国实物商品网上零售额预计同比增长20%以上。三是消费的贡献不断增强，消费对经济的贡献率超过60%，连续六年保持经济增长第一拉动力。

---

*本文与王林生合作完成。

进入2020年，我国遇到了前所未有的新冠疫情，遭遇美国贸易、科技、政治、外交的强力打压，遭遇几十年不遇的洪涝灾害，三者叠加，带来了严峻的困难和危机。如何破解这些难题？我们必须重新审视我国文化经济发生的变化。本文着重讨论互联网、移动网环境下我国文化消费的新形态和新模式。

一、新生代文化消费群体的崛起

我国消费结构发生了重大变化。消费结构包括消费群体（消费者）、消费方式和消费理念等。目前，在所有的文化消费群体中，以互联网为背景的新生代文化消费群体，构成了互联网文化消费用户的主体，并爆发出强烈的文化消费诉求和欲望。

"90后""00后"是真正诞生在互联网时代的文化群体，是互联网的原住民。在"90后"的观念和消费中，处处充满着互联网文化元素，他们称自己为"御宅族"，晒出的是"呆萌"的表情包，使用的是只有自己理解的"火星语"、养育着不能触摸的电子宠物，玩的是颠覆传统观影体验的"弹幕"……可以说，"90后"依托互联网创造了新的文化内容和文化形式，创造了属于他们自己的文化业态。泛娱乐文化业态、二次元文化业态、虚拟文化业态、粉丝经济文化业态、影音文化业态和传媒文化业态的爆炸式增长，显现了新生代文化消费群体巨大的文化需求和文化消费能力。

新生代文化消费群体创造出的文化业态正在不断发展壮大，

既展示出文化的内涵和外延始终是一个宽泛的、延展的概念范畴，又预示着"90后""00后"的文化趣味越来越多地对社会经济文化的发展产生支配性的力量。他们不仅展现出创造新文化业态的能力，也体现出乐于接受新型娱乐方式的开阔心态。可以说，新生代文化消费群体已经浸染了文化新业态的发展底色，且大有燎原之势。他们必将主导文化新业态的未来发展方向，重塑文化的内容与形式，重构文化产业的商业运作模式，毕竟未来由未来者创造。

第一，"90后"撑起第三方支付的"半边天"，使得网上支付成为一种文化生活方式。文化绝不仅仅是精神性的文学和艺术，依照英国学者雷蒙德·威廉斯的观点，文化是存在于经济、政治、意识、法律、语言、艺术、符号等多种要素中的整体生活方式，体现为一系列的生产生活实践。目前，以支付宝、微信钱包为代表的第三方支付所占市场份额稳定增长，但是，需要指出的是在使用第三方支付的人群中"90后"群体占据了半壁江山。调查显示，18—25岁年龄段的"90后"群体占支付宝支付总人数的59.0%，与支付宝相比，18—25岁年龄段使用微信支付的"90后"群体所占的比重虽略逊于支付宝，但也达到了45.4%。可以说，第三方支付为代表的文化生活方式，已使得大部分年轻人开始忽视钱包的重要性，而其中"90后"群体无疑推动了这种文化生活方式的流行。

第二，"90后"推动影视剧题材的年轻化，得"90后"者，得天下。一时间,"小鲜肉"影视经济的魔力开始为人们所重视。如果说,2013年《致我们终将逝去的青春》是"80后"开始集体向社会宣告"80后"的青春已经成为一种回忆,那么,同为2013年上映的《小时代1.0》则意味着"90后"已风华正茂,开始引领社会文化的发展潮流。无论是《花千骨》《琅琊榜》等古装剧,或是《麻雀》《法医秦明》等悬疑剧,还是《欢乐颂》《何以笙箫默》等现代剧,无不主打"小鲜肉"。"90后"已成为当下最主要的观影群体,根据星美国际的调查,"90后"占总观影人次的60%,是影视消费的主力军。因此,"90后"群体的消费心理、消费习惯正成为影视制作大咖纷纷揣摩的对象,毕竟在以市场为主导的竞争中,迎合消费者心理才是最佳的营销方式。

第三,"90后"向社会普及二次元文化,开启资本进入的闸门。2015年被媒体称为二次元元年,5000万名核心二次元用户和1.49亿名的泛二次元用户将二次元文化这种从属于"90后"的小众文化推向主流人群,推向资本汹涌进入的火热文化业态。二次元,一种原本与动画、漫画、电子游戏、轻小说联系相关的文化业态,开始与电影、电视、游戏、主题表演、扮装游戏(Cosplay)、同人、声优、手办等产业形态结合,在带动电影、电视、游戏产品的开发的同时,引发百度、阿里巴巴、腾讯为代表的互联网巨头也纷纷涉足二次元产业。2015年10月,阿里巴巴正式收购优酷土豆,以间接方式入股AcFun,11月腾讯持15亿元巨资入股Bilibili,使得AcFun和Bilibili两个最大的二次元社交网络平台背后有了巨人的身影,开启了资本介入二次元文化的时代。

可以说,如果仅仅从生活元素角度思考"90后""00后"新生代与互联网文化新业态,并没有真正洞察到这一新生代群体蕴藏的巨大的文化创造力。随着"90后""00后"消费能力的日渐增强,以及这个群体逐渐走向社会,他们所喜爱的文化已不再是一种小众的亚文化,而是开始或已经成为文化发展的主流。更为重要的是,他们已不再满足一般性的文化消费,而是追求更为精致、更为独特、更具品质、更具时尚感的文化消费品,具有更高的审美诉求。以新生代群体为代表的文化消费需求的升级,决定了文化产业必须走高质量发展之路。

二、新消费群体的消费模式

那么,这些新消费群体采取了什么样的消费模式呢?

1.网络直播消费模式

网络直播火遍天下,大家都看见一个疯狂抢钱的机会。人人都想试一试。的确直播带货成功者不少,直播者获大利,厂家或避免了破产,好处多多。直播能让商品在线上实现最大程度的可视化,快速提升销量,让投入产出比更加清晰。但是直播的竞争十分惨烈。直播电商主播2020年6月份前50名榜单发布,列出了2020年6月1日至6月30日的淘宝、快手和抖音三大主流平台上商品交易总额(GMV)排名前50的主播。榜单数据显示,这50位主播一共创造了126.1亿元的单月GMV。

GMV主要是指网站商品交易总额，而这里的成交金额包括：付款金额和未付款。可能大家有点迷糊，其实我们在网购时，往往产生包括付过款的和没有付款的订单。而GMV统计的是二者之和。

网络直播是依托互联网独立进行视音频采集、编辑、发布的方式。网络直播起步于2009年，2011年进入快速发展阶段，涌现出百度秀吧、风云直播、秀色秀场、花椒直播、果酱直播等一批互联网App。直播消费的内容从类别看大致可以分为游戏竞技、公共演艺和个人秀场等三种。在内容生产层面，以内容原创为主，平台除了通过广告、内容版权转让等方式盈利外，"主播+打赏"的用户消费是直播盈利的重要来源。需要指出的是，网络直播仍处在发展期，随着短视频与各领域的融合，它的消费和盈利模式也日渐走向多元。

网络直播消费的出现，与大众娱乐消费方式向移动端转移密切相关。某种程度上，随着直播视频技术的发展以及进入的门槛越来越低，网络直播会放大乃至统筹线下的演艺市场。网络直播已占领消费市场的一席之地，如2017年仅游戏直播消费市场规模已达37.3亿元，网络直播消费的影响力由此可见一斑。作为一种大众的娱乐方式，网络直播消费的流行，"意味着互联网娱乐消费已经成型……互联网娱乐消费习惯已经形成"[1]。在此趋势

---

[1] 李亚等：《直播：平台商业化风口》，机械工业出版社，2016。

下,越来越多的文化活动试水网络直播,如2014年汪峰在北京鸟巢举办"峰暴来临"演唱会成为演艺直播消费的标志性事件,而2017年花椒App和花椒直播与《中国新歌声》合作试水付费直播演唱会,开启了网络App演艺综艺直播消费新时代。同时,随着网络直播平台影响力的逐步扩大,一些文化消费活动开始向线下转移,如抖音App与城市营销的结合,催生了西安、成都、济南等一批网红城市,2018年也成为"网红城市元年"。从实际效果来说,这种结合不仅促进了短视频本身的流量消费,也间接提高了网红城市的城市消费水平。

2. 短视频消费模式

与网络直播区别的是短视频消费模式。把短视频提出来作为新消费群体的重要消费模式是有现实依据的。以抖音、快手等为代表的短视频家族掀起了席卷全球的新消费热潮。抖音(国际版TikTok)是由今日头条推出的一款短视频分享App,于2016年9月上线,是一个专注于帮助大众表达自我、记录美好生活的音乐短视频创作分享社区平台。抖音让用户在生活中轻松快速产出优质短视频,应用人工智能技术为消费者创造多样的玩法。用户可以通过这款软件选择歌曲,拍摄音乐短视频,形成自己的作品。短视频消费模式也曾存在过涉黄等问题。2019年2月28日,美国联邦贸易委员会(FTC)发布了一项重要裁决,短视频应用抖音国际版(TikTok)因违反美国《儿童隐私法》,被处以570万美元罚款,将影响该应用在13岁以下儿童中的使用方式。这一消费模式还面临着美国进一步的打压。

3.电商平台消费模式

直播和短视频这两种消费模式都依托电商平台。互联网平台是文化与科技融合发展的重要基础性设施，是培育、发展和展示文化科技型产业的重要载体，在互联网文化产业的生产与消费中发挥着重要的支撑作用。互联网电商是平台为王模式的重要体现，2003年，中国互联网市场开始细分互联网电商，涌现出C2C、B2C和B2B等一批消费模式，极大促进了互联网零售行业发展与市场交易规模持续攀升。2012年，中国互联网零售交易规模仅约为13200亿元，至2017年交易规模已增长至约72000亿元（图1），年度平均增长率高达约40%，可谓发展迅猛。互联网电商平台消费模式与传统的消费模式相比，呈现出更强的消费便利性的特点，这种消费模式打破了消费时空的限制，涌现出的跨境经营、无人零售、优品电商、社交电商、二手电商等消费模式和场景，培育和激发了新的消费需求。

需要指出的是，以电商为平台的消费不仅限于女装与女士精品、手机、男装、美容护肤、箱包皮具等普通商品，还包括旅游、演出、影音、娱乐、宠物生活、医药保健等商品。这说明，以电商平台为依托的消费已从一般的物质消费、精神产品消费完全扩展至日常生活消费。某种程度上，电商平台推动了网络电子商务的发展，而依托于电商平台的网络购物日常化，正将网络购物日益转变为全民的一种文化生活方式。

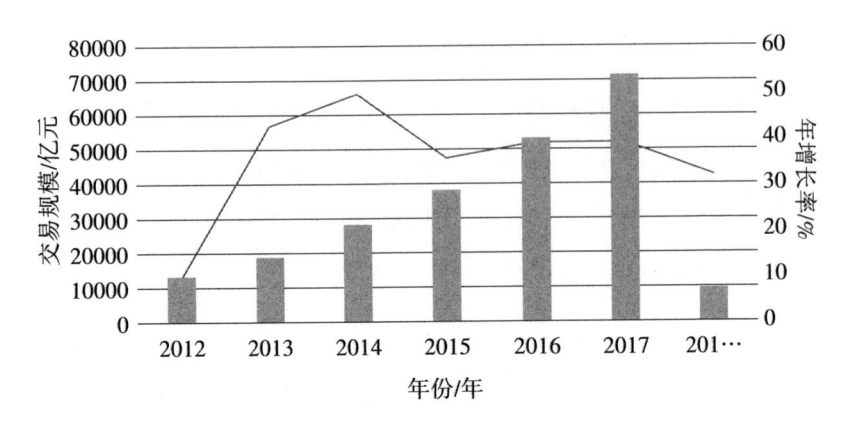

图1 2012—2017年中国互联网零售交易规模

资料来源：根据相关数据整理。

4."线上+线下"一体化消费模式

随着电商平台的激烈竞争，线上红利开始逐渐缩减，增长的速度逐渐放缓。互联网零售交易规模的增速已从高歌猛进时期的49.65%（2014年）逐年降低至32.2%（2018年第一季度），说明单纯线上红利的时代已经结束。因此，在这一背景下，充分发挥互联网线上平台的连接作用，促进线上与线下的有效连接与融合，利用互联网大数据对线上与线下的供给侧进行结构性优化，构建新的体验场景，以实现红利的最大化便成为一种可能。以BAT为代表的互联网巨头在线上竞争流量的同时，开始积极对线下的家电数码、快销品商业超市、餐饮美食、服饰百货、家装家居等实体进行布局，积极探索OMO（Online Merge Offline）的新型消费模式，主动适应新的文化消费模式，进而对营销方式开展变革。

OMO所强调的"线上+线下",与传统电商线上支付、线下消费的模式有很大不同。它以大数据为依托,是"线上—移动—线下"三位一体的立体式、精细化管理的产业营销平台,提供的是线上与线下无差别的一站式服务,增强了消费的体验性。如果说线上支付、线下消费的消费模式将世界区分为真实的物理世界和虚拟的数字世界,体验仅是线下物理世界消费闭环中的最后一个环节,那么,在OMO这种打通了内容提供者与产品消费者、机构与终端、企业与渠道代理商之间的区隔,推动了线上平台与线下实体店一体化管理的营销平台体系中,体验贯穿于消费者通过各种载体及终端进行交易和消费的过程,并使得消费体验能够及时反馈。体验的及时收集和反馈,是OMO一体化消费模式的重要特点,这是因为互联网进入数据化、智能化的发展阶段之后,商家可以利用大数据等先进技术对线上和线下的用户群体相貌进行综合分析和挖掘,并以此为基础对用户进行细分和定位,针对用户不同场景的需求对生产、销售进行优化调整和服务升级,优化消费者的场景体验。

5. 垂直传播消费模式

在互联网文化消费领域,垂直传播消费模式是指依托互联网,将消费信息直接传递给某一类人群,或者说,垂直传播消费模式往往限定在某一特定人群对某一特定领域的特定需求。这一类人群充分体现了互联网的碎片化特征。他们是通过社交聚集在一起的拥有相近价值观、兴趣、行为、需求的小社群。垂直传播就是为这类群体提供更加精准的消费服务,消费的类型主要包括旅游、学术、教育、医疗等。垂直传播消费模式的出现与消费市场日趋精细化、类分化密切相关,不仅为市场提供和发掘出了具有黏性的优质客户,而且是文化消费升级的重要体现。

消费市场的分化促使文化产品的供给越来越多地转向小众消费群体,这就要求文化生产企业必须对市场进行细分,并策划与之相应的营销活动。"细分市场使先前被传统和常规模式忽略的消费者权益得到了认同,数字和网络模式以此扩大了一定的市场。"[1]因此,垂直传播消费模式就是在消费市场不断细化和重新聚合的语境中,根据目标市场而进行企业营销模式的转变。麦兜旅游、布拉旅行、马蜂窝旅游、携程、艺龙、去哪儿网等综合性平台对目的地、年龄、性别、酒店业务等进行市场细分,推进了文化产品和消费渠道的个性化和多元化。因此,垂直传播消费模式有针对性地制定和调整文化市场的营销方式,有利于拓展文化市场,进一步促进文化企业优化配置资源。

6."拼"与"团"以及众筹消费模式

拼多多是一家专注拼团的社交购物网站,让用户通过发起和朋友、家人、邻居等的拼团,以更低的价格,购买优质商品。拼多多作为新电商开创者,致力于将娱乐社交的元素融入电商运营中,通过"社交+电商"的模式,让更多的用户带着乐趣分享实

---

[1] 克里斯·奥拉姆:《电商战略:数字时代的精准战略》,朱玲译,中信出版社,2017,第79页。

惠，享受全新的共享式购物体验。美团网是2010年3月4日成立的团购网站，总部位于北京朝阳区，服务包括美食、电影、酒店、旅游等。2015年10月8日，大众点评网与美团网联合发表声明，宣布达成战略合作并成立新公司。团购是其最重要的经营策略，因此吸引了众多消费者。新公司成为中国O2O领域的领先平台。众筹模式是伴随着互联网文化创意产业的发展而兴起的产业筹资模式。因其具有门槛低、多样化、草根性和创新性等特点，一经出现便受到投资者、生产者和消费者的青睐。众筹消费是通过预售聚拢消费群体，在产品预售的过程中，不仅向消费者"兜售"了参与感，而且让产品经过了市场和消费者的检验。可以说，众筹消费以消费者为核心，以线上互联网众筹平台为载体，将线下体验和线上消费结合在一起，从而完成消费者消费需求和生产企业有目标性生产的无缝对接。

"拼"与"团"以及众筹消费模式推动了互联网对文化消费和文化生产市场要素的优化配置与整合。仅就消费层面来说，消费者通过"拼"与"团"以及众筹，增强了生产与消费之间的互动，实现了消费的快速增长与投资的有机结合。以"消费者为中心"，将消费者纳入生产的过程中，是消费资本化的探索与尝试。在"90后""00后"等年轻群体自我意识、参与意识和体验意识日益增强的语境下，众筹消费模式所坚持的以产品为导向的经营模式正在向以用户消费为导向转变，顺应了时代发展的必然趋势。

7.IP 产业和 IP 消费模式

IP 即知识产权，本意是通过智力性劳动获取劳动成果并对成果依法享有的专有权利，运用在文化产业的运营中，泛指具有特定品牌影响力和能够可持续性挖掘的文化资源。优质 IP 的运作以产业链的延伸与拓展为核心，"对于那些长盛不衰的 IP 来说，它们总能与时俱进地在各种媒介形态之间实现 IP 更新，将能引起共鸣的角色价值尽可能地释放出来。"①通过对 IP 内容的开发，互联网文化业态成功打通了包含文学、电影、电视、游戏、音乐、表演、出版等媒介在内的互动文化娱乐产业链，使得优质 IP 成为颇受传播市场和资本市场青睐的对象。

以 IP 为核心所创造的文化消费，主要体现在以文学、动漫、影视剧为核心的 IP 的产业链拓展与延伸。这种消费模式通过核心 IP 所积累的粉丝群体，辅之以衍生产品和周边产业拉动消费，将粉丝崇拜转化为消费力，提升了文化产品的变现能力。从内容制作到粉丝积累、开发周边以及相关展览、观光等实体体验场景，是 IP 消费的主要模式。目前为争夺优质 IP，众多行业巨头纷纷涉足 IP 的抢购与拍卖，爱奇艺、优酷土豆、乐视网等纷纷推出 IP 改编的电视剧、游戏、动画等，使得 IP 逐渐成为网络文化产业链的枢纽和核心，并由此促进了影视剧、游戏、动画、文学等业态的互动式消费。如热门影视 IP 对原著图书消费拉动作用明显，2017 年《人民的名义》在电视剧播放前后拉动纸质图

---

① 韩布伟：《IP 时代：从 0 到 1 打造超级 IP》，中国铁道出版社，2016。

书销量增长了21倍，电子书增长了191倍，足见IP业态之间互动的效果显著。

我国消费的变革是一个不断变化的过程，近年来的转折是一个根本性的转折。我国"90后"等消费者从过去单纯地追求流量的流量经济到更多地介入场景之中；从拓展增量市场到争夺存量市场；从功能性竞争到价值竞争；从满足低端需求到创造文化精神高地；从炫耀式的重奢、轻奢到精细自专的消费，从一味崇媚西方大品牌到接受传统文化精品，变化非常大。中国消费者快速成长，越来越走向理性，走向文化，走向个性化，走向时尚、艺术与审美行为。

中国的消费者还需要一段较长的时间与新产品、新时尚、新路径相融合，不断适应，不断提高。

我们该怎样发好、用好消费券

受新冠疫情影响，我国经济乃至全球经济体系遭受重创，国民经济运行主要指标普遍处于低位状态，经济发展面临着严峻挑战。为突破困境，全球各国政府都在发钱或消费券。

一

首先是美国，2020年3月25日深夜，美国参议院通过了2万亿美元的经济刺激方案，其中包括向大多数成年人直接补助1200美元的措施。此举令美股在周四应声大涨，道琼斯指数脱离熊市区间。《巴伦周刊》报道称，根据政府已经宣布的消息，为了避免经济陷入衰退，全球刺激计划的金额可能超过10万亿美元。

在美国和欧洲经济活动停摆的情况下，这些救济杯水车薪，美国一个月的国内生产总值就是1.7万亿美元。美国人不存钱，很多民众也没钱可存，现在美国失业人口达到1300万人，不存钱的美国穷人要吃饭。每人发1200美元聊胜于无。这就是美国要复工复产的原因之一。太盟投资集团（PAG）董事长兼首席执行官单伟建认为发钱除了忽悠选票其实不是最好的方法。从宏观政策的角度看，现金补贴对美国消费的刺激作用有限。一两千美元丝毫不会影响消费行为，不会增加消费。

我们看看国内，2020年5月8日，商务部报告：据初步统计，自新冠疫情发生以来，有28个省（区、市）170多个地市统筹地方政府和社会资金，累计发放消费券达到190多亿元。这些"促消"措施取得明显效果，实现了聚集人气、增强信心、提振消费的目标。具体表现在三个方面：

一是拉动消费增长。有效增强了受疫情影响的消费信心，促进人气回升、市场回暖，增强消费动力。促进消费活动对拉动消费增长产生了四两拨千斤的作用。二是保障和改善民生。一些地区面向困难家庭和低收入群体，定向发放了消费券，让消费者有实实在在的获得感。三是帮扶了受疫情影响严重的行业发展。这些促进消费活动重点针对受疫情影响比较大的餐饮、零售等行业，为这些企业带来了明显的客流量，增加了实际收入，对稳定企业和行业发挥了重要作用。

其实我国发放消费券并不是头一次。2008年爆发的世界金融危机，到2009年形势愈加危急。为了应对那场危机带来的消费低谷，国内部分城市便推出过消费券。当时，杭州以总计9.1亿元的发放总额成了国内发行消费券金额最高的城市。此后2013年北京就启动了文化惠民消费季，以文化优惠卡的形式，促进文化消费。这些经验表明，消费券的确在短期内可以大幅促进商业和旅游等行业的消费增长。

那么，发还是不发？有没有钱发？没钱的城市呢？澳门、山东、北京、浙江、广东、江苏等地率先发行了消费卡。澳门多年来发钱，因为政府有钱（受这次疫情影响也遇到了困难和危机）。其他发放消费券的各省（区、市）也有自己的发放情况和经验。随后其他20多个省（区、市）也发了，总共190多亿元。专家认为，国内城市应重启消费券，尽快拉动消费，以拯救文化旅游产业，拯救那些濒临绝境的中小企业。

消费源于需求。即便有消费意愿，却可能受制于城市收入等条件无法实现消费；或者有潜在消费意愿和能力，却可能因鉴赏能力和趣味等尚未得到开发、培育与激励，而无法实现消费。

因此，在文化消费十分低迷的状况下，笔者认为发放文化消费激励券（卡），是一种解决目前文化供给和消费困境，救助文化创意类中小企业，特别是民营企业的途径。

二

发达国家对于发放消费券已有多年实践，积累了不少经验。在前面的文章中笔者已谈到，英国文化经济学的领跑者鲍莫尔和鲍恩就曾提议采用文化抵用券来培育公民文化消费习惯，而英国、荷兰等发达国家也实施过通过发放消费券促进文化消费的政策。对消费券做出深入研究的艾伦·皮科克教授是英国经济学家，专攻福利经济学和公共选择理论，曾任BBC资助委员会主席、苏格兰艺术委员会（英国艺术委员会的成员之一）主席，并因为在这一领域的杰出贡献于1987年被英国女王授予爵士爵位。他1993年出版的书《自食其果》为经济与给艺术机构发放补贴的复杂联系提供了一个独特的视角。

早在1969年，皮科克教授就已经讨论过艺术抵用券的使用，其可作为贫苦消费者获得艺术教育的途径。抵用券的经济依据是，在不改变资源分配的情况下，获得重新分配消费力的机会，就如把补贴直接给生产商一样。作为补贴分发方式的抵用券对"古典自由主义者"如皮科克来说有几个优点：尤其是抵用券把决定享用什么艺术的权利留在消费者手中而不是那些"家长式文化垄断机构"的手中（如艺术委员会），部分解决了长期以来困扰人们的艺术补贴问题，即那些高雅文化艺术吸引了生活更富裕的消费者，他们在税收转移中比那些相对贫穷的纳税人获得了更多的利益。除此以外，艺术机构不必为了有资格获得拨款而取悦资助机构，因为抵用券让它们可以对消费者索取商业价格；可以使得用消费券的艺术机构从发放部门兑现消费券的价值，从而获得补贴。结果是只要艺术机构的产品能够吸引消费者，该机构就能生存下去。在具有资质的艺术机构里，证书是帮助消费者识别的标志。抵用券的发放可以限定一个目标群体，比如年轻人或老年人。在荷兰就是通过学校向学生发放的。

发放文化消费激励卡，有其积极意义，特别是对于我国文化消费长期疲弱更有必要性。一是可以涵养和培育文化消费市场，建立正常的可持续的文化消费秩序和消费形态；二是面向中低收入人群,鼓励和支持那些支付能力弱的群体,包括妇女,让其获得更多文化消费的机会,体现社会公平;三是培育和提升全民族的文化艺术鉴赏能力,培育能懂得欣赏音乐美的耳朵,培育能够欣赏形式美的眼睛,培育能够参与文化艺术创造的一代新人。面向儿童和青少年发放,让他们走进音乐厅、国家大剧院,走进科技馆、艺术馆,走进画廊,购买书籍,观看电影、电视、动漫,培育文化消费的意愿、习惯,建立畅通的消费渠道。但是,发放文化消费激励卡是否会增加非市场文化消费因素?对于文化产业的健康发展是否大有助益?在历史上,西方国家在执行中也是争议不断。

三

如何解决这一悖论?北京在全国率先进行了尝试,首发消费券:文化惠民卡。

北京市国有文化资产监督管理办公室曾按照计划,于每年9月中旬前后的北京文化消费季期间,向市民发放100万张"文化惠民卡"(以下简称"文惠卡"),完成1000家商户加盟。在三年内,发放300万张,实现3000家商户加盟。北京地区消费者持文惠卡可在电影剧院、书店、图书馆、博物馆、文化景点、教育培训机构、电子商务机构等多类文化消费场所使用,并可享受特定折扣,获得相应数额的积分。积分累积到一定额度可兑换礼品,还可参加月度、季度和年度抽奖。消费者可通过文惠卡网站、手机客户端、微信平台来申领文惠卡，也可就近到办卡点直接申领。

这一措施希望通过为企业搭建更宽广的销售平台来惠民。问题是参与发放文惠卡的企业都必须打折，这一要求是被迫的，还是自愿的？如果是被迫的，谁有这样的权力？这一平台的广告效应和经济效应如何实现？如果是自愿的，那加盟后必须打的最低折扣是多少？如果折扣很大，厂家没有任何收益；如果折扣很小，消费者是否买账，能否达到惠民的最初目的？可见，消费券的发放必须根据实际情况，根据文化艺术消费状况，选择合适的阶段、合适的激励内容和合适的方式。

2020年8月7日北京第八届惠民文化消费季重启，以更大的力度恢复文化创意和旅游活动。重启后的首波消费券发放，共计150万张政企消费券，其中线下餐饮购物券100万张、智能产品券50万张，消费者可在京东App领取。

除了政企消费券，中国工商银行（以下简称"工行"）发放了5000万元工行消费券，在工行手机银行领取，后陆续推出了面向支付宝、微信、京东等平台使用的消费券，为消费者提供了更多消费渠道。

政企专项消费券新增一批餐饮购物企业，新增一批消费券发放平台，不断提高参与企业覆盖率，满足消费者到店消费需求。同时在保持现有消费券卡包优惠补贴力度的基础上，还将对目前已参与线下餐饮购物消费券的企业和近期拟报名新增的企业，降低企业配资比例，将政府和企业1∶1的配资比例调整为2∶1。比如，原来消费者领取一个卡包到店消费券后实际可享受120元优惠，其中政府补贴60元、企业让利60元，拟调整为政府补贴80元、企业让利40元，助力企业纾困解难，消费者仍然享受120元的优惠。

疫情以来，线上线下融合的全场景信息消费比例持续提高，新产品、新服务、新业态大量涌现，不断激发新的消费需求。由北京市经信局、北京市商务局等部门共同举办的北京信息消费节联合企业发放信息消费券，开辟入口展示新产品。三大运营商将结合5G消费热点，针对新增5G用户，通过对流量及终端的补贴，有效撬动市民信息消费。预计运营商补贴金额超过1亿元，惠及超过70万名5G用户。

北京消费节将通过"智惠住""智惠行""智惠玩""智惠读""智惠听""智惠游"等线上线下融合推广体验活动，联合京东、苏宁易购、58到家、美团、值得买等北京市多家平台企业，通过优惠促销措施，以线上线下融合体验的形式，鼓励市民放心消费。结合数字文化主题，开展电竞北京系列活动，建设游戏电竞科技消费体验区，积极培育电竞消费场景。结合信息惠民主题，开展信息消费社区行活动，结合线下商业体和便利店，为社区居民体验新技术新模式的产品与服务提供便利，打通信息消费的"最后一公里"。

目前北京之外的各地政府一般选择通过互联网平台和渠道来

发放消费券，消费者则需在特定的时间范围在平台进行申领，并在规定的时间内消费。这种方式极大地提高了消费券发放的效率，但由于消费券涉及财政资金的使用，政府与互联网平台合作发放消费券对市场公平竞争、商户和消费者选择自由有什么样的影响？弱势群体是否真正能得到实惠？消费拉动了吗？老百姓得到好处了吗？这是大家最关心的问题。

一则新闻说，多地采取消费券补贴方式促进消费回暖，一些"羊毛党"利用监管、技术漏洞，伪造消费券套现，二手平台专卖，获取利益。如此，好事完全可能变成坏事。这么看来，消费券的发放就不是一件小事。

那么，消费券到底应该发给谁？消费券发放应该如何兼顾效率与公平？

消费券当然只能发放给低收入的普通群众，特别是那些需要帮扶的对象。这是最重要的原则。我们要在此基础上兼顾公平和效率。怎么做？

首先，要选择最佳的方案，选择安全、方便、好用的平台，事前应对消费券发放企业进行公平竞争审查。用户领取和使用消费券要方便快捷，不能到网络平台就加设机关，猛塞私货。也可以采取多渠道方式发放消费券。

其次，消费券在发放之初就要制定好规则，要规范和增强网络风险控制能力，防止出现新闻中报道的电子消费券被截留、冒领、去向不明的问题。2020年4月4日，市场监管总局发布的

《关于支持疫情防控和复工复产反垄断执法的公告》明确要求，各级市场监管部门要加强与政策制定机关沟通交流，做好公平竞争审查工作。这类问题看似很小、金额不大，但对于中国网络消费者来讲，可能产生不可预料的舆论发酵的恶劣影响。所以要加强技术监督，堵塞漏洞。

最后，各级政府要持续对发放全程予以监督，及时反映和处理消费者投诉，发现问题，解决问题。

发放消费券是好事，把好事办好却不容易。

国外文化经济学对文化消费影响因素的研究

——陶斯文化消费的两种理论之学习笔记

陶斯女士前些时候来到北京,与笔者共同参与了论坛,各自发表了关于文化产业与文化经济学的看法。之后也进行了对话和交流。陶斯非常感兴趣的是中国的知识产权保护。在她看来,中国这方面的问题多多,反而对蓬勃发展的中国互联网的新业态新模式关注不多,甚至了无兴趣。笔者倒觉得,欧洲的一些学者们似乎得了一种她称之为"理性成瘾"的痼疾,看西方媒体看多了,印象叠加,形成了一种固定看法,或者叫先入之见。作为学者,他们倒不是感性盲从,但诸多因素相加,就成了一个理性的"定理",下次拿出来的时候就不用再考察真伪,直接使用就可以了。陶斯的理论研究主要在传统的文化艺术领域,在这方面,她是我们的老师。

在主持翻译了《文化经济学教程》之后,笔者发现,国外文化经济学家对文化消费的影响因素有细致的研究,从文化产业与文化消费的角度,对文化消费进行了研究。大卫·赫斯蒙德夫曾在《文化产业》开篇中提问:"文化产业的终极目标,是否服务于其所有者、执行者及其政商盟友的利益?"即文化消费主体的需求是文化产业研究和政策制定的关键点。文化产业是文化消费深化的一种表现,同时也是文化消费深化的一种要求。Michela Addis(2005)基于消费者行为、娱乐和教育的分析,认为新技术和消费将产生寓教于乐的文化消费。Greg Richards and Julie Wilson(2004)研究发现,城市正不断利用文化活动改善形象,吸引访客和投资,刺激居民文化消费,促进城市发展。

而这本书的主编,欧洲文化经济学会会长陶斯和其他学者的研究则给了我们重要启示。

陶斯强调了消费与需求等要素的关系。她提出"特定消费资本和理性成瘾"理论,以及"通过消费学习"理论。

为什么要把这两种理论拎出来进行深入研究呢?

这两种理论非常重要,可以预测艺术品的当前消费对过往经历的依赖性。特定消费资本为什么会带来理性成瘾呢?通常我们总是认为那些更多感性气质的人会比较容易成瘾,像追逐明星、沉迷游戏等。欧洲学者对质量和风险问题展开了讨论。他们希望用普通框架的备择假设,对理论性讨论进行阐释,以便进行比较,并得出需求的闭型方程式。

假设只有两种商品($I = x, y$)和三个时间段($t = 1, 2, 3$),得出时间相加的应用函数:

$$U(X_1, y_1) + \beta U(X_2, y_2) + \beta^2 U(X_3, y3) \qquad (2-1)$$

X_t 指"艺术欣赏",即艺术品 x 在时间 t 内的子效用,β 是贴现系数。应用函数中的四个参数是指消费者做出决定时刻的值,即一阶的开始。为了阐释这些模型的特性,我们假设:

$$X_t = (s_t\ x_t)\ for\ t = (1,2,3) \qquad (2-2)$$

方程式(2-2)类似于一个调整质量后的量。如果是由外因决定,则 $s_t(>0)$ 可与一项客观质量指标有效地达到一致。Throsby(1983)用特征矢量来定义现场表演艺术的客观质量,特征包括剧目分类、表演标准、制作和设计、舒适度标准、座位以及音质效果等。Hamlen(1991,1994)甚至将流行歌手的颤音作为其才华的客观指标。在享乐价格函数(1974年由Rosen提出)中,客观特征被广泛地用作回归量,但Rosen(1981)和Macdonald(1988)认为客观特征有其不足。在一项有趣的研究中,De Vany和Walls(1999)发现,电影的票房收入接近帕累托分布,且有着无穷的变化。电影大片并不由奖项决定,并完全不可预测,因为影迷的信息梯级导向多个方向。在方程式(2-2)中,观察的"理性上瘾"或"通过消费学习"模式使 s_t 内生化。这两种模式通过采用不同的方法将 s_t 更新至过往(t 之前)的消费行为,来将喜好的培养描述为两个过程。在两种模式中,消费者的过往行为都是由喜好内在因素决定的,我们称之为"主观质量",即个人的艺术喜好。

这些艺术消费经济学的研究,需要咀嚼和解说。首先是这一公式面对的是艺术品,在中国欣赏和消费就有了区别。多年来,我们对艺术的欣赏都是在非市场或非完全市场的情况下进行的，艺术都是属于事业的。这是一种隔膜。所以过去我们对于艺术学，包括艺术心理学和艺术社会学的了解都大大多于对艺术消费经济的了解，过去我们尚无艺术经济学的学科。从艺术心理学和艺术社会学来看，我们很难也几乎不用特征矢量来定义现场表演艺术的客观质量，比如剧目分类、表演标准、制作和设计、舒适度标准、座位以及音质效果等。我们往往会说，看了这部剧（电影、戏剧、电视剧）感觉还不错，感觉演员表演得很投入、很真实，很有魅力，圈粉了。再加一点，作品的社会效益不错，激发了观众的爱国热情。总之，认知是笼统的、模糊的、非量化的（虽然有票房数字但不知真假），但是，当代市场条件下的艺术经济学要通过上述精确的量化指标来评定艺术的综合效应，当然主要是经济效应。

如果从艺术心理学与艺术社会学的角度来看，这些数学化的方程式是在说明，在不断购买的消费中，消费者通过每次消费的选择、比较、甄别，会形成一种内在的心理变化，认可某一产品，并在每一次消费中不断形成和巩固一种趋于固化的审美认知。他或她会依据社会评价（如普遍的社会品牌认知度），产生习惯性专向喜爱。此即所谓的"理性上瘾"或"通过消费学习"。

为了便于比较，陶斯他们指定了一个二次方程式时间应用函数：

$$U(X, y) = X - \frac{1}{2}aX^2 + by - cy^2 + dXy_1 \qquad (2-3)$$

其中，$a, b, c, d > 0$，$ac - d^2 > 0$，以确保其二阶条件。

此模式由 Stigler 和 Becker（1977）提出，用以理解音乐欣赏和消费。Becker 和 Murphy（1988）通过假定消费者的消费行为一直具有前瞻性，对模式做出进一步阐释。Becker 和 Murphy 对"理性成瘾"理论（1981 年由 Spinnewyn 首次提出）给出定义，认为消费习惯与目光短浅的习惯形成截然相反，而研究者过去在评估动态消费需求方程式（1970 年由 Pollak 提出）时往往假设消费者的习惯是暂时和短视的。音乐专项资金可培养人们对音乐的喜好，推动未来的音乐欣赏。我们以下列方程式表示：

$$S_t = S_{t-1} + rx_{t-1}, \quad for \quad t = (2, 3) \qquad (2-4)$$

其中，$r > 0$。在方程式（2-1）（2-3）和（2-4）中，个人的效用函数（2-1）达到最大，其财富约束如下：

$$\sum_{t=1}^{3} p^{t-1}(px_t + y_t) = W \qquad (2-5)$$

因为我们着重考察的是喜好的影响，所以我们假定兴趣系数（ρ）和艺术价格（p）是常量。如果两种商品为积极消费，代入一阶条件可得出三个时间内相应的艺术欣赏影子价格：

$$\frac{MUx_3}{MUy_3} = \frac{p}{s_3} = \prod_3 \qquad (2-6)$$

$$\frac{MUx_2}{MUy_2} = \frac{p}{s_2}[1 - pa^3] = \prod_2 \qquad (2-7)$$

$$\frac{MUx_1}{MUy_1} = \frac{p}{s_1}\left[1 - pa^2(1 - a_3) - p^2 a_3\right] = \prod_1 \qquad (2-8)$$

$$a_t = \frac{rx_t}{s_t}, \ t = (1, 2, 3)$$

成瘾率，即艺术喜好随艺术消费的增长率，通常为正数。成瘾率在年轻时可能上升，最终下降。如果假定 $a_1 > a_2 > a_3$，且数值很小，我们可以忽略二阶项，如方程式（2-8）中的 a_2、a_3，可以看出艺术欣赏的相对影子价格随时间缩短有所下降。

这个"成瘾率"的描述，为艺术家所不齿。艺术家和艺术迷们说："我对艺术的创作和欣赏是我生命的自然冲动，是一种近乎宗教的信仰，是长期的艺术浸染与我内在天赋融合的结果。"那是对艺术的挚爱，不同于离不开毒品的某种"瘾君子"。成瘾率其实就是有多少人通过长期艺术教育热爱和体验某种艺术，有多少人甚至成为艺术家。

如果喜好为常量，我们可以推出艺术的弗里希（财富为常量下的边际效用）需求函数：

$$s_1 x_1 = D\left[C + bd - d\lambda - \lambda \prod_1\right] \qquad (2-9)$$

$$s_2 x_2 = D\left[C + bd - d\lambda - \lambda \prod_2\right] \qquad (2-10)$$

$$s_3 x_3 = D\left[C + bd - a^2 d\lambda \prod_3\right] \qquad (2-11)$$

其中，$\sigma = \rho/\beta$，且 $D = \dfrac{1}{ac - d^2} > 0$。

如果艺术欣赏的相对影子价格随时间缩短而下降，在贴现率不超过利率（即$\sigma \leq 1$）的情况下，艺术欣赏的需求会随时间增加而增加。然而，即使艺术商品的相对影子价格下降，缺乏耐心的消费者对艺术欣赏的需求也可能随时间增加而减少。此外，对艺术欣赏的需求随时间增加而增加，并不一定意味着消费需求的增长，因为通过喜好的培养，即使消费者减少艺术消费量，仍可保持原有的欣赏水平。因此，消费增长的可能性越大，贴现率越低，利率越高。

这一二次方程效用函数意味着需求与财富的边际效用呈线性负相关，财富弹性（假定影子价格是常量）是后者的产物。随着财富的边际效用降低，艺术消费更加可能成为一种奢侈。需求函数（2-9）—（2-11）是艺术欣赏的影子价格的线性负函数。然而，在对需求的研究中，研究者并未对艺术欣赏的影子价格弹性（E_{11}）进行计算，只计算了艺术消费的市场价格弹性（e_{11}）。两种弹性的关系如下：

$$E_{11} = e_{11} + \sum_{t=2}^{3} E_{a_t p_1} E_{X_1 a_t} \qquad (2-12)$$

影子价格弹性通常低于市场价格弹性，在负数范围内，如果消费者出现消费上瘾，二者的一个负数项有所不同。后者是两种弹性的结果：预期未来成瘾率(t)与现有价格的负弹性($E_{a_t p_1}$)，以及当前艺术欣赏与预期未来成瘾率(t)的正弹性($E_{x_1 a_t}$)。因此，如果艺术欣赏的影子价格富有弹性，其需求与无市场价格弹性的艺术消费需求是相同的。

最后，方程式（2-9）（假定喜好为常量），即弗里希需求函数，使研究人员能够计算出艺术消费的当前喜好弹性，即 $e_1 = \frac{\partial x_1}{\partial s_1} : \frac{x_1}{s_1}$。后者与市场价格弹性的关系如下：

$$e_1 = -(1 + e_{11}) + t \sum_{t=2}^{3} E_{a_t s_1} E_{X_1 a_t} \qquad (2\text{-}13)$$

其中，$E_{a_t s_1}$ 指预期未来成瘾率（t）与当前喜好（第一阶段）的正弹性关系。由于求和符号下的弹性结果是正数，"理性成瘾理论"能够加大喜好培养对艺术消费的积极影响，尽管产生一个给定水平的艺术欣赏的消费需求较少。此外，由于当前喜好由过往消费历史决定，e_1 和过往接触同样呈正相关关系。方程式（2-13）印证了 Stigler 和 Becker（1977）的观点，投入在音乐欣赏上的时间（或其他投入）更可能呈累积作用，即音乐欣赏随着对音乐接触的增多而增加。

另外，欧洲专家认为需求数量（Q_D）可以表述为产品价格（P）、其他产品的价格（P_Z）、消费者的收入（Y）和其品位与偏好（T）的函数；稍后将依次讨论这些变量。这个函数可以写成如下公式：

$$Q_D = f(P, P_Z, Y, T) \qquad (2\text{-}14)$$

Q_D 和 P 之间的关系为负相关，因此，表示 Q_D 和 P 之间关系的需求表呈下降趋势。

这样就带来需求的变动与位移。一方面，当 P 变化时，Q_D 也发生变化,这是随着需求表变动的。其他的变量引起需求表的位移。Q_D 与 P_Z 即其他产品的价格之间的关系是复杂的。有些产品与服务之间的关系是互补的,意思是消费者愿意同时消费两种商品（比如 iPod 和 iTune）。如果互补产品的价格上升,那么 Q_D 下降,这在需求表中再现为向左位移。另一方面,当商品是替代品（比如 CD 和在线音乐服务）,并且价格上升时,Q_D 随着消费者转向更廉价的选择而增长,从而导致向需求表的右侧位移。

收入被认为对 Q_D 有积极作用,当 Y 增加时,人们的消费也会增加,如果人们的品位向有利于增加商品需求的方向变化,他们在每个价位段上的购买量将增加,这两种结果都会推动需求表向右移动。

需求表中的位移有两种对等的解读方法:在每个价位段上购买更多的商品,或消费者愿意为某一数量的商品支付更高的价格。

这是一个很复杂但讲得很清楚的问题。对于经济学学人来说,理解不成问题,但大批文化产业界的从业者、研究者则认为这似乎把简单的问题搞复杂了。其实经济学如果对现实发挥作用,只能以现在这种看似枯燥的方式进行。关键是,我国的艺术经济学恐怕还很少有人使用这些公式去实践。

消费美丽：我们时代的一种文化经济

很高兴和年轻的、美丽的朋友们一起，谈论"消费美丽：我们时代的一种文化经济"这个话题。先说说这个题目："消费美丽"，简直是一个危险的词。有同学或许会问：这个老师是做什么的，居然给我们谈这样的话题！确实，"消费美丽"是一个无聊而又非常真实的命题，一个过去的时代里登不得大雅之堂而今天在我们生活的每一个角落都漫漶着的现实，你只要看看蜂拥去韩国修理身体的女性，看看每一座大型商场的高档美容专柜，再看看全世界女性的瘦身焦虑，看看遍及高楼大厦和大街小巷的美容院，就明白它是与经济、政治、文化和美学有密切联系的一个全球现象。

但关于美丽消费的学术探讨今天却十分稀少。其实无论是从美学、经济学、产业学、社会学，还是从日常生活意识形态上来看，消费美丽都是一个很有意义的研究课题。作为消费时代的美丽，它究竟发生了什么变化，有什么特点，如何对它进行学科归类，其中确有一些值得讨论的很有意思的内容。很多学者力图对相关问题做一些研究，笔者和陶东风主编的《文化研究》，也有专门的讨论；汪民安先生还编纂了一个文集，叫《身体的文化政治学》，各位可以参考。笔者今天的讲演，从七个方面与朋友们交流。

一、消费美丽——一个危险的词

消费美丽——一个危险的词，一个无聊而真实的命题，一个登不得大雅之堂却又漫漶于我们生活中每一个角落的现实。

毋庸讳言，对于身体的呵护与管理是今天的消费社会的一个突出特征，也是一个政治、经济、文化三位一体的现象。政治、经济与文化今天已在人们身体（尤其是女性身体）的管理、呵护与消费方式上刻下了深刻的印记，而福科等后现代批判理论家则十分注意在身体的管理中寻找现代社会的权力印记。

当代世界消费社会的基本形态对今天的文化产生了重要影响。在当代世界，消费主义漫漶于全球，商品的价值已不再取决于商品本身是否能满足人的基本需要或具有交换价值，而在于人们对个体欲望的满足。消费成了一切社会归类的基础，也成了一切文化艺术活动的基础。作为市场社会的"经济人"，人们不但消费物质产品，更多的是消费广告，消费品牌，消费欲望，也消费符号。文化商品化了，文化进入了消费。这是一个由仿真与幻象架构的比真实还真实的文化世界。消费模糊了物质和精神的界限，也模糊了享乐与艺术的界限。正是这种无所不在的消费文化，改变了人类数千年来对精神、艺术以及自身生存意义的固有认识和界定，也选择着、创造着、生成着新的文化观、艺术观。

美国后现代理论家杰姆逊曾经这样描述道：西方消费社会包括"新的消费类型，人为的商品废弃，时尚和风格的急速变化，广告、电视和媒体迄今为止无与伦比的方式对社会的全面渗透，城市与乡村、中央与地方的旧有的紧张关系被市郊和普遍的标准化取代，超级公路庞大网络的发展和驾驶文化的来临……"依照这一说法，当代中国许多都市已进入准消费时代。艺术活动日益深入地市场化、商业化与产业化；艺术产品的生产无不受制于消费社会的无形的手的操控和拨弄。美丽与政治、美丽与经济、美丽与文化都有无法解开的关系，美丽成了产业。

西方美学家艾迪拉多·德·弗恩特在一篇题为"社会学与美学"的文献综述中曾指出：西方的社会正在经历一场深刻的审美化过程，以至于当代社会的形式越来越像一件艺术品，审美化正在成为当代社会的重要组织原则。

国际美学学会前主席阿莱斯·艾尔雅维茨说："审美泛化无处不在。所谓"审美泛化"是指人对日常环境、器物，也包括对自己的装饰和美化。进一步说，美学也因此淡化了其形而上学的意味，我们知道，即使是形而上学本身也不像它在60年代、70年代和80年代初那样举足轻重。"

德国美学家、艺术理论家维尔什也认为：我们的社会正在经历着一种美学的膨胀。它从个体的风格、城市的设计与组织，扩展到理论领域。我们今天的审美活动已经超出所谓纯艺术与文学的范围，渗透到大众的日常生活中。

一些后现代主义的研究者也把后现代主义与审美化过程联系起来加以分析。鲍德里亚在他的一系列作品中强调"符号与商品的交融""实在与类像之间的界限的消弭""审美的内爆"等，意在突出符号在现代社会中的建构作用。鲍德里亚提出了"超美学"的概念。所谓"超美学"，指的是"美学已经渗透到经济、政治、文化以及日常生活当中，因而丧失了其自主性与特殊性。艺术形式已经扩散渗透到一切商品和客体之中，以至于从现在起所有的东西都成了一种美学符号。所有的美学符号共存于一个互不相干的情境中，审美判断已不再可能。"在鲍德里亚看来，正是现代社会中影像生产能力的逐步加强，影像密度的加大，把我们推向了一个全新的社会。Kern指出："我们的时代是一个迷恋青春、健康以及身体之美的时代，电视与电影这两个统治性的媒体反复地暗示柔软优雅的身体、极具魅力的脸上带酒窝的笑，是通向幸福的钥匙，或许甚至是幸福的本质。"

较之于传统文化，身体之美尤其凸显在如下几个方面：

当代视觉文化对身体和构形性的关注。当代人对身体的关注，尤其是对身体外观的重视超越了以往任何时代。所谓身体的美学化，是指当代生活中人们对自己身体外观形态的专注，强调身体符合当代时尚标准的过程，其中关键词是健康与美。在人们物质生活水平提高，温饱问题得到解决后，形体外观的美化和健康便被提上议事日程。

在消费文化中，躯体被认为是快乐的载体。现实中的躯体越是接近青春、健康、苗条与美丽的理想躯体意象，那么它的交换价值就越高。服饰的设计是被用来赞美躯体的，不像19世纪那样，服饰的设计是用于遮掩身体的。在维多利亚时代，人们并不认为床上的裸体是美的，一切关于性的活动都应该发生在黑暗中。那时的性手册（如Stall的《年轻男性应知》）警告性行为只能一周一次，男女双方不能赤裸地相互面对；而在消费文化中，躯体不再是原罪的容器，世俗化的躯体有越来越多的展示场景——在卧室内，也在卧室外。户外生活方式的流行以及空调的使用，使得休闲的服装越来越被接受，这种服装使得人类的躯体形式变得清晰可见。

当然，身体的保养不是消费文化的新发明。在传统社会，宗教社团如修道院要求禁欲，强调锻炼与饮食的控制。但是，禁欲通常意味着身体臣服于"更高的"精神目的。支配性的基督教伦理贬低并压制躯体，基督教的传统颂扬灵魂的美学，而不是躯体的美学，以禁欲的养生法克制躯体的性欲望而释放灵魂。在消费文化中却相反，性学专家宣称：饮食的控制与锻炼将强化性的威力，锻炼与性现在通过"性锻炼"或"锻炼性"等新术语而混合为一。对于裸体的羞耻感在专家与消费利益的批判之下越来越减弱，甚至消失。为了享受高强度的快感与满足感，人们甚至使用药剂与其他各种方法，来保持外表的亮丽和生命的强度，并通过摄影摄像等技术，保存和记录躯体所能达到的理想效果。

二、身体美作为一种时尚追求走向日常生活

身体美观念的形成和对身体美的追求是一个历史的过程。在西方，赋予贵族精神的希腊文化曾对进食制定过科学规范，以期借此达到自制与适度。在中世纪，为了获得灵魂的净化并控制情欲，斋戒是所有基督教常规中最重要的一种。很明显，这些"节食"的形式都可以看作"自我"完善的一种手段——不论是对基督徒那样的"内在"自我还是对希腊人那样的公共自我——这些形式被建构成一个舞台，在这个舞台上，趋向于人的完美的诸种可能性被努力实现。当然，禁食程序和禁欲仪式是专为少数贵族或神职人员准备的，因为在那个时代据说只有他们能够实现灵魂的完善。

真正追求身体美是在维多利亚时代后期。从那时起，生活富裕的上层贵族为了追求一种身体美的理想便开始有计划地节食。19世纪后期，打理身体开始成为中产阶级热衷的事情，节食的目的也变成了追求理想的体重和体型。节食成了一项身体工程而不是心灵工程。脂肪，而不是食欲和性欲，被宣布为敌人，中产阶级开始借助量度数值来评价他们节食的成效。此后，资产阶级的"苗条暴政"便登场了（尤其对妇女们而言），随之而来的是无数改善体形的技巧的发明与使用——节食、运动以及后来的化学和外科手术的手段。

在当今世界，人类背叛了初民时代对女性"巨腹豪乳"的崇

拜与追求，放弃了更符合人性的"以肥为美"的审美标准，而建立了日益趋瘦的人体美标准，转向了对"苗条"的反常的极端的永无止境的残酷追逐。何以如此？据说都因为女性的身体能带给人们，特别是男性"纯洁的愉悦""刺激性的快感"或"淫秽"、赤裸裸的"性诱惑"。于是"苗条的焦虑"与"苗条的暴政"一起登场。

美国新闻杂志性节目《20/20》曾做过这样一个报道，几个十几岁的男孩看到一些时装模特的照片后，发表了一番议论。本来这些模特已经瘦得像笔管一样，但由于摆出了一种姿势，臀部受到力的压迫，身体的一些部位便有点凸起——这本来是最正常不过的任何人身上都有的自然现象：弯腰或坐下，肌肉自然会"堆"到一处，除非骨瘦如柴。可这些年幼的男孩们却会因此反感地声称这些人太胖，原因是没有"骨感"。看到这些，我们惊骇于男孩子们的反应，惊骇于一种普遍的时尚竟然对年幼的孩子们也产生如此的影响。

这就是消费时代西方对身体理想模式的塑造。这种塑造首先是身体美学标准的确立，体现为当代强制性的身体美的视觉标准，比如女性的苗条、三维比、皮肤的精致；或男性的健壮、活力和力量。各种身体偶像，从克劳福德到施瓦辛格，这些真实的个人已经被媒介不断打磨并塑造为一种"标准的形象"，而身体的塑造实际上正是依照这样的标准去复制。因此，当代身体的塑造带有明显的标准化性质。

这种模式是通过各种媒介来展示的：通过模特、演艺明星、体育明星、主持人、青春偶像等种种视觉形象来确立或形成普遍规范；通过诸如选美、健美比赛、体育运动、广告形象、演艺节目、画册画报、偶像形象等媒介方式塑造。于是一些用于女性身体美学化的关键词被生产出来：瘦身、美白、健康食品、节食、健身等，另外一些用于男性身体美学的关键词也频繁出笼。它们通过文化霸权的形式，借助媒介，在暗中强制性地推出关于身体的规范，形成公众认可的标准，吸引青年趋之若鹜，最终形成一个身体消费的"时尚之场"。这个"时尚之场"魅力无穷，任何人一旦进入这个场，就会身不由己地随着时尚之潮起起伏伏。

三、美丽作为当代"产业经济"的重要部类

观念的建立，带来了市场运营。今天的美或美丽，不仅仅是一种艺术形象或形态，也不仅仅是一种美学理念，更是当代"产业经济"的重要部类，美丽成了产业。在我们今天的小康社会中，身体已从自然物转化为商品。在消费社会形态中，身体不只是个人拥有的肉身，而且是一个生产和流通的符号，更是一个人人"购买"和"使用"的消费品。我们的时代已变为"形象社会"，已将一切生产、流通和消费行为都转化为形象。商品的消费已从古典政治经济学转向了当代的符号政治经济学。商品的交换价值不只取决于它的使用价值，更有赖于其形象（美学）价值。从表面上看，人们在化妆品、服装、鞋袜、眼镜，甚至汽车

等代步工具上投入了财力和精力，消费的是外在的物质产品，但究其根本，乃是对自身身体的消费，是把自己的身体投入当代庞大的身体工业中去，再生产社会所塑造的身体。由此，一系列的时尚广告策划、市场营销，以及瘦身的技术、药品和围绕它而建立的庞大而多样的工业企业便构成了我们这个时代的耀眼风景。

今天与美丽相关的产业范围广泛，如广告、电影、电视，服装、时尚杂志、首饰、装饰、选美、模特、化妆品、美容业、健身、瘦身、减肥、保健品、护肤品，染发、文身、隆鼻、整形以及会展业等都与美丽经济息息相关，美丽成了重要的产业部类，成了国民经济中的重要构成部分。去看看那些巨型商场第一层的最佳展位，大多是首饰与化妆品的天地，试想，如果没有对美的疯狂追求和疯狂消费，没有巨额的利润回报，它们将何以占据如此优越的位置。

美丽产业的发展，甚至影响着一个城市、一个国家的经济发展。厄瓜多尔在成功举办第五十三届环球小姐大赛后，满怀信心地预计，到2007年，该国的旅游收入会翻三番。在厄瓜多尔第五十三届环球小姐大赛期间，世界上有15亿名电视观众观看了这场大赛。2003年轰动一时的大型音乐舞剧《探戈女郎》更是在全世界刮起了一阵阵的"探戈风"，为阿根廷带来了巨大的经济效益和荣誉。

一年一度的狂欢节是巴西最盛大的民俗节日，也是巴西一项重要的文化产业，每年为巴西带来巨大的经济效益。据报道，在巴西，使用某一种化妆品的女士比军队里的男人还要多。曾经在美国，每分钟就有1484管唇膏、2055瓶护肤品在各个商场里售出。对躯体美的追求是人类实现人性欲望的载体，也是商品世界和市场制度煽动、发掘、培养、设计和制作的利润机器。这也是几乎所有的时尚杂志都以美女俊男作为封面构图的原因。

在我国，云南舞蹈家杨丽萍编导的反映云南原生态的民族歌舞《云南映象》，于2003年8月8日在昆明公演，包揽了第四届中国舞蹈"荷花奖"的五项大奖，在全国掀起了一股强劲的"云南旋风"，大大推动了云南文化产业和旅游业的发展。

"世界小姐"是全球历史最悠久、规模最大、最具影响力的选美赛事。从宗旨到评选机制，"世界小姐"大赛充满了"产业"的色彩。它由英国娱乐业大亨埃里克·莫利于1951年创办。这项活动原本只是当年英国新年庆典的一部分，后来被英国新闻界冠名为"世界小姐"。埃里克·莫利最初只计划举办一届活动，没想到一发不可收，再加上受次年开始的"环球小姐"评选活动的影响，莫利决定将"世界小姐"也变成一年一度的评选活动。

媒体成就了美丽产业。"世界小姐"的评选活动与现代媒体的炒作分不开。据统计，从2001年第五十一届"世界小姐"大赛开始，全球通过卫星电视收看评选活动的观众已达20亿人，全世界参与网上投票的网友超过1亿人。世界各国的报纸杂志都争相跟踪报道长达一个月的总决赛花絮和赛事活动，并以显著的版面报道评选结果。

2005年,"环球小姐""中华小姐"的评选正在如火如荼地进行。

身体的市场运营依托于现代技术的开发。当代人发明了古代人无法想象的种种"身体的技术",用来维护自己身体视觉的种种规范。所谓身体的技术,是塑造身体的技术,包括当代身体工业的种种发明,包含两个最基本的层面:化妆技巧、形象设计是身体技术,美容手术等医学手段也是身体技术。

规范建立起来了,天生丽质,符合规范,自然难以自弃。不是天生丽质的,那就只能借助身体技术,这又催生了另一个"美丽产业"——整形美容手术。这些年,南美诸国美人辈出,秘诀之一就在于旷日持久的身体改造。在巴西,许多女孩为了参加选美大赛,将自己的全身进行改造。如下数据统计也许让人诧异:2013年巴西全国共进行了149万例整形手术,居世界之冠,这对于一个发展中国家来说,实在是不可思议。而在韩国,荧幕上许多炙手可热的大明星,都是人造美女。整形美容业一时间成了最热门的行业。

我国也是这样。24岁的北京女孩郝某在经历了200天几十次手术之后,成为中国第一人造美女。据说这个人造美女的改造工程花费了30余万元人民币,整形前和整形后的郝某判若两人。不过,不是每例整形手术都能达到女孩的期望值,23岁的女演员刘某同样在一家整形中心做了整形手术,希望让自己的下巴更尖一点,脸更瘦一点。但手术后刘某的下巴显得太瘦,她不得不再次接受多次修复手术。当种种"身体技术"把科学技术和发明用于人自身时,当医学从救死扶伤转向人的身体的大规模标准化"生产"时,"野蛮"的一面是不难被看见的。

运用身体的技术,亦即在特定社会文化背景中使用自己的身体来进行社会交往和传达意义的种种技术。种种身体语言也是身体技术,舞蹈、走猫步、体育运动、演艺动作,甚至日常生活的体态姿势都是身体技术。毫无疑问,由于当代社会身体越发成为商品,成为消费的对象,新的身体技术就会不断被开发出来,最终反过来成为控制我们身体的外部力量。

四、美丽作为日常生活的意识形态

身体美学的合法化,不仅仅限于对身体的外部形态的护理改造,更有其复杂的意识形态内涵。这里,身体被赋予某种超越身体外观的意义,标准的、规范的和理想的身体范式的合法化过程,是一个值得分析的文化现象。意识形态问题的研究表明,一定社会阶层的政党的或集团的意识形态,通常经过一个"自然化"和"普遍化"的过程,脱离了局部的、地方的和个别的意义,转而成为社会公众的普遍倾向和自然倾向。用吉尔兹的话来说:"人是自我实现的主体,从符号模式建构的一般能力中创造出界定自身的特殊能力。或者说,回到我们的主体上来,正是通过意识形态的建构,以及社会秩序的图式意象的建构,人才使自己无论好歹地成为一个政治动物。"即理想的身体形态具有范式功能,虽然当代文化中的身体工业所创造的标准,最初只是少数人的理想和追求,但在这个标准的广泛传播中,这些范式不可避免地被普遍化了,成为绝大多数人甚至普天下人类所共有的身体美的规范。无论是古代还是现代,无论是西方还是东方,身体美学化的准则似乎是不变的、自然的、普遍的。"爱美之心人皆有之""美是人的共同追求"等表述,意在淡化特定时期、特定文化,甚至特定人群的人体美的准则的局部性,转而使之成为一种自然的和普遍的美的观念。这就是身体美学化合法化过程。

身体的标准不但是普遍的美学产物,也是特定阶层和群体生活方式和价值观的体现。"意识形态就是某种意义,是由社会的状况必然产生的,并有助于永久维持这些社会状况。我们会感到有一种归属的需要,一种身处某个社会'阶层'的需要,尽管这种需要很难被察觉。实际上这种需要也许是被想象赋予的。我们所有人都真实地需要一种社会存在,一种共同文化。大众媒介在某种程度上就提供了这一需要,它能在我们的生活中潜在地实现一种肯定的功能。"显然,从这个意义上说,身体问题不只是一个单纯的形体外观问题,更是与社会文化、精神归属、政治理念、意识形态等一系列上层建筑相关。

在解读身体美学化的意识形态时,我们看到一系列的两难。一方面,身体的美学化是依据社会审美的普遍化、共同美的标准去应和时尚潮流而求同于众,随波逐流;另一方面,身体的美学化却要求每个个体独领风骚,树异于众,极力展示个体的独特性。一方面，身体的解放标志着思想的进一步解放、观念的更新和禁区的突破；另一方面，身体的美学化又带来了精神的肉体化、庸俗化和平面化。一方面，当代社会解除了身体的束缚和遮蔽，给身体的展露和交往带来了新的自由；另一方面，身体美学化的规范的合法化、普遍化，又不可避免地导致对身体的压制和暴力。正如福柯所说的身体的"监视"和"规训"：一方面，我们不断地"监视"自己的身体，时刻注意它与美的身体规范——普遍性的差距，但另一方面暗中起着"霸权"作用的乃是一种看不见的文化权力，它迫使你不得不为之，尽管你似乎以为是自己乐意的；一方面，在"监视"中，我们通过种种技术"规训"自己的身体，心甘情愿地接受身体的美学化实践：隆胸、抽脂、去毛、种毛、拉皮、染发、节食、运动……另一方面，人发明的这些"虐待"和"戕害"身体的"技术"又充满了"暴力"色彩。身体在美学化的实践中走向了它的反面——野蛮的施虐与受虐。有趣的是，在这种普遍美、共同美的身体标准之下，暗中野蛮地施虐与受虐则强调身体时尚乃是一种关于人自身的理性主义原则的胜利。从时装模特到封面女郎，从广告明星到演艺大腕儿，从选美大赛到媒体亮相，风姿绰约的美女确实证明着同一个标准和法则：按照一个标准塑造自己的身体！结果是，人们存在一种虚幻的满足感，身体美学化的规范也许是一种"恐怖标准"，而把这种标准当作幸福的追求，对于一个社会，对于文化来讲是很危险的。所以有专家不无忧虑地指出：身体的美学化的标准合法化,会不会扼杀我们身体形态的无限多样性呢?其潜在危险绝不亚于一场身体灭绝战争。

此外,现代社会的人对操纵别人的感受极感兴趣。非词语交流的研究、肢体语言的研究,证明了7000多种面部表情、手势在演说中的重要性。当然,肢体语言常常是在下意识的层次上起作用。

总之,当代文化所塑造的身体美学规范,以其时尚的形式,悄悄潜入每个追求现代生活时尚的人的个体观念中,控制其消费行为和取向。身体的消费性突出了社会身体的符号意义和意识形态特性。身体的消费反过来强化了对身体的意识和苛求。正如马克思所说,生产生产出消费,消费又消费着生产。这种辩证的互动关系把人对自己身体外观的视觉快感合法化了。

五、美丽作为消费时代的归类方式

当代法国著名思想家鲍德里亚认为,后工业时代社会主体的构成已发生重大变化,消费的资本主义意识形态构造着当下社会的主体。所以鲍德里亚宣称,如果说当今的消费社会再也没有过去时代神奇缥缈的神话了,那是因为消费便是它自身独一无二的神话。

为什么说消费是消费社会唯一的神话?鲍德里亚说,所谓消费成了神话,是说消费就是当代社会关于自身的一种言说,是我们当下社会进行自我表达的一种方式。在这里,消费社会的消费并不是消费什么物质，在某种意义上说，消费唯一的客观事实，恰恰是消费思想，或者说消费一种符号体系。物质产品在被消费前已变成一种信息，客体的意义通过信号系统进入符码秩序才得以建立。消费正是在日常话语和知识的狂轰滥炸中，获得大众的认可，进而成为一种常识，一种惯例。

无疑，我们的社会正在作为消费社会去思考并言说。假如今天的人们依然像几百年前那样囤积、吃、消化，那样深挖洞、广积粮，那这个社会就不是消费社会，当然也就不会产生什么消费的神话了。

消费社会的基本形态对当代文化产生了重要影响。消费成了一切社会归类的基础，也成了一切文化艺术活动的基础。前文笔者提到，作为市场社会的"经济人"，人们不但消费物质产品，更多的是消费广告、消费类项、消费品牌、消费欲望，也消费符号。文化商品化了，进入了消费。当今中国都市已进入一个准消费时代。艺术活动日益深入地市场化、商业化与产业化，艺术产品的生产无不受制于消费社会的无形的手操控和拨弄。文化艺术生产机构与传播机构（如出版社、画廊、音乐厅、博物馆等）在种类与性质上已发生变化，各种具有中国特色的文化艺术中介机构出现；与之相应，"新媒介人"阶层（比如艺术经纪人、传媒中介人、制作人、书商、文化公司经理等）出现，这些"后知识分子"处在精英知识分子和大众之间，他们对艺术家熟悉，又有很强的操作能力，能用消费的方式把艺术推向大众。总之，我国文化艺术领域发生了整体转型，不再是原来意义上的"文学"和"艺术"了。但我国当代的艺术从总体上看并没有对这种文化的转向做出积极的有实践意义的回应。

我们今天所处的时代是一个符号繁衍扩展的时代，"仿真"或"拟像"成了当代文化秩序的主导形式。它不同于从文艺复兴到工业革命时期遵循自然法则的物的制造方式——仿造或仿制；也不同于工业化时代文化秩序的主导形式，那是一种建立在市场法则之上的物的建造与生产。今天，我们的世界正进入一个符号主宰的时代。这个时代的文化秩序建立在仿真的结构法则上。现今的日常生活是超现实主义。这种超现实主义不是更虚幻的超离，而是超级的现实，是比现实更真实的真实。以前被称作虚构、幻象的东西，今天恰恰是人构造预设的蓝本。符号构造着后现代消费的现实，现实反倒成了符号的造物或曰语言的展开物。今天的现实已经在仿真的方式上与超现实合为一体，已经完全进入自身的游戏领域，是由符号和幻象构拟的超级真实世界。今天的日常生活已依据幻象被审美化或虚构化了，但是，它比艺术的虚构更真实，没有任何虚构能与生活本身匹敌。

消费源于丰盛。但丰盛和消费并不是指物质财富、产品和服务的丰盛和消费，而是指消费社会这个被今日大众认同着、使用着、参与着和消费着的形象、符号或意念的丰盛和消费。恰恰是这种形象、符号和意念，构成了我们时代新部族的新神话。

这个神话就是我们这个时代的消费观念。

这种全新的消费观念已然沉积为我们社会的一种集体意识。如果没有"集体意识"中对享乐生活的预期和自省式协同增强作用，消费就只会是消费而不会具有社会一体化的力量。它就只能是一种比以往更富有一些，更丰饶一些，分化更细一些的生存模式而已。其实，在过去，那种吃、喝、穿、住的生活或特权阶层的奢侈花费，像项链、珠宝，甚至城堡，只不过是一部分人的生活方式而已，没有人把它视为具有集体性价值，也没有人把它视为一种必欲分享的参照性神话。不管过去吃草根的年代还是传统盛大节日狂欢的时候，都不同于今日消费社会的这种消费。

鲍德里亚说，我们的时代是第一个将日常食物开销和"生育"开销都称作"消费"的时代。这种消费是面向全体人的。消费神话在20世纪的历史性浮现，与经济学勃兴时代的经济发展观念，以及更早的工业革命时代的技术概念的浮现都是不一样的。它改变了日常的惯例，改变了曾经是天经地义的术语系统，从而也改变了历史本身。

"消费"成了新的社会现实的标志。

确切地说，直到消费成了这个社会的常规惯例，消费才成为我们时代的"领衔主演"。它意味着一次价值意识形态的重构。是这个社会把自己思考为、预设为、筹划为并实践为消费社会的。这是我们观察、分析当下世界的出发点。

我们说这个"丰盛"社会是其自身的神话，是说它以自己的方式，在全局层面上，选择了、想象了、预设并拟定了一种自我证明式的反复叙事的巨大程式。比如美国，这个社会就是依据那种预言模式来进行自我表达的。那是一种巨大的集体自恋，"您所梦想的一切，就是您的"，导致整个社会在其为自身提供的影像中自我混淆、自我陶醉和自我宽恕。在消费社会里，广告越来越显现出这样一种功能：消费者在广告中，就像在神奇的魔镜中一样，时刻能读到自己，读到自己的需要、自己的身体、自己的魅力、自己的美丽动人之处——它们是什么，它们在哪里。他或她为那铺天盖地的影像、广告、图例所规划、所启发、所引导或所涵养。也许过去他或她一直不明白自己究竟想要什么，现在恍然大悟了，并且立即去实现它；也许他或她在广告中潜移默化地弄熟了程式和规则，实行起来驾轻就熟。所以，从"想"到"做"没有距离，是瓜熟蒂落，是水到渠成。

六、视觉文化影响并造就着消费美丽的时代症候

什么原因造就了消费美丽的时代症候？

造成美丽消费的首要因素是社会形态的改变或曰文化的转向，是消费社会的基本形态对当代文化产生了重要影响。全球化时代文化的大众化、商业化以及大众传播方式的普及，使大众日常生活审美化以及相应的审美活动的日常生活化。

文化的转向中最为抢眼的景观是视觉图像的"转向"。今日

的视觉影像铺天盖地，无所不在，已经以"帝国主义式"地占领了文化的大片领地。不管是电视台的《幸运 52》，还是电影《十面埋伏》；不管是流行歌曲 MTV，还是春节联欢晚会；不管是城市白领们翻阅的时尚杂志，还是打工仔喜欢的卡通读物；不管是满目皆是的街头广告，还是热浪迭起的居室装修，我们都离不开影像。我们生活在一个视觉图像的时代。

现代生活是依赖电子或数字媒体中介的生活，媒介改变了我们的生活。媒介是一种生活方式，影响、改变、形构着我们日常工作、交往、休憩、娱乐以至心理世界的活动方式，而消费文化中的躯体知觉是受大量视觉图像支配的。事实上，消费文化的内在逻辑依赖于对消费者消费图像欲望的建构和培植。

视觉文化的基本含义在于形象或影像占据了文化的主导地位，包括电影、电视、广告、摄影、形象设计、体育运动的视觉表演与印刷物的插图化等。图像压倒了文字，成为一种文化的"主因"，图像崇拜和狂欢成为新一代的文化范式。

在现实世界，视觉图像的霸权几乎无处不在！从主题公园到城市规划，从美容瘦身到形象设计，从音乐的图像化（MTV）到奥运会的视觉狂欢，从广告图像美学化到网络、游戏或电影中的虚拟影像……图像成为这个时代最富裕的日常生活资源，成为人们无法逃避的符号情境，成为我们文化的仪式。年年除夕的春节联欢晚会更是把这种图像文化仪式推向巅峰和极致，而所有这些视觉图像都离不开身体美丽。

七、悦目的盛宴与审美的空洞

在这样一个时代里，如何保持清醒的头脑？是不是这样一种美丽就代表着真正对美的追求？有可能在这样一种所谓的美学和美丽的泛滥中我们反而丧失了美。到处都是美，但是这种美却使我们感觉到审美疲劳。在悦目的盛宴中心也许是审美的空洞，因为审美在这泛滥的过程中失去了它自身的个性和特征，而且在美丽的下面又包含了多少色情、淫秽等有关美丽的罪恶！在当今的时代，当今的中国，美的发展是不平衡的，美的消费更是不平衡的。这给我们带来巨大的困惑。一方面，悦目的盛宴，辉煌、奢华、极度奢靡，一些人去美容，学学瑜伽，一掷千金；另一方面，中国还有多少人在贫困线挣扎，还有多少人根本无法谈及所谓的美。我们社会中存在的巨大困难群体几乎与"美丽"无缘。笔者相信在陈家山煤矿下面历经矿难的矿工们现在不会谈什么"美丽"。那么多打工族、漂流族，他们对城市和社会做出了很大贡献，但是他们可能根本就没有获得美的权利。所以，美的权利是不平衡的，因为美的消费是不平等的。就生态方面而言，地球已经被水泥包上了一层壳。我们在看到美丽的玻璃大幕墙的时候，也看到了光的巨大污染；碧草如茵的人工绿地洒满了杀虫剂，失去了生物最好的自然生长状态。所以，当我们看到当今消费社会的公共空间中似乎到处都充斥着美艳之极的景象时，我们的文化批评、我们的美学批判应当挺身而出，去思考美丽的另一面——丑陋、荒芜、痛苦和污染。正如德国美学家威尔士所说："在今天，公共空间中艺术的真正任务是挺身而出反对美艳的审美化，而不是去应和它。艺术的冲击不应像一篇文章面面俱到，而应像流星滑落天空。"让我们面对满目的美丽睁大双眼，去思考，去提问，去探索。

在铺天盖地的美丽商业构成对我们外在生活和内在心灵形成压迫的时候，我们可能需要对美进行严肃的"瘦身"——思考与反省。因为它早已被"代数化"和制度化了，我们看惯了，看得太多了，眼睛被磨出了茧，脑子也被磨出了茧。所以，在今天，在自然环境、精神生态和社会发展极不平衡的现实中，在贫富差距如此大的情况下，在到处都是美的泛滥中，是否存有美的缺失和美的空洞？从生态的角度讲，也许我们应该留给审美一块休耕地。

那么，就请留给审美一块休耕地吧，不要把所有的自然都祸害殆尽，留给天地一点，留给后人一点！

下编

21世纪以来中国的城市发展与城市品牌

1990—2001年间，全国地市级城市由188个增加到269个，人口超过百万人的特大城市由31个增加到41个，城市总数达668个。[①]到2008年，我国城市化率接近46%，城镇人口6.07亿人。世界银行通常用城镇人口占总人口的比例来衡量城市化的发展水平，并规定比例低于30%为低水平城市化，达到30%—70%为中等水平城市化，高于70%为高水平城市化。经研究进一步发现，当一个国家的城市化水平超过30%时，这个国家将进入加速城市化阶段。我国已有近一半的人口生活在城市里，由此可见，我国已经进入城市化中等水平发展阶段，许多大中小城市快速崛起，如何在众多的城市中脱颖而出，成为城市管理者、经营者面临的新任务和新挑战。

著名经济学家、2001年诺贝尔经济学奖获奖者斯蒂格利茨认为，中国的城市化和以美国为首的新技术革命是影响21世纪人类进程的两大关键性因素。加之经济全球化和信息化的影响与推动，城市经济发展也逐步融入全球性市场之中，城市之间的竞争也由所属国的范围扩展至全球。与新的发展机遇相伴而生的是

---

① 李光斗：《品牌竞争力》，中国人民大学出版社，2004，第45页。

日益激烈的角逐和竞争。在这个大竞争时代，人们对城市的认识已经不再局限于历史、土地、人口、资源、经济总量等这些传统指标，而是基于城市竞争力的多层面、多角度的评价。城市的竞争力不再仅仅指向城市的硬实力，还包括城市形象、城市品牌在内的城市软实力，"像经营品牌一样经营一座城市"已经引起人们的共识。从目前西方城市的发展、转型、复兴情况来看，市政当局都十分重视城市形象的打造和推广。他们深深懂得，当今城市形象体现出一个城市的文化、性格、魅力，具有特殊的城市形象并使大众心目中产生好感的城市，往往成为世界聚焦之地，引领着世界经济、文化潮流。因此，如何充分借鉴西方城市品牌推广的经验，将其与城市自身的各种资本相融合，营造和推广自己专属的城市品牌，使之转换为城市发展的强大"助推器"，是新时代语境下，城市发展需要着力应对的新课题。

一、城市品牌的定义

世界著名营销大师菲利普·科特勒（Philip Kotler）在以"多元文化与城市未来"为主题的"曲江论坛"演讲时，指出品牌是城市营销之魂。随着城市化进程的加快和城市间竞争的日益激烈，彰显城市个性、突出竞争优势变得日益重要。因其具有明显的区别性功能，城市品牌成为近几年来城市营销研究的重要内容。广告、促销等手段已无法应对当今全球城市竞争，要实现城市营销的多元目标，包括树立积极、正面的形象以吸引企业、投资、游客、高素质的居民、公共机构、重要活动以及开拓出口市场等，就必须采用战略营销规划工具，进行自觉的品牌建设和管理。①

品牌是市场营销学的重要概念，是品牌主体无形资产的浓缩，并以特定的形象及所拥有的个性化"符号"或"信息"来识别。根据美国市场营销学会的定义："品牌是一种名称、术语、标记、符号或设计，或是它们的组合运用，其目的是借以辨认某个销售商或某群销售者的产品及服务，并使之与竞争对手的产品和服务区别开来。"品牌的首要功能在于它的区别性，同一类商品借助品牌相互区分，从而突出各自的优势，细化市场，分流具有不同倾向的消费群体。品牌的功能还在于它的认同性，良好的品牌质量和较高的社会认可度，能在受众心中塑造独特的、令人瞩目的形象，商品借此实现价值转化和价值增值。在当代意义上，品牌不再仅仅适用于企业的产品和服务，还可以用于城市、国家、地区、文化等。英国学者莱斯利·德·彻纳东尼（Leslie de Chernatony）曾经说过："在经济发展到相当程度时，城市已经从工业时代的大生产聚集地转变为人的栖息地，成为人文、历史、景观的综合体。因此，城市和乡村也正在被开发成品牌。每一座城市和乡村都吸引着价值观与其相同的人们，确保他们有自

---

① Kotler P. & Haider D. (2002). Theoretical Papers. Country as brand, Product, and beyond: A place marketing and brand management perspective. *Special Issue Brand Management*, Vol.9, No.4-5, April 2002, P.253. 转引自刘彦平：《城市营销战略》，中国人民大学出版社，2005，第66页。

己的生活方式的主张。"①

城市品牌化的提法出自凯乐（Keller）。凯乐在其著作《战略品牌管理》一书中指出："像产品和人一样，地理位置或空间区域也可以成为品牌，城市品牌化的力量就是让人们了解和知晓某一城市，并将某种形象和联想与这座城市的存在自然联系在一起，让其精神融入城市的每一座建筑之中，让竞争和生命与这座城市共存。"②

城市品牌化是地区品牌化的一个分支，西方理论文献中出现了 place branding、country / nation branding、city branding、regional branding、destination branding、geo-branding、location branding、cluster branding、urban branding、community branding 等多种表示"区域品牌化"的术语。目前，国外学者还未能给出区域品牌的确切定义，关于区域品牌应该包含哪些内容，亦存在多种观点。从国外区域品牌化相关研究文献来看，"区域品牌"一词应是对以地理区域命名的公共品牌的统称，是涵盖了国家品牌、城市品牌、地区品牌、目的地品牌、地理品牌、集群品牌等多种类型区域品牌的属概念。③

在有关区域品牌化的定义中，较有代表性的是瑞尼斯特

---

① 莱斯利·德·彻纳东尼：《品牌制胜——从品牌展望到品牌评估》，蔡晓煦、段瑶、徐蓉译，中信出版社，2002，第13页。
② 菲利普·科特勒：《营销管理——分析、计划和控制》，梅汝和等译，上海人民出版社，1996，第607—608页。
③ 孙丽辉、毕楠、李阳、孙领：《国外区域品牌化理论研究进展探析》，《外国经济与管理》2009年第2期。

（Rainisto）给出的。他认为"区域品牌是一个地区的附加吸引力，而塑造区域品牌的核心问题是构建区域品牌识别"。区域品牌由许多要素组成，如名称、标志、术语、设计、包装、口号、声望等。这些要素当中首先要考虑的是名称，而区域产品是一个区域向其消费者提供的全部产品的组合（Rainisto，2001）。卡瓦兹（Kavaratzis）2005年则根据阿克（Aaker）的品牌定义来界定区域品牌，认为"（区域）品牌是功能、情感、关系和战略要素共同作用于公众的大脑而形成的一系列独特联想的多维组合"。由于区域品牌化与城市品牌化的概念在西方学者的著作中，有时并无明确区分，这些用词上的差别只是因为研究者视角的不同，所以区域品牌的定义可以沿用到城市品牌之中。把瑞尼斯特观点中的区域品牌替换为城市品牌，我们可以把城市品牌看作一个城市的附加吸引力，其核心问题在于构建城市品牌识别。这里首要的问题是，如何定位城市品牌，突出城市品牌的差异和个性。

对城市经营问题，国外学者主要集中在对传统城市形象和基于职能论的城市营销的研究，对城市品牌问题的关注和研究很少涉及，零星研究主要表现在：对城市品牌思想的提出、企业如何开展城市品牌营销、城市管理中的城市利益相关者参与机制、城市品牌对定居者的吸引价值与塑造过程等方面。[1]

那么，什么是城市品牌？国内学者虽然从各自的角度出发，

---

[1] 张锐、张燚：《城市品牌：理论、方法与实践》，中国经济出版社，2007，第7页。

对城市品牌的概念表述不一,但是与西方学者立足于品牌理论,分外强调品牌的效用与受众心理不同。国内学者都抓住城市这一主体,从城市已有的历史文化底蕴、产业优势、城市定位等方面综合考虑,将城市品牌看作城市竞争力的集中体现。在城市品牌的区别效应的基础上,将突出竞争优势、增强城市居民的自豪感和凝聚力、提升城市的吸引力和感染力、吸引外部投资,看作城市品牌的显著效能(表1)。

表1 中国学者对城市品牌的概念

作者	城市品牌的概念
倪鹏飞等	城市的功能性、情感性、自我表现性等战略识别要素在公众头脑中共同生成的一系列独特认知和联想。
杜青龙等	城市管理者利用所属城市具有的独特的要素禀赋、历史文化沉淀、产业优势等差别化品牌要素,向目标受众提供持续的、值得信赖的、有关联的特别承诺,以增强受众对城市的反应效用,增强城市的积聚效益、规模效益和辐射效应。
陈跃兵	城市标识、城市形象和城市关系的总称,是城市可转化的无形资产。
吉福林	体现一个城市丰富的经济文化内涵和精神底蕴,与其他城市相区别的独特标志。
张鸿雁	一个城市在推广自身城市形象的过程中,根据城市定位传递给社会一种核心概念,并得到社会的认可,从而在消费者心目中占据一定的位置。
张锐、张燚	"品牌"作为城市核心竞争力的集中体现,也可以看作是一种系统,即"城市品牌系统"。它是一个由城市品牌与全体受众(城市品牌与城市内部品牌、城市品牌与城市资源以及城市品牌与城市环境等)构成的关系系统。
范小军	城市的特有资产在城市发展进程中所生成的特殊的识别效应,是城市特有竞争优势的体现。

我们认为：城市品牌是城市形象的集中体现，代表着城市的核心竞争力。它既整合了原有的各种资本优势，符合当地居民的心理期许，又规划了城市一段时间内的发展战略目标。它是城市生态环境、人文积淀、经济实力、精神品格、价值导向等综合品质的凝练和升华，集中了一个城市自然资源与人文创造两个方面的精华，拥有深厚的历史积淀。因此，城市品牌具有不可替代的经济文化内涵和不可交易的专有功能，既是区别于竞争对手的标识，也是城市个性化的表现。城市品牌是城市在功能定位的基础上所确定的自己的核心价值，是由城市的各种资源优势、人文标识、地域特色，以及城市的发展规划和战略目标等要素共同塑造而成的，可以感受得到的"神形合一"的城市标识、名称或口号。城市品牌是城市的性质、名称、历史、声誉以及承诺的无形总和，同时也使目标顾客对城市产生清晰、明确的印象和美好的联想。

城市品牌的作用有多个方面，总体上可以分为内部和外部两个作用。城市品牌的内部是一个相对完善的系统，但在运行中需要内部各方面的紧密配合。这种配合需要一种团队合作精神，这种凝聚力不仅能使团队成员产生自豪感，使他们愿意留在该区域而且能够提升区域的竞争力。[①]同时，城市品牌外部作用在于能吸引其他区域的人才走进来，使城市利益的相关者选择在城市投资、旅游、居住、工作或学习。其地位一旦在人们心中确立就能

[①] 齐文娥：《区域经济一体化与区域营销》，广东经济出版社，2006，第176页。

够保持相对的稳定,人们对城市的关注、信任与忠诚就是城市的"品牌效应"。

城市品牌的塑造是一个庞大而复杂的社会过程,一般要经历城市品牌定位→确定城市品牌的核心价值→建立城市形象识别系统→城市品牌推广→推广信息反馈和城市品牌维护这一全方位的循环互动过程。"罗马不是一天建成的",一座城市需要整体努力才能打造出一个真正的城市品牌,不能仅仅停留在零散的媒体宣传、城市形象工程建设、基础设施改善等层面,还需要全体城市居民、所有城市利益相关者共同行动,先从城市内部品牌塑造做起,将城市品牌的核心价值贯彻到城市建设与发展的各个方面。可以说,城市品牌影响力和感召力的提升过程,实际上就是一座城市全面发展的过程,即城市的全面发展推动城市品牌的提升,反过来,城市品牌的提升又会促进和带动城市各项事业的全面发展,二者相辅相成。①

二、世界著名城市品牌的建设经验

(一)你好,首尔!

首尔是韩国的首都,是韩国的政治、经济、文化中心。首尔位于朝鲜半岛中部,汉江下游,市中心距朝鲜半岛西海岸约30千米。汉江流经市区,将其分为江南和江北两个部分。因位于汉江之北,古称"汉阳"。14世纪末,朝鲜王朝定都汉阳后,将其

---

① 张锐、张燚:《城市品牌:理论、方法与实践》,中国经济出版社,2007,第79页。

名改为"汉城"。1945年朝鲜半岛光复后,汉城的英文名字按韩语固有词发音Seoul标记,意为"首都"。2005年,在汉城市政府的推动下,汉城的中文译名由使用了600多年的"汉城"改为Seoul的谐音"首尔"。

作为韩国的首都,首尔是韩国的教育和文化中心,拥有首尔大学、高丽大学等34所大专院校,占韩国大专院校总数的50%。首尔有11家报社,发行3000多种报刊,占韩国报刊发行种类的92%。首尔的金融和商业批发业非常发达,韩国的24家银行除10个地方银行外均在首尔。首尔的工业主要有纺织、化工、机械、电器和食品等,共有制造业企业1.5万家,占全国企业总数的30%以上。

韩国经济起飞,始于20世纪60年代。韩国实行外向型经济发展战略,大力发展出口加工工业。在不到40年的时间中,韩国取得了被誉为"汉江奇迹"的经济成就。1962—2004年,韩国的国民总收入由23亿美元增加到6674亿美元,人均国民收入由87美元增加到16900美元。韩国的GDP在2003年达到6052亿美元,居世界第十一位。这些数字清楚地表明了韩国经济发展所取得的巨大成就。以首尔为核心的"首都圈"面积仅占韩国总面积的12%,但韩国近5000万人口中的一半人口生活在"首都圈"内,韩国七成的国民生产总值也来自"首都圈"。在韩国经济振兴和现代化进程中,首尔一直发挥着火车头般的带动作用。

20世纪80年代,首尔主办的两次国际性的体育赛事,1986

年的第十届亚运会和1988年的汉城奥运会，使城市形象得到空前提升。这两次大型国际赛事的成功举办，是首尔城市营销的起点，从此，首尔加快了城市建设的步伐并抓住了建设国际化都市的机会。①以筹备1988年汉城奥运会为契机，韩国对江南地区进行了大规模开发，兴建了完善的基础设施，使江南地区从农田一跃成为韩国最繁华的商业区和最昂贵的住宅区。奥运会带来的"奥林匹克效应"，更促使韩国经济在"汉江奇迹"的基础上开始新的飞跃，拉开了韩国经济由劳动密集型向技术密集型、由加工业向服务业转化升级的序幕，使韩国经济连续10年高速增长。1985—1990年，韩国人均国内生产总值从2300美元增加到6300美元，经济实力迅速增长，一举跃入亚洲四小龙行列，创造了世界经济史上的奇迹。

20世纪90年代，首尔的城市营销继续推进，确立了面向21世纪的新规划，开始致力于把首尔建设成东北亚的枢纽城市。2000年，城市营销的概念首次正式出现在市长讲话和政府文件中，成为首尔城市营销迈向正规化的一个标志。2002年，韩日世界杯足球赛和世界大都市协会首尔总会在首尔同期召开，参加大会的世界著名人士也可以出席世界杯开幕式。韩国借举办世界杯的契机宣传了首尔的城市文化形象，并增强了影响力，对首尔的城市品牌建设产生了深远的影响。2002年韩日世界杯期间，时任韩国总统金大中亲自给汉城（首尔）当城市品牌形象代言

---

① 刘彦平：《城市营销战略》，中国人民大学出版社，2005，第303页。

人,向世界发出了"欢迎你到汉城来,欢迎你到韩国来!"的邀约。

2002年,首尔城市品牌塑造的另一个里程碑是宣传标语征集活动。8月13日,市政府向首尔市民和外国友人发出倡议,发起首尔城市宣传标语征集活动。经过20多天的角逐,在7283个(其中有外国人110人参与)应征作品中确定"Hi Seoul"为首尔的城市宣传口号。至此,首尔城市营销确立了统御性的品牌形象。①

"Hi Seoul"是一个非常亲切的宣传口号,"Hi"这个问候语,无形之中拉近了一座城市与人之间的距离,赋予了首尔这座城市一种人格化的形象。他像是一位你久已熟悉的朋友,你与他可以互道问候。与此同时,"Hi"也显示出很强的包容性,在首尔城市规划局所属的首尔在线网站上,有关未来首尔的建设构想中,第一条即为"国际都市首尔,身居首尔的人均为首尔市民",它意味着首尔始终向世界敞开大门。访问国际都市首尔的人们,无论其目的是居住、旅游,还是商务,首尔市均会视其为本市市民。"Hi"与"High"同音,也意味着首尔面对世界大都市之间的激烈竞争所表现出的激情和自信。标语因用生动的笔法来设计,激发出"Hi"所包含的亲切、活泼之感;同时,用韩国的青、赤、黄三种颜色,也会引起受众瞩目。②

为了宣传和推广"Hi Seoul"这一城市品牌,首尔利用举办

---

① 刘彦平:《品牌发力,战略制胜——首尔(汉城)城市营销案例分析》,《中国市场》2006年第11期。

② 刘彦平:《城市营销战略》,中国人民大学出版社,2005,第318页。

世界大型会议的机会,将"Hi Seoul"的城市品牌标识设为会议的主题背景,所有的政府车辆都标有此口号,出租车顶也统一印上了"Hi Seoul"的标识。首尔还开创了以"Hi Seoul"命名的文化节、"Hi Seoul" 首尔马拉松赛、"Hi Seoul"网友节等众多节事活动,另外在首尔的旅游景点还有众多的"Hi Seoul"纪念品专卖点,通过游览者将首尔的城市品牌形象传播到世界各地。为了增加"Hi Seoul"的品牌附加值,首尔市政府还将"Hi Seoul"设定为一些优秀企业的共同品牌,以提高人们对这些中小企业的依赖度,帮助它们开拓海外市场。据韩国现代经济研究院2009年3月12日发表的《城市品牌就是国家竞争力》的报告称,首尔城市品牌价值约为127万亿韩元(约合人民币6350亿元)。

链接:首尔的发展目标

为建设"清洁且充满魅力的国际大都市——首尔",首尔市将按这一远景目标开创未来。

国际都市首尔。首尔市不仅会成为外国游客最想观光的城市,更会成为人们安居乐业、乐意投资的国际都市。首尔市始终向世界敞开大门。为此,首尔市设立首尔国际中心,以便向居住在首尔的外国人提供日常生活支持与便利。除此以外,特设了国际居住区与国际商务区。首尔市还将会扩建外国人学校与外国人专用医院,并大幅强化外国人住宅扶持措施,从而向在首尔居住和工作的外国人提供最大便利。首尔常年为外国游客提供各种文化娱乐活动。不仅如此,覆盖全城的地铁与公交车等便利的大众交通设施、完善的治安网络,以及位居世界前茅的IT基础设施等,都是首尔市独有的环境优势。

东北亚商务枢纽城市。为了能够积极开展企业活动,首尔将竭尽全力提供各种便利。从地缘角度看,首尔市是东北亚经济战略的中心地区,也是拥有国际超一流人才的城市,这些优势无疑会为在韩投资的外国企业提供绝佳机会。面向国际和未来的项目将会把首尔打造成为生产力更高,更具有活力的城市。首尔市已选定旅游、数字内容、会展、时装·设计、研发、金融·流通·商务服务等多个领域为新的成长动力。首尔市将会划定国际金融区,并为入驻此地的国内外金融公司建设各种基础设施,还计划推行地方税等的减免政策。除此之外,东大门一带将会建设"东大门设计广场与公园",届时这里将一跃成为国际性的设计与时装商圈。

清新绿色的城市。多座名山怀抱着首尔,市中心还流淌着汉江水,首尔市拥有其他国际大都市所没有的绝佳自然环境,可谓是天生福地。基于此,首尔市将在市中心构筑绿地之轴,并进一步建造覆盖全城的绿化带,使首尔变得更加郁郁葱葱。汉江将会变成亲和环境的水边空间,而南山的生态环境也已得到复原,变成更加清净和健康的自然空间。除此之外,以前使用碳素燃料的大众交通也在不断得到改进,到2010年所有公交车都会使用天然气燃料运行。通过所述努力,首尔的大气层清洁程度已远远超过亚洲的其他大城市,环境状况也在迅速好转。使用天然气的公交车不仅成本低，而且安全。连接首尔全城的地铁，还有迎着风欢快地奔驰在自行车道上的自行车，将会使人们的生活更加便利多彩。

充满文化气息的城市。首尔是600多年的古都，是完好地保存了传统文化与文化遗产的城市之一。首尔市在发展充满现代感的新文化的同时，也很好地继承了传统文化，是现代文化与传统文化绝妙融合在一起的城市。首尔是风靡亚洲的韩国大众文化热潮即韩流的发源地，每年都有数百万名游客为了欣赏和体验韩国电视剧拍摄地、韩国音乐、B-boy演出而访问韩国。不仅如此，地铁、公园、车站、公共办公楼里的美妙诗句，以及可在公共场所欣赏的国乐、古典音乐、舞蹈、音乐剧等也是首尔市独有的一道风景。人们可在首尔的日常生活中，随时随地接触到艺术作品，城市的每个角落都充满了沁人心脾的文化气息。市中心的清溪川是文化与科技合二为一的空间；东大门一带正在转变成设计、时装、绿地等相融在一起的多用途文化空间。在环游首尔市区的过程中，游客们将会尽享如水如空气的文化与艺术。

世界设计之都。首尔已被指定为2010年世界设计之都，曾以"汉江奇迹"备受世人瞩目，如今，首尔市将以"设计"创造另一个奇迹。为此，首尔市将重点推进"东大门设计广场与公园"项目，且首尔市大街小巷将会换上新装，人们将会看到相得益彰的美好首尔。设计首尔不仅意味着为大家建设更加舒适的城市，更意味着提升整个城市的品位和档次。通过创意设计来打造市容的首尔，如今正向着世界设计中心的目标展翅高飞。

（二）不断探索的伦敦[①]

伦敦是英国的首都，也是欧洲最大的都会区之一，三大世界城市之一，与美国纽约、日本东京并列。自18世纪工业革命到20世纪初，作为世界性帝国——大英帝国的首都，伦敦一直是世界上最重要的政治、经济、文化、艺术和娱乐中心之一。2004年，其地区生产总值为2650亿美元，占英国国民生产总值的17%。著名的伦敦城是伦敦最大的金融中心，分布有500多家银行，是世界最大的国际外汇市场。有一半以上的英国百强公司和100多家欧洲500强企业均在伦敦设有总部，全球大约31%的货币业务在伦敦交易。

进入21世纪，随着经济全球化和区域经济一体化的逐步扩展和深入，法兰克福、巴黎、慕尼黑等一些欧洲城市快速崛起，伦敦作为欧洲经济中心的地位受到挑战。伦敦这座因"雾都"而闻名的老工业城市，曾经是保守、拘谨的代言人，在新的时代它是怎样转变形象，在新的世界经济体系下重获生机，成为世界创意中心的呢？

在城市形象的定位和推广方面，伦敦市政府一直扮演着十分重要的角色，是城市品牌传播组织结构中的核心力量。伦敦城市品牌机构由市长办公室统一领导，这些机构包括伦敦发展署、伦敦旅游局、英国贸易与投资总署、伦敦投资局、伦敦教育局、电

[①] 周丹：《伦敦城市品牌是怎样打造的》，《中国报道》2007年第3期。

影伦敦、伦敦奥组委,以及伦敦东区、南区、西区、北区、中区发展分署等。虽然这些分散的机构有各自的职能和工作,但都在市长办公室的统一领导下,保证了伦敦的每一次公关活动都有统一的形象和声音,能够建立连续一致的品牌形象。实际上,伦敦品牌机构并不是一个实体,而是一个松散的组织机构,没有专门的工作人员,所有人员都是伦敦市政府这些下属机构的公共管理人员。这样的体系建制收放自如,需要的时候可以快速组织人力资源,不需要的时候又可以迅速解散,回到各自的工作岗位。这样既节约了管理成本,又由于公务员的职责所在,保证了市政府所确定的品牌策略得到快速有效地执行。

城市品牌化的核心是建立城市识别系统。现代西方品牌管理理论认为,品牌识别是一项产品或服务形成品牌的精髓,或者说是建立品牌管理体系的核心,因为它决定着品牌最初的定位、个性、视觉符号,一直到最后的传播和监管。依据美国专家大卫·艾克的观点,品牌识别是品牌战略制定者试图创造或保持的一系列品牌关联物,代表了组织机构希望品牌所象征的内容。因此,伦敦品牌建立的第一步就是建立品牌识别系统。伦敦城市品牌识别系统的建立,分为城市品牌定位、树立品牌核心价值、创建城市识别符号三个阶段。

城市品牌定位建立在对城市特色和核心竞争力识别的基础上,为此伦敦政府组建了品牌建设专家组,采用定量分析的方法,比较伦敦与其他竞争城市的不同,找出伦敦的亮点进行品牌定位。然后，在巴黎、纽约、汉堡、东京四个国际都市对商界及政府领袖进行了广泛的意见调查，以测试品牌定位是否符合伦敦形象。最后，经过反复论证和意见综合，伦敦品牌识别系统的价值金字塔模型建立了起来。处于金字塔底座的伦敦著名品牌，即支柱性品牌所涉及的行业，包括旅游、商业、体育、文化以及教育业。品牌专家从这些行业中，提炼出伦敦与众不同的迷人之处，作为品牌的格调。在"开放、迷人、自信和动力无限"的品牌格调的基础上，伦敦的"文化多元化、无限创造性、充满机会以及无穷积极的推动力"的品牌价值也凸显了出来。这个金字塔所表现的伦敦品牌价值由表及里，层层推出，最后，汇总于金字塔的顶尖即伦敦品牌的核心价值——不断探索。

品牌的核心价值部分确定后，需要用一个视觉形象来表现伦敦。经过严格的筛选与测试，最后，伦敦品牌以一个活力无限、变化无穷的万花筒的形象展示在世人面前。万花筒变幻莫测的特性紧扣伦敦"不断探索"的主题特征，将伦敦经济、文化、生活等五彩斑斓的一面用平面设计的手段生动地表达了出来。

伦敦城市品牌的宣传是多元化的，渗透到伦敦生活的各个方面。首先是媒体传播。英国广播公司（BBC）这个24小时不间断的全球传播工具对英国文化传播以及伦敦的形象传播起到了极其重要的作用。其次是活动传播。伦敦层出不穷的活动和节日使传播成为有源之水。节日庆典活动是伦敦城市营销的重要手段之一，几乎每个月都会有一次大型的庆典活动。其中一些惯例化的、成功的节日活动，如摄政街（Regent Street）的点灯仪式、每年8月的狂欢节、皇家庆典等已成为其特殊的"产品"。最后是政府传播。伦敦政府的每一个外事活动都是伦敦市政府不遗余力宣传伦敦的机会。伦敦市市长每年都要安排出访计划，以宣传推广伦敦。在北京奥运会期间，伦敦充分借助2012年奥运会主办城市的身份，向全球大力开展城市形象推广。为此，伦敦发展署及其合作机构投入360万英镑作为活动经费，不仅在北京传统的四合院内设立了"伦敦之家"，为希望进军伦敦市场的中国企业精心组织了一系列论坛，并推出了各种展览、晚宴以及其他沟通交流的机会吸引目标受众。英国首相戈登·布朗、伦敦市市长鲍里斯·约翰逊、伦敦奥组委主席塞巴斯蒂安·科等纷纷现身"伦敦之家"。伦敦发展署还与中国著名门户网站新浪展开合作建立网络"伦敦之家"，全程跟踪报道"伦敦之家"的系列宣传活动，扩大了"伦敦之家"的影响力。

在以往的经济繁荣年代，伦敦曾刻意标榜自己为辉煌的国际金融都市，以此激发世人敬慕并吸引游客光临。如今银行家的形象一落万丈，许多人把他们看作是贪贿而无能的象征，怎么办？伦敦市市长鲍里斯·约翰逊的对策就是拿出200万英镑，对伦敦品牌进行重新定位。

链接：伦敦城市品牌的战略转移

跨领域攻势：市长约翰逊手下的推销经理丹·利特班德告诉《泰晤士报》："现在全球都把自己的烦恼归咎于伦敦金融城和纽

约华尔街，一提伦敦就是金融服务，其他行业都挤没了。我们要摆脱这种形象。"城市品牌的重新打造已有先例，诸如纽约新颖现代的NYC品牌，或者格拉斯哥的"苏格兰风度之都"品牌。市长挂帅的新形象攻势据称将跨越广告、电影、教育和法律等各个领域，并借助温哥华冬季奥运会，以及随后的上海世博会和广州亚运会等国际场合大张旗鼓地进行。

利特班德说，关键在于加大宣传力度，并借助2012年奥运会的到来"挺立于世"。"伦敦虽是个城市，却囊括了世界的方方面面，这是我们最突出的强项。"据信，为了发挥强项并进行更有效的运作，目前的若干独立机构，诸如促进旅游的Visit London、促进留学的Study London及促进影视的Film London等机构可能会融为一体，创立新的统一品牌和宣传语。[①]

（三）亚洲国际都会：香港

2001年香港"飞龙"的推出，被誉为一个百年城市品牌的诞生，是中国目前唯一完整意义上的城市品牌。

香港特区政府自1996年已经开始构思，给香港设立一个品牌。当时，香港因回归祖国而成为各方关注的焦点，部分人士甚至担心香港回归后可能会从国际舞台上销声匿迹。香港特区政府为了避免这样的事情发生，寻找各种途径，力求推广香港作为中国的一个特别行政区，而同时又是国际的金融、贸易、投资、旅

---

① 《伦敦城市品牌的战略转移》，http：//www.bbc.co.uk/china/lifeintheuk/story/2009/04/090427_london_rebrand.shtml，访问日期：2020年11月9日。

游、运输和通信服务中心。加之1997年东南亚金融危机,香港的经济活力受到严重影响,社会普遍存在着悲观和消极的情绪,香港特区政府迫切需要一种方法,使本地居民重拾信心,向全球展现积极进取的形象。因此,如何应对新的社会经济环境,在国际社会树立一个新的香港形象,以彰显香港在国际贸易、金融服务和商业方面的竞争优势变得十分重要。

在考虑过多个发展方案之后,香港特区政府在2000年做出发展香港品牌的决定,由香港特区政府新闻处负责统筹策划与建立香港的新品牌形象。这时,香港已踏进新的千年,挺过了亚洲金融危机最险恶的时刻,并在中国的主权下展开新的一页——这正是为香港打造新形象的最佳时机。

香港新闻处向多家国际公关公司征集建议书,最后组成了一支顶尖的跨国品牌顾问团。成员包括:美国朗涛设计顾问公司——国际品牌形象设计公司、总部设在美国纽约的博雅公关公司——全球顶尖的公共关系和管理专业顾问公司、wirthlin worldwide公司——品牌策划市场调查公司。这项计划就交由上述几家享有国际盛誉的顶尖跨国专业公司的香港办事处一起策划。为了测评香港品牌形象在全球的实力,品牌顾问团还利用一个品牌资产评估的专有品牌形象数据库系统,在香港和全球的商界精英及政府官员中进行了广泛而深入的意见调查。为了更好更准确地对香港的城市品牌给予定位,香港特区政府有关机构与品牌顾问团一起,研究了全球国际城市中成功的城市品牌形象宣传案例，从中学习到了最佳的城市定位模式与技巧。针对未来香港品牌形象管理的问题，品牌顾问团研究和借鉴了其他国家和地区的先进经验，为城市品牌的推广奠定了基础。

经过反复研究，明确了香港城市品牌的定位，并设计了形象标志。首先，香港的定位是：香港是一处融合机遇、创意和进取精神的地方，动力澎湃，朝气蓬勃，所提供的基础设施达到世界一流水平，既是交通枢纽，也是文化汇集之都。然后，在定位的基础上设立形象标志。在这个过程中考虑过上百个方案，特区政府筛选出五款设计，经在香港、北美洲、大洋洲和欧洲认真地测试受众的反应，一条由"香港"两个汉字和代表香港英文缩写的"HK"两个字母组成的火红的飞龙成为香港的形象标识。这一条设计新颖、活灵活现的飞龙，突显了香港的历史背景和文化传统。设计巧妙地把"香港"二字和香港的英文缩写H和K融入飞龙图案内，流动的线条有中国书法的韵味，而标识的设计却富现代感，正好点出香港中西文化荟萃的独特之处。飞龙的流线型姿态予人前进感和速度感，象征香港不断蜕变演进。飞龙富有动感，充满时代气息，代表着香港人勇于冒险创新、积极进取的精神，以及不达目标绝不放弃的坚毅意志。

国际顾问小组又审慎地研究了由本地和海外专家小组提出的主题字眼，最后选定为"亚洲国际都会"，以显示香港在亚洲和全球的独特地位。尽管有人认为这个定位只是香港的愿景，但大部分人同意，香港就是亚洲的国际都会。它是一扇多元文化的大门,通往中国内地和亚洲各地。与图案并列的标题"亚洲国际都会",正好点出香港所担当的重要角色——地区商业枢纽、通往中国内地和亚洲其他经济体系的门户,以及国际艺术文化中心。正如董建华在香港品牌揭幕仪式上说:"我们的目标,是让香港在国际上扮演举足轻重的角色,媲美欧洲的伦敦和美洲的纽约。"为了反映香港作为"亚洲国际都会"所具有的独特精神,品牌顾问团将香港城市品牌的核心价值表述为"文明进步、自由开放、安定平稳、机遇处处、追求卓越"。这里强调了香港优良的社会文化环境、无限潜力和无限机遇,更强调了香港鼓励创新思维和不断追求卓越的意识。香港城市品牌的个性则被描述为"大胆创新、都会名城、积极进取、卓越领导、完善网络"。对此,时任香港财政司司长梁锦松解释道:"香港的品牌,其中有几项很重要的品牌品质:机会、创意和城市精神。"追溯香港从一个小小的渔村发展到今天的国际大都会,香港的自由开放和积极进取的精神就是形成这个城市品牌的基因。[1]

香港飞龙形象标识的设计,历时整整一年,耗资900多万港元。重新定位的香港品牌标志——火红色"飞龙"的诞生既是一个调查研究的过程,也是一个重新认识香港的过程。它站在全球和未来的角度审视香港的历史、精神、文化和经济实力之后,重新确立了香港在亚洲乃至国际社会的定位。[2]

---

[1] 刘湘平编著《品牌城市》,东南大学出版社,2004,第6页。
[2] 李怀亮、任锦鸾、刘志强《香港"亚洲国际都会"城市品牌案例分析》,载《城市传媒形象与营销策略》,中国传媒大学出版社,2009。

香港的城市品牌和城市形象标识既已确定，如何推广和传播城市品牌就成为一个重要任务，为此香港特区政府成立了专门的组织机构，采用了包括专门网站在内的一切媒体和公关活动。系列性的、大规模的推广活动在各主要商业活动场所开展：香港的机场、地铁、大巴、主要街道、公共场所都张贴了"飞龙"城市标识。同时，利用公关手段对外宣传是香港城市品牌推广的一大特点。在推出契机方面，2001年5月10日，香港举办《财富》全球论坛之际，香港特别行政区第一任行政长官董建华在《财富》全球论坛开幕仪式上向来自全球的客人隆重推出香港品牌新形象；2001年下半年，至少有九位官员趁外访之机，在12个国家超过30个城市向当地人民推广新的香港品牌。香港工商界知名人士赴西部考察时所乘坐的港龙飞机都印上了新的香港品牌形象"飞龙"标识，通过此次活动的报道，向内地传递香港品牌形象。另外，邀请香港著名艺人，作为城市品牌形象代言人，如刘德华、成龙。

香港品牌如今不论在香港还是在世界各地，已被公认为香港的标志。

三、中心城市品牌的建构

随着信息时代的来临，当今世界进入了一个眼球经济与注意力经济的时代。相对于当今社会信息泛滥以致过剩的情况，人们的注意力成为一种稀缺资源，注意力本身就是财富。正如戈德海伯（Goldhaber）说："获得注意力就是获得一种持久的财富。在新经济下，这种形式的财富使你在获取任何东西时都能处于优先的位置。财富能够延续，有时还能累加，这就是我们所谓的财产。因此，在新经济下，注意力本身就是财富。""注意力经济"的理论认为公众的注意力是城市竞争的最大资源，谁能吸引更多的关注，谁就能拥有更大的价值，吸引更多的投资。从城市品牌的塑造和传播影响方式来看，城市竞争是一种争夺注意力的竞争，是一种争夺眼球的经济方式。由此，我们思考当代都市的形象经营。在各种经济要素顺畅流动的今天，哪个城市最受关注，哪个城市就拥有吸引最多资源的可能。[1]

借鉴世界著名城市营销和推广的成功经验，我们认为尽快制定和实施城市品牌化战略应是首要选择。针对城市发展规划和建设世界中心城市的愿景，应从以下几个方面着手塑造城市品牌。

第一，建立统一的城市营销领导机构，鼓励市民积极参与城市品牌构建。从首尔、伦敦、香港的城市品牌打造的经验来看，经营城市品牌在各市政府工作中都处于十分重要的位置。由市政府统一组织和管理，从战略制定到活动方案实施都有明确目标和周密安排，以保证城市品牌的统一性和连续性。在此基础上，他们还利用各种渠道，比如广播、电视、网络、报纸向全体市民大力宣传。这不仅使他们清楚地了解推广城市形象的重要性和本市品牌的核心价值，更重要的是使他们从自身做起，使人人成为城

---

[1] 金元浦：《大竞争时代的城市形象（下）》，《北京规划建设》2005年第6期。

市形象的创造者和传播者。如志愿者的微笑是北京最好的名片，北京应当继续发扬志愿者精神，把推广城市形象作为日常工作和生活中的文化自觉。

第二，准确定位城市品牌，建立城市品牌识别系统。一个优秀的城市品牌，不仅能增强市民的自豪感、归属感和城市的凝聚力，而且能够吸引世界有限的注意力资源，将注意力转化为城市的竞争力和生产力。如在"人文奥运、绿色奥运、科技奥运"的基础上，北京已经塑造了相对集中和有效的"人文、绿色、科技"这一城市形象。但是整体来看这些只能算作北京的城市名片，不具有突出的吸引力和感召力。近年来，北京大力发展文化创意产业，将创意作为城市转型和经济发展的新动力，与文化相关的休闲娱乐业、传媒业、动漫游戏业、会展业、旅游业快速发展，已经成为北京经济新的增长点和重要引擎。文化是21世纪的产业，也是21世纪的经济核心。北京拥有悠久的历史和灿烂的文化，作为东方文化艺术中心，能够为文化创意产业发展提供丰富的给养和创作灵感。北京更有包容世界多元文化的气魄与胸怀，致力于将自己打造成一座宜居、宜游、宜业的国际性的大都市，因而北京的城市品牌定位应当突出人文特色，深刻挖掘北京城的文化底蕴，丰富北京的人文内涵，将体现东方神韵的文化精粹和人文特色融入城市品牌开发和推广的方方面面。

城市品牌定位是一项系统性的工程（图1），需要大量的资料汇总和调查研究。首先，要在分析城市支柱性产业、优势资源、人文特色的基础上,确定城市品牌基调;其次,根据这些品牌要素,整理和提炼出城市的核心价值与精神;最后,经过高度浓缩和聚集,将其熔铸为一句响亮的口号或标语,以代表城市的发展愿景,提升城市竞争力。其中每一个环节都需要市民和城市利益相关者的共同参与,需要经过反复地修改和完善。

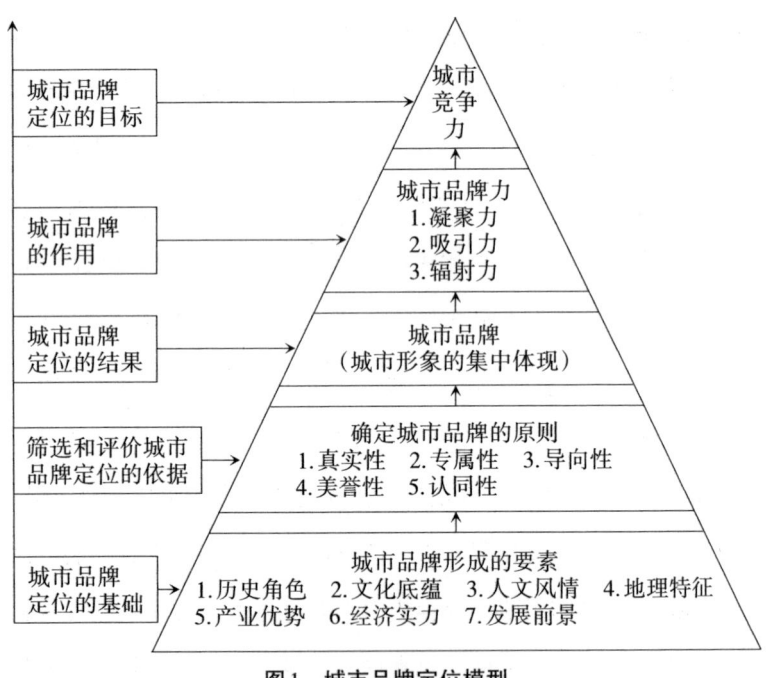

图1 城市品牌定位模型

城市品牌化的核心是建立城市品牌识别系统。当代社会已经进入"读图时代",单纯的文字和标语,已经不能吸引人们的注意力,因而在确定城市品牌定位之后,要设计相应的城市品牌标识。以生动活泼的图像来传达城市的神韵,有利于吸引目光,易于辨识,加深人们的印象,且图像自身的装饰效果又使它能够广泛应用于户外广告、车辆、旅游纪念品等各种介质，扩大它的使用范围，利于城市品牌的传播。城市品牌形象定案以后，要制订详细的推广方案，力求让社会在第一时间对城市的标识产生共鸣，以强化市民的荣誉感和认同感。

第三，多方面、多渠道推广城市品牌。城市品牌推广是一项庞大的工程，既需要政府、企业、市民的共同努力，又需要整合各种媒介资源优势。首先，要充分利用媒体优势，以电视台、（国际）广播电台、市政府门户网站为核心，包括各种平面媒体，宣传城市品牌，提高城市品牌的知名度和影响力。其次，在市政府车辆、公交车辆、社区公共设施等处，统一标识城市品牌，形成整体宣传效应。再次，利用公关手段对外宣讲，将宣传城市品牌作为政府公关工作的一项重要内容，借政府官员对外交流、访问之机，向外界推介城市品牌。最后，要利用好重大事件的影响，做好城市品牌推广。重大事件是指可以反映大众流行诉求和有重大国际意义的大规模的文化、商业和体育事件。重大事件一般被称为"大型活动"，是一个提升城市形象的绝好机会，如园艺博览会、世博会、奥运会、亚运会、休闲博览会等。重大事件不但可以塑造形象，而且可以扭转原来的负面形象。因此，在城市品牌推广中要积极主动创造条件，尽力争办各种国际性和区域性的体育赛事、会议、文化艺术展览等活动。

第四，培育和推介优秀的企业品牌，发挥城市品牌与企业品牌的联动效应。以韩国首尔推出的"Hi Seoul"企业品牌为例。

为了帮助那些具有优秀的技术能力及产品，但由于宣传及营销能力不足而无法成为名牌的首尔优秀中小型企业，首尔使用城市营销口号"Hi Seoul"，对这些企业进行营销及宣传支持，提升这些企业的产品竞争力。这不仅有助于其海外市场的拓展，而且增加了首尔城市品牌的附加值。反过来，这些产品依靠质量和海外市场的拓展，使"Hi Seoul"这一品牌为广大普通消费者所知晓，依据原产地效应，人们会对首尔产生良好的心理认同。所以一个著名的城市品牌可以对企业品牌起到背书的作用，帮助当地的企业提升竞争力。这些企业品牌也能够提升城市品牌的内涵，形成品牌的联动。比如以前大家对内蒙古的印象相当模糊，只知道那里的草原、毡房和游牧生活，随着伊利、蒙牛这些乳制品企业品牌知名度的提升，内蒙古的整体品牌形象又增添了绿色、健康的元素。

创意决定成败:品牌城市与双塔模式

品牌城市的魅力在于城市广泛的影响力、普遍的美誉度、巨大的辐射力、强烈的吸引力,还有城市居民和外来人群高度的认同感,这一切构成一个主体,这个主体就是城市竞争力。

今天,对全球创意城市的经营已成为文化创意产业、创意经济发展的一个重要组成部分,而且越来越成为我国各个城市都在关注的重要问题。我国目前就有将近200个城市提出文化强市、文化立市的主张,要建创意之都、文化之都,甚至也提出要做世界城市、国际城市,或者国际化都市。

一、成功的城市将是文化的城市

21世纪,成功的城市将是文化的城市。所谓文化,不仅仅是指文化产品。不管是高雅的还是通俗的,地方的还是全球的,文化,意味着一种生活、行为、表达、思考和学习的方式。从历史上看,城市从来都离不开文化。但只有在当今全球化消费时代的背景下,社会与文化才以城市发展轴心战略的姿态出现。经济的、社会的、技术的和教育的战略,越来越紧密地与文化轴心联系在一起。信息、知识和内容创造已经成为城市经济可持续发展的关键,当代都市只有成功应对文化的挑战,才能在竞争中插上腾飞的双翅。

"软实力"的核心是城市的"文化度",它直接影响着一个城市的吸引力。20世纪80年代日本泡沫经济时期,鉴于东京的土地、物价昂贵,不少外国企业迁到新加坡和香港。此时,新加坡等作为国际经济城市,极力向世界倡导"软件活力论",这给香港造成了压力。新加坡的策略获得了巨大的成功。

日本学者青木保文认为,大竞争时代的城市,可以考虑以下几点:首先,政治上稳定,行动上自由,秩序井然,安全;其次,开放的社会,外国人出入容易;再次,经济发展富有活力,有各种机会可寻,城市的基础设施完备;最后,"软件活力度"高。

21世纪,成功的城市将是具有文化品牌的城市,是具有独特的文化魅力和形象特征,具有较高声誉,被世人广泛称道,已形成自身品牌价值的城市。品牌城市的品牌魅力在于城市广泛的影响力、普遍的美誉度、巨大的辐射力、强烈的吸引力、高度的认同感和强大的竞争力。品牌是一个城市的象征,是一个城市的名片,体现着一个城市的实力。城市的品牌是城市风格的展示,是城市个性的表达,是城市文化的集中体现,是城市整体功能的抽象呈现。

我们必须思考当代城市品牌形象的经营。在各种经济要素顺畅流动的今天,哪个城市最受关注,哪个城市就拥有吸引最多资源的可能。注意力将转化为生产力。当代都市形象是全球社会公众、市民和游客对某座城市的整体印象和评价。富有魅力的城市形象无疑将提升一个城市参与国际竞争的竞争力,而当代城市经营,就是要通过自我形象魅力的展示,使公众对其产生良好的心理认同,并产生巨大的马太效应。受到这种传播的影响,公众或团体在面临与该城市有关的活动时,就会产生有利于该城市的情感性选择倾向,无形之中提升了该城市的综合竞争力。

二、城市形象与双塔模式

城市形象战略是城市理念、城市环境、城市行为和城市视觉标志的综合体。策划与树立城市形象是一项促进城市发展的产业。这一产业将产生巨大的效益和难以估量的经济推动力,创造出城市的价值。城市形象设计的国际经验还表明,成功的城市形象不仅在于设计的过程,更为重要的是对城市形象做维持和不断推广,从而保证一个城市的品牌工程从开始一直到全社会的贯彻落实始终在一个健康的体系中运转。

实际上,文化创意产业这种品牌经营策略从上海世博会开始已经广泛地传播,并且启发着我国众多城市领导者、经营者、管理者,来管理,或者推出更好的城市品牌形象。

21世纪全球经济发展已经呈现新趋势,全球城市作为创意城市的竞争也越来越激烈。21世纪中国的城市化,可以说是以前所未有的速度和规模发展,并且日益影响着世界。城市形象和城市品牌是城市市民行为和城市视觉形象的综合体现,要策划树立城市形象,就要考虑促进城市发展的创意产业。比如北京,北京通过奥运会塑造了人文北京这种城市形象,在全球产生了极大的影响力,在一个注意力经济与眼球经济的时代,谁具有最强大的品牌优势,谁就会在世界上获得最大的影响力,而这个影响力就是市场,就是经济。影响力会带来强大的信息流、人才流、创意流、物资流,以及资本流。

过去在城市的管理中,我们常常听到的是"短板效应"。它是说城市的整体水平是由最短的那块木板来决定的,也就是德鲁克的所谓"木桶原理"。这就是说,城市的、企业的水平取决于最短的那一块木板。因此,补齐短板,是首要的最根本的方法。这是一种微观的、局部的、生产线式的操作性管理模式,是单纯地以专业化界域为限的运营方式。但很明显,这是传统的工业与制造业时代的管理和治理城市的方法。而当今时代城市品牌与城市形象的建立,已经遵循新的模式:这就是笔者称为双塔模式的新方式。

双塔模式是说一个城市的影响和品牌、一个企业的管理和运营水平,是根据这个城市或企业目前达到的最高水平来决定的。它包括两个部分,一个"塔"是水塔。建筑物顶部水塔的高度,决定了水的循环所达到的高度。众所周知,顶层水箱如果注满了水,就会源源不断地流到这栋大楼的每一个房间,包括卫生间、厨房和储藏室。我们不需要给某个没水的家庭单独接一根进水管。管理城市的顶层设计，是从总体上对城市未来进行的融合性全程设计。另一个"塔"是灯塔。在茫茫大海上，船只是依靠远方可见的灯塔来确定航向。灯塔的光芒映照着周边几十公里的大海。看到灯塔，航船就有了方向。一个城市要树立城市品牌、城市形象，增强城市的影响力、美誉度和传播力的话，就要像海上的灯塔一样，发出耀眼的光芒。比如北京要举办最高水平的冬季奥运会，上海主办了高水平的中国国际进口博览会（以下简称"进博会"）和世界人工智能大会，就是茫茫大海中的灯塔。因此，人们对一个城市的评价，对一个企业的评价，大都是依照它所达到的最高水平和影响力来进行的。在互联网领域，人们常说，这里只有第一，没有第二。高端的创意、高端的技术、高端的人才和高端的策划才是城市的标志。

三、城市管理，目标决定成败

对于今天的城市来说，设计城市，或者说对城市做顶层设计，是城市转型期最高管理者最重要的历史使命。设计策划也是当代极为重要的生产力，而创意是这一文化生产力的核心，决定着设计策划的标高。对于今天转型期的城市来说，资源不成问题，每个城市都有无数等待激活的资源；资本不是问题，投资人、游动的资本有的是，到处在寻找最好的投资项目；土地有红线，但总可以想办法解决。现在最稀缺的是对于现今城市的未来的最佳或最合宜的创意设计。有最好的创意设计和策划，就有资本的跟进，就有最好的或最合宜的企业和团队执行。管理者要做的是搭建平台，制定政策，营造良好的投资环境和运营氛围。最近几年，很多大型企业到腾冲等城市去投资，到西双版纳去投资，为什么？我们周围有如此多的区域等待开发，为什么却没有投资者？投资者最懂市场，最能评估项目的"钱景"和"钱途"。城市管理者要做的是平衡，平衡城市的现在和未来，平衡城市收益和投资商收益，平衡管理者个人的政绩收益与市民的口碑收益，当然还有其他。

对于今天的城市管理者来说，不是细节决定成败，而是目标决定成败。要建立的城市是一个什么样的城市？眼界、观念、思维决定战略决策，有什么样的观念、什么样的视野，就会有什么样的目标；有什么样的目标，就有什么样的顶层设计。我们很多城市的管理者，手握大权，往往觉得自己无所不能，亲自设计，亲自管理每一个细节。其实今天的城市已经不能像过去经营一个产品一样去经营，不是自己去做设计师，而是在众多设计与策划中做选择，做融合。因此，设计和策划的功夫甚至要比其后的建设更为重要。管理者要做的，是要建立城市品牌的标高。因为在今天全球化、信息化时代，一个切实的城市品牌将给城市带来巨大的财富。

这是一些著名的城市营销专家的共识：要通过会展、建筑、事件、网络、故事来吸引眼球，抢夺注意力，打造城市品牌的区域特色，即唯一性品牌。

城市品牌的核心是城市形象，我们应思考如何让人们感受到一个神形合一的城市口号、城市品牌。因此，我们在城市区域品牌化的定义中要塑造区域品牌的核心，要重视品牌的识别问题。我们讲城市品牌的魅力在于城市广泛的影响力、普遍的美誉度、巨大辐射力、强烈的吸引力，还有城市居民和外来人群高度的认同感，这一切构成一个主体，这个主体就是城市竞争力。

城市新文脉：守正创新，万法归宗

现代化的中国城市千城一面：高楼大厦，水泥丛林，车水马龙，光鲜靓丽。每一届政府的领导都由衷地自豪与骄傲：在本届政府领导下，我们实现了……

"千城一面"是高速现代化的光荣与梦想，还是陷阱与败笔？

"千城一面"是中国城市的危机与困境，正在抹掉城市的历史，文化的历史，城市人心中的历史。

城镇化的高速推进，是工业化对城镇发展的要求。工业化的本质是标准化，以标准化换取大规模生产的效率，工业化背景下的城镇化，自然也脱离不了工业化的影响。工业化的标准化延伸到了城市发展的标准化，由此产生的可能是中国城市化进程的最大败笔——千城一面。经过了40年的标准化城镇建设，"千城一面"的城镇发展问题变得越来越突出。大广场、大高楼，不仅外形相似，布局也如出一辙：城市中心设广场，广场中心有花坛、喷泉，中央商务区高楼林立，主干道宽阔整齐，贯穿新城。雷同的规划，雷同的建筑，雷同的景观，甚至连写字楼、住宅区的名称也相似，甚至雷同。多数城市新区，除了地名，无相异之处。

科技进步使得城市建设已经能够完全挣脱自然条件的约束，

城市的特色反而越来越淡化。城市的形态不仅仅是人们对自然改造的成就，也是凝结了长期积淀的历史文化的物理形态。可以说，源于文化的城市独特性，早已不仅仅是自然地理的反映，更是地域独特文化的反映。某种意义上，"千城一面"就是对城市的历史、城市的文化最大的背叛。"千城一面"中断了区域历史和文化有形的延续，是对有形文化传承的巨大破坏，失去了文化教化的场景，更缺失了对无形的人心的教化。

如果说"千城一面"是一种影响文化魅力和地方特色的"城市病"，那么"如数家珍"就是病急乱投医的发展困境。特色不能直指城市最独特的历史文化主线，就不能直指人心，不能求得内外认同，不能形成广泛共识，不能真正在人们的内心深处确立城市的独特性。更为可怕的是"如数家珍"对文化创意产业发展的影响。如果没有对传统文化的深入洞察，仅仅停留在事件、现象的表面，就会陷入困境，陷入"资源魔咒"。

在最近的20多年里，大多数城市的领导者都对城市曾经或者现在拥有的历史文化资源"如数家珍"。中国300多个地级行政区、近3000个县级行政区的官方网站，其历史文化版块都逃不开罗列的少则十个八个、多则几十个的"某某之乡""某某之都"的特色文化。河北沧州推出的"六大特色文化脉系"，囊括了诗经文化、运河文化、渤海文化、医药文化、武术文化和杂技文化等诸多内容；邯郸则提出十大历史文化：以胡服骑射为代表的赵文化、中国新石器时代的磁山考古文化、女娲文化、曹魏建安文化、北齐石窟文化、以"一枕黄粱"名梦和黄粱梦吕仙祠古建筑群为代表的梦文化、磁州窑文化、广府太极文化、成语典故文化和边区革命文化。四川自贡自诩"千年盐都""恐龙之乡""南国灯城""美食之府"。云南玉溪从生命起源到聂耳故乡、云烟之乡、花灯之乡、高原水乡等。林林总总，洋洋大观。

领导，你已坠入了资源魔咒之中。

中国几千年的文化积淀，几乎每个城市都不缺故事、不缺历史、不缺文化。即使如过去被称为文化沙漠的深圳，其实也有十分悠久丰厚的历史文化。夏、商时期，深圳就是百越部族远征海洋的一个驻脚点。秦始皇统一中国后，于公元前214年在岭南设置了南海、桂林、象郡三郡，谪徙50万人开发。时属南海郡的深圳，便融入了中原文化。深圳市最早的前身为宝安县，作为县建制始于公元331年，即东晋咸和六年。我们只要随意指点，便有天后宫、大炮台、文天祥纪念馆与伶仃洋、宋少帝赵昺与大臣陆秀夫蹈海处等，更不要说深圳现在拥有世界之窗等上百个文化打卡地。

再如北方某县，要办一个文化节，叫卫夫人文化节。卫夫人是东晋时代的女书法家，知道的人不多，当然一提师承钟繇，高徒有王羲之，大家也会有联想，但如果以此作为城市品牌或城市形象，就十分勉强了。实际上，城市文化资源是有知晓等级的。是一级资源，还是五级资源；是早就有影响力的，还是需要从头去传播的，这些对于一个城市的品牌营销意义重大。大家熟知的桂林，除了历史上的传播外，记得2001年前全中国每个上过小学的人都背诵过贺敬之的《桂林山水歌》："桂林的山啊，漓江的水……"这在中国就是非常重要的基础资源。

几多历史遗迹，漫长文化卷帙，恰是有着五千年文化传承的中国国情和中国现实。

伴随着城镇化而兴起的，还有各地大力推进的历史文化名城建设，民俗节庆与地方戏申请"非物质文化遗产"的热潮，铺天盖地的"市歌""市徽""市树""市花""城市精神"，中央电视台连篇累牍播出的城市宣传片等，总而言之，跟城市文化相关的名人、名事、名物，只要曾经拥有，就绝不会被落下。

为城市建设和发展注入文化的力量，而每个城市又不缺乏历史文化的"珍珠"。因为"有珠可数"，所以"如数家珍"式地发展城市文化，自然而然成了最高效、最直接的选择。于是乎，城市的个性塑造，又陷入了另一个"如数家珍"的困境。

然而，如数家珍让众多决策者形成了"千城一词""千城一面"的固化思维，跌入了资源魔咒之中。

从"千城一面"的败笔到"如数家珍"的困境，如何破解此魔咒？

每一个城市的领导者都对自己城市的文化古迹、文化遗产如数家珍，他们无法舍弃每一种历史资源，因为他们认为每种资源都是最好的。是否能跳出魔咒做全国全球各城市之间的比较，是否做过旅游者、消费者的调研：有多少人认同"卫夫人"，认同你的城市形象代言人,哪一个是唯一的,哪一个是一等一级的,哪一个最能彰显城市区别于他者的特质。如何在大千之城中突兀而出,找到自己那座城市最独特、最鲜明、最具影响力、最具发展前景的城市之魂?

这一切,都是每一个城市决策者面临的紧迫问题。

一、解析"千城一面"原因

第一,在现代化模式下我们对城市的认识不足,只认为城市是居住的地方,于是仅仅按照功能化城市的要求建设城市,比如城市竞相建造现代化的高楼大厦、大广场,建设现代化所需要的各种设施。后现代对这种模式提出了批评和质疑。

第二,地方城市政府的"高速政绩观"在作怪。出政绩的最快手段是按照现代化的方式很快地改变城市原来破旧的面貌,这是在短短的任期内、在眼前就能看到的成果。于是,城市的面貌改变了,原来破烂的地方变得整齐划一了,同时问题也出现了:到处争相建高楼、大广场、大马路,一个城市和另一个城市没有差别。事实上,争高求大不一定是好事,这是一种赶超型的现代化模式,对现代化没有进行深入思考。

第三,土地财政是政府最大的推动力,而房地产商最乐意做的就是迅速地复制高楼,满足实用价值,但是忽视了一个城市的审美价值。

在观念上,我们要把每一个城市当作一件艺术品来看待。每一座城市都是一件富于魅力的艺术品，有文化和记忆，有自身深刻的物质和非物质传承的资源，城市的历史、城市的传统都在城市的建筑中积淀。

正如鸟巢是一件巨型的人类雕塑，每一个城市也都是一件人类的雕塑品，我们要怀着审美的、热爱的情感去雕刻它。

城市是现实与历史的结合体。我们今天看到一些城市的改造，出现了很多弊病，贪大图洋，贪新图快。笔者呼吁：不要那么心急慌忙地"拆除"我们的城市，而应好好地研究自己城市的资源：文化的、历史的、艺术的、美学的，以及人们生活方式的、城市民俗民情的资源等，我们要有多种设计，用跨越现实的未来视角去关注城市。

"三年一变样、五年一大样"，是政绩的口号，不一定是对历史负责的口号，不一定值得我们高喊。城市建设需要遵循现实变革中基本的规律，按照发展的步骤、阶段、格局、美的艺术，来建设适宜人类栖居的城市，从城市规划、城市设计、城市建筑、城市街区、城市楼宇、城市家庭、城市人口等多方面入手，总体把握，综合融会，做好顶层设计。

从历史上看，一个城市的格局形成之后，往往要因循几百年，比如我国大多数历史文化名城的基本格局，就是几百年来大致不变。中国这一轮的城镇化——城市化建设是中国历史上，乃至世界历史上前所未有的，甚至后无来者的城市大变革，城市的基本格局也可能将延续到未来数百年。今天这一代或这几代的城市管理者、决策者，的确要有对城市的历史负责的使命感，也要对城市的未来负责。当今天的人们回首老北京的设计者、建筑者和保卫者的时候，不禁感慨万千：他们是创造保护北京城市历史的伟人。

二、城市如何找到个性

从美学的角度进行思考，在当前中国新型城镇化进程中，大量的旧城改造（尤其是县级城市改造），一定要增加"生态城市""公园城市""艺术城市""美的城市"的理念，要切记，建筑是人类的第一艺术。未来的市民期待着更加"诗意"的栖居。因此，公共艺术在未来城市建设中将有更为重要的地位。

创造"艺术城市"要结合生态旅游、文化旅游，挖掘当地未挖掘的历史和传统文化，形成具有强烈地域性特色或创新特色的城市；要从全球旅游、特色旅游角度进行城市规划；要从"影响力、标志性、艺术性、公共性"等多个方面评价城市的公共艺术建设；要将构建"艺术城市""美的城市"与区域经济、文化产业发展相结合。

看几个案例。

案例 1：巴塞罗那是因奥运会而规划建设的城市，在规划中把历史的文化、奥运的文化串连在一起，城市显得很和谐。巴塞罗那不是欧洲繁华的城市，与欧洲其他城市既有相似的地方，也有自身的特点，有代表城市的标志和特色，让人神往。巴塞罗那

有八栋建筑物被列为世界遗产:

安东尼奥·高迪设计的建筑物于1984年被列为世界遗产:文森之家(1883—1888年)[①]、古埃尔宫(1886—1889年)、奎尔公园(1900—1914年)、巴特罗之家(1904—1906年)、米拉之家(1906—1912年)、圣家族大教堂(1883—1926年)。

多明尼克·蒙塔内尔设计的建筑物于1997年被列为世界遗产:加泰隆尼亚音乐厅(1905—1908年)、圣保罗医院(1902—1930年)。

由于有开创性的艺术家——如高迪——以创意给予了城市生命力,巴塞罗那才是一个走向艺术的城市,这与欧洲人将建筑作为艺术的第一要务的理念密切相关。

案例2:台湾的生活美学对大陆城市建设有很重要的启示意义。它让人体会到"美在生活中,城市在美中,你在城市中,就在美中"。

案例3:广西灌阳县是我国第一个叫出艺术城市的县级城市,确定了主题文化,用艺术特色来打造城市品牌,以瑶族风情打造艺术城市,包括历史文化、民族精神的培育,同时通过公共艺术,来提高城市的经济效益,增进社会和谐,最终凝结成一个优秀的城市品牌形象。

所有成功的案例,有一点是相同的,那就是找到了自己城市的魂。

[①]此时间为建造时间,下同。

每一个城市都有自己的文脉：千流一源、万法归宗、理一分殊、一以贯之。

"理一分殊"的道理，是朱熹借用了佛教"月印万川"的譬喻。他说："释氏云：'一月普现一切水，一切水月一月摄'。这是那释氏也窥见得这些道理。"（《朱子语类》卷十八）把"一理"比作天上的月亮，而把存在于万物之中的"万理"比作水中千千万万个月影，以此形象地说明"理"与万物的关系：理是唯一的，这唯一的理又体现在万物之中，是万物的本质。"月印万川"本是佛教中的命题，"一月普现一切水，一切水月一月摄"具体说是唯一的月映现在一切水中，一切水中映现的月都包括在唯一真正的月中。

但是还不够，除了历史主线，我们还要看到与时俱进的当代创为。

一座城市的文化独特性如果不与今天建立联系，最终会失去发展的内驱力。可即使经过了20多年的发展，中国的一些区域的文化产业仍旧没有找到属于自己的道路。文化产业的发展逻辑，必然脱胎于文化本体，在中国这样一个不缺乏历史文化的国家，复兴中华优秀传统文化亟待一套新的方法论指导。前文定义了文脉是"因文化地的历史主线，与时俱进的当代创为"。基于这一定义，结合新的时代背景，新的社会主要矛盾和新的经济、文化、科技等产业发展条件，我们提出了一套新的发展理论。鉴于其他领域已经或多或少有了围绕文脉进行的理论阐述，为区别起见，将其命名为"新文脉理论"。

新文脉，新文创，新文明。

城市是一个巨系统，是建筑之形、文化之魂、规划之格、功能之用的系统综合。任何一个一维的文脉解释，都不能准确认识文脉在城市建设和发展中的功能和作用。因此，文脉需要按照城市建设和产业发展的需求，重新被发现、被解释。

为此，笔者从城市和地域文化建设与产业发展的角度，将新文脉定义为"在当代城市变革与竞争中一个城市由历史承续而来的新的文化主线"。这是一个兼具主体性和统摄性、历史性和当代性、无形性和有形性、静态性和动态性的概念。

什么是新文脉之新？发掘、激活、变革、创新。

新文脉的新首先是发掘城市的独特的文明基因，激活城市逝去的集体记忆，承续以通古今，将过去断续的、片段化的文脉一一连缀成线。

新文脉的新是在最为深广的中华人文精神的积淀之上进行创新、创意、变革、改造，以变促通，以通制变，以新变成就新通，以新变实现文脉的贯通。

新文脉以当代哲学阐释为基础，新文脉的新是城市历史要素的重新选择、重新集中、重新阐释。

新文脉的新是在当下新时代、新思想、新制度构架之下的新创造。

新文脉的新是在现代科技基础上构建的城市文化新构架。

谈到城市个性的现实与历史意义，笔者认为，这是人类历史上最大规模的一次造城运动，是关乎子孙后代的一件大事。我们今天所做的一切恐怕将确定未来二三百年中国城市的格局。因此，所有的造城者、官员、企业家、研究人员，都要对子孙后代负责，对历史负责。

公园城市，我国城市发展的新战略新高度*

公园城市是我国城市创新型发展的升级版，是我国城市治理的战略性转变。公园城市的理论和实践适应了我国人民群众对更美好生活的内在需求，推动了我国经济社会的新一轮高质量发展。世界历史上的花园城市、田园城市、森林城市是人类城市发展史上的珍贵遗产，需要我们认真学习借鉴，实现创造性转化。成都是中国美丽宜居公园城市发展的典范，值得深入研究。而寻找乡愁——人类文明的精神家园则是人永恒的使命。

习近平总书记提出建设公园城市，从国家顶层进行全面的宏观设计，从时间长河中擘画未来中国的总体格局，从人民这个核心出发，实现大国治理的宏伟蓝图。这是一个当代中国必须全力关注的重要问题。

一、公园城市展示我国城市的战略性升级

2018年2月，习近平总书记在成都视察时指出，天府新区是"一带一路"建设和长江经济带发展的重要节点，一定要规划好建设好，特别是要突出公园城市特点，把生态价值考虑进去，努

---

* 本文为国家哲学社会科学重大项目"文化产业伦理"的成果。

力打造新的增长极,建设内陆开放经济高地。①习近平总书记关于公园城市发展的提议具有重大意义。

改革开放以来,我国城市经历了以GDP为杠杆的经济效益至上的阶段,生态环境受到了很大破坏,人文环境也受到严重破坏。一切以GDP为标准,造成了严重的后果。公园城市是习近平总书记在多次讲话中反复提到的主题。他指出,城市建设要以自然为美,要把好山好水好风光融入城市②。他在"两山"理论基础上,提出避免使城市变成一块密不透气的水泥板,要推动形成绿色低碳的生产生活方式和城市建设运营模式,统筹生产、生活、生态三大布局,提高城市发展的宜居性。他特别提到,我国古人说,"城,所以盛民也",就是讲城市是容纳养育人民的地方。所以,城市发展要把生产空间、生活空间、生态空间通贯为一,相互联结,实现生产空间集约高效、生活空间宜居适度、生态空间山清水秀的新境界③。

从"绿水青山就是金山银山"④到"望得见山、看得见水、

---

① 《习近平春节前夕赴四川看望慰问各族干部群众》,《人民日报》2018年2月14日。

② 《中央城市工作会议在北京举行 习近平李克强作重要讲话》,《人民日报》2015年12月22日。

③ 习近平:《在中央城市工作会议上的讲话》(2015年12月20日),《习近平:避免使城市变成一块密不透气的"水泥板"》,http://jhsjk.people.cn/article/29834583,访问日期:2018年2月26日。

④ 《习近平在省部级主要领导干部学习贯彻党的十八届五中全会精神专题研讨班上的讲话》(2016年1月18日),《人民日报》2016年5月10日。

记得住乡愁"①；从"人与自然是生命共同体"②到长江经济带不再大规模开发的战略决策；从多年来大力修建的城市公园到今天不再是被水泥板遮蔽的公园城市，我们不难看出顶层设计的高远谋划和对全体人民的深切关怀。

我国的城市化，是21世纪全球最大的两个推动力之一。中国的城市化是两千多年来这片古老大地上的一次伟大的革命。它深刻影响着中国国家面貌与城市构筑，并将确定今后两百年到三百年的中国城市的基本格局，应当说它是关乎子孙后代的大事。如此重大的历史责任谁来承担？我们的决策者、政府官员、建筑师、规划者，都要为历史负责。设计者不仅要设计高楼，还要设计城市和人的未来。说到未来城市，美国《外交政策》杂志曾于2012年发布研究报告，提出到2025年，全球将有600多个城市决定世界的命运；在600多个城市中，又有90多个城市将会起决定性的作用；而90多个城市中，中国会有72个城市进入世界城市的最前列。中国大批知名城市将进入这个系列，而四分之一的发达国家城市将跌出榜单。全球发展中国家将会大举胜出。

城市是什么？城市是迄今为止人类文明最丰富、最先进成果的创造之地、展示之地和应用之地。特别是工业革命以来，世界以百倍于前的物质产品和深刻的精神成果展现了人类前所未有的

---

① 习近平：《在中央城镇化工作会议上的讲话》（2013年12月12日），载《十八大以来重要文献选编》（上），中央文献出版社，2014，第603页。

② 《习近平在中国共产党第十九次全国代表大会上的报告》（2017年10月18日），《人民日报》2017年10月28日。

伟大的本质力量。马克思曾指出:"工业的历史和工业的已经生成的对象性的存在,是一本打开了的关于人的本质力量的书,是感性地摆在我们面前的人的心理学"①。在马克思那里,城市作为现代工业的成果,像一本已经打开的书,展示了人在适应并改造世界过程中的本质力量——人类的思想、精神、观念、智慧、才能和技术。我们身处其中的城市,就是活生生地摆在我们面前的一本积淀着历史、文化、人的生活的心理学大书。当一群人,把他们的生命、生活、理想、希望和梦想留在一个地方的时候,那座城市,那座乡村就反身投射在他的记忆中,成为永恒的怀念。

今天,我们面临着新一轮的数字—智能革命,面临着科技带给我们的全方位震撼改变,面临着碳的过度排放带来的生态困境和地球危机,面临着人类生命延长和医疗困厄带来的生存状态的全新改观,面临着人的精神领域的理念、信仰、思维、文化、历史、美、艺术的日益败落和新的需求。人类将从根本上发生不可逆的巨大变革。

在这样的变革之下,我国的城市将如何探寻一种更适合未来人类生活的存在之道?我们的城市应该如何规划和承载中国人的生产之链、生活之趣、生态之美?我们应该选择一种怎样走向未来的城市治理方案?我们应该给城市一个什么样的美好的远景?

---

① 马克思:《1844年经济学哲学手稿》,中共中央马克思恩格斯列宁斯大林著作编译局译,人民出版社,2000,第88页。

1984年，钱学森在致《新建筑》编辑部的信中提出"构建园林城市"设想。1990年，他又明确指出"城市规划立意要尊重生态环境，追求山环水绕的境界"。1992年10月，他再次呼吁："把整个城市建成一座大型园林，我称之为'山水城市、人造山水'。"[①]钱学森在他晚年多次介入美学与艺术领域，发表了十分重要的意见，给我们留下了艺术美学的宝贵遗产。园林城市、山水城市正是他这份宝贵遗产的一部分。

1992年，建设部就先后启动"园林城市"和"生态园林城市"评比，参考、借鉴了钱学森的"山水城市"理论，及国外的"花园城市"概念。《国家园林城市标准》对不同地区和规模的城市的人均公共绿地、绿地覆盖率等提出了具体要求。

2004年起，全国绿化委员会、国家林业局启动"国家森林城市"评定程序。

2015年，贵阳市启动"千园之城"建设工程。2015年之前，该市只有365家公园，"千园之城"建设启动三年后，全市公园总数超过1000个。贵阳市成为首个"国家森林城市"。截至2018年10月，全国共有"国家森林城市"165个。

在这一系列发展的背景下，习近平总书记提出了建设公园城市的理念。

公园城市是以习近平同志为核心的党中央对我国城市发展的

[①] 傅礼铭：《钱学森山水城市思想及其研究》，《西安交通大学学报（社会科学版）》2005年第25卷第3期。

前瞻性顶层设计；是打通各个部门，实现宏观把握、融会为一的总体性战略；是沟通生产、生活、生态三大空间的策略选择；也是全面落实"以人民为中心"的核心理念的具体实践。全面提升了我国城市发展的境界，我国城市的发展进入了一个新的阶段。

公园城市不是过去意义上的城市公园，也不是单纯意义上的"公园+城市"。它不是单纯增加公园数量，在城市建设中不惜成本地大搞公园工程，而是在以往城市公园发展基础上，打破了过去城市公园各自独立策划的"孤岛"模式，从整个城市的科技发展、经济运行、文化创新、旅游线路，以及城市建筑、城市生态、城市品牌、城市形象、城市文化、城市传播等长远目标出发，根据城市市民的生活需求、精神需求、审美需求、艺术需求来进行全面系统的规划、设计和建设。它更突出各自特色基础上的系统性、实用性、文化性和未来性。

清华大学建筑学院城市规划系教授顾朝林认为，公园城市是具有前瞻性、前沿性的人居环境改善工程，但不可能一蹴而就，相关城市应该根据自身的财政能力量力而行。最重要的是不改变城市结构、不大搞公园和绿地建设，而是将现有资源整合盘活，把小的绿地空间开放给公众。公园城市就是由大大小小的公园一体化形成的城市[1]。

北京清华同衡规划设计研究院有限公司副院长胡洁认为，公园城市最大的亮点和难点在于"连接"，即将原先土地属性不同、

---

[1] 程昕明：《公园城市，路在何方》，《中国新闻周刊》2019年第22期。

管理部门不同的公园绿地资源进行统筹管理和综合运用。其中涉及林地、公园用地、河道用地、园林、水利、农管、水道等不同部门,是一个版图特别大的系统工程[①]。

公园城市也不只是西方式的花园城市、田园城市,更承载着中国数千年深厚的传统文化。过去的皇家园林和私家园林,今天已经成为全体人民享有公共文化服务的场地,是市民休闲、娱乐、健身、养生、旅游,乃至创新、创意、创造的创客空间。中国城市的未来性在于它们是21世纪人类在地球上最大的变革,事关中国未来至少200—300年的城市面貌和城市格局,一定是绿色的,可持续的。公园城市必须为未来负责。

公园城市在功能上应超越过去时代森林城市、绿色城市的单项选择,而具有全方位的融合特征。首先,它是城市最大的绿地系统,是"城市的肺""城市的氧吧",具有重要的生态功能。其次,它应该是城市最具创意的综合建筑群,是凝固的史书,是美的创造,是艺术的精华。同时具有潜移默化地提升审美意识的教育功能。最后,它具有每一位公民都可以享用的休闲、娱乐、健身、养生的实践性功能。

说到底,公园城市建设的宗旨,就是关注每个人,热爱每个人,服务每个人,提升每个人。它突出了一个核心:以人为本。

《中国人类发展报告特别版》在评价成都公园城市建设时认为:成都"致力于以人为本,打造公园与城市空间有机融合、生

---

① 程昕明:《公园城市,路在何方》,《中国新闻周刊》2019年第22期。

产生活生态空间相宜、自然经济社会人文相融的复合系统,挖掘和转化成都的生态机制,将其变为经济效益和生活品质。公园城市建设围绕'人、城、境、业'四大要素,引领新时代城市变革。这些变革深入城市发展方式、领导工作方式、经济组织方式、市民生活方式和社会治理方式之中,是以人民为中心的可持续发展方式。"[1]

这是一册高度概括也是高度赞赏的中国文化、环境、生态的评审书,更是对公园城市本质特征的深刻总结。

二、世界历史上的花园城市、田园城市、森林城市

中国的皇家园林与私家园林有着漫长的建造史、艺术史和文化史,也曾在17—18世纪为西方英、法等国贵族所效法。

从西方园林建筑史来看,文艺复兴时期意大利人阿尔伯蒂首次提出了建造城市公共空间应该创造花园用于娱乐和休闲,此后花园对提高城市居住质量的重要性开始为人们所认识。城市公园作为大工业时代的产物,有两个源头。一个是贵族私家花园的公众化,即所谓的公共花园,这就使公园仍带有花园的特质。17世纪中叶,英国爆发了资产阶级革命,武装推翻了封建王朝,建立起土地贵族与大资产阶级联盟的君主立宪政权,宣告资本主义社会制度的诞生。不久,法国也爆发了资产阶级革命,继而革命

---

[1] 杨永恒等主编《中国人类发展报告特别版——历史转型中的中国人类发展40年:迈向可持续未来》,中译出版社,2019,第95页。

的浪潮席卷全欧。在"自由、平等、博爱"的口号下，新兴的资产阶级没收了封建领主及皇室的财产，把大大小小的宫苑和私园都向公众开放，并统称为公园。1843年，英国利物浦市动用税收建造了公众可免费使用的伯肯海德公园，标志着第一个城市公园正式诞生。

城市公园的另一个源头是社区或村镇的公共场地，特别是教堂前的开放草地。早在1643年，英国殖民者就在波士顿购买了18.225平方千米的土地作为公共使用地。自从1858年纽约开始建立中央公园以来，全美各大城市都建立了各自的中央公园，形成了公园运动。

1817年，匈牙利布达佩斯就在其英雄广场后面建设了森林公园，面积约1平方千米，有温泉、动物园、游乐场、植物园，属于适合各个年龄层的复合式公园。园内有一座农业博物馆，属罗马式、哥特式、文艺复兴式及巴洛克式的混合式样。公园里的塞切尼温泉有100多年的历史，由3个大型露天公共温泉池和数十个特色室内小池构成，可以一边泡温泉，一边下棋娱乐。公园里的建筑物将匈牙利的直线派风格和东方浪漫派风格糅合在一起，其中最美的一个建筑物是"大象房"。

现代意义上的城市公园起源于美国，由美国景观设计学的奠基人弗雷德里克·劳·奥姆斯特德提出在城市兴建公园的伟大构想。早在100多年前，他就与沃克共同设计了纽约中央公园。这一事件不仅开现代景观设计学之先河，更为重要的是，标志着城市公众生活景观时代的到来。纽约中央公园因地就势的设计令人叹服，可进入性、可参与性更是值得全球城市公园学习。

公园姓"公"，当皇家的、私家的园林从少数人赏玩的奢侈品，变成所有公民都可以享有的休闲空间的时候，这样一个攸关城市未来的创举就产生了。

至今学术界对城市公园尚无统一的概念界定，但通过分析《中国大百科全书》《城市绿地分类标准》及国内外学者对其进行的概念界定，从当下实践出发，可以看出城市公园包含以下几个方面的性质或内涵。首先，城市公园是城市公共绿地的一种类型；其次，城市公园的主要服务对象是城市居民，但随着城市旅游的开展及城市旅游目的地的形成，城市公园将不再单一服务于市民，也将服务于旅游者；再次，城市公园的主要功能是休闲、游憩、娱乐，而且随着城市自身的发展及市民、旅游者外在需求的拉动，城市公园将会增加更多的休闲、游憩、娱乐等主题的产品。

那么，今天国际上的"公园城市"又有什么发展经验呢？

让我们来看看新加坡，看看它的深度绿化和低能耗。以"花园城市"著称的新加坡，绿化覆盖率高达80%，人均绿地面积超25平方米，是成都的两倍以上。这一数据不仅保持得很好，而且在逐年上升。

为什么？这个小小的岛国拥有近400个公园，每条道路两旁都种植了树木，绿化布局精致细腻，植被丰富，并引入了数字化管理，全国数十万株树木都有登记，注重精细化管理。新加坡率先运用了垂直绿化—立体绿化模式，建筑立面、坡顶、边边角角均被绿色覆盖；所有公园、绿地都不是孤立存在的，而是与绿道、水道相连接，蓝绿交融。城市即为一座巨型的花园。

与深度绿化同样出色的，是它的低能耗。据统计，新加坡的生活垃圾都会进行回收利用，实在无法回收的，大约41%会进行焚化，其余烬和不能焚化的垃圾一起被运往"垃圾岛"。新加坡把垃圾岛建成了富有生态转换科教意义的旅游景点。

中央公园是纽约这座超级城市的点睛之笔：它不仅仅是巨型绿肺，还是市民休憩、度假、交往和寄放灵魂之处。它的设计因势就形，自然通透，阔大而不失特色。公园在20世纪一度衰败，沦为垃圾堆放、犯罪频发的失乐园。1980年"中央公园管理委员会"成立。让人惊讶的是，以社会捐赠为主，数千万美元（如今已达数亿美元）的"中央公园振兴基金"成立，众多企业、个人主动承包了公园设施。人们更加珍惜这块失而复得的"宝玉"，自觉维护它的生态和人文环境。

有人说："如果没有中央公园，纽约将毫无趣味"，是为至言。

联合国《2019年人类发展报告》指出：中国人类发展指数从1990年的0.501跃升至2018年的0.758，是这近30年中唯一从低人类发展水平跃升到高人类发展水平的国家。但令人痛心的是：这个数据在全球只能排到80多位，若计算内部不平等因素，调整后仅有0.636，与发达国家存在相当差距。世界各国生态与人文的成功经验,对于我国未来公园城市的发展与治理,具有十分重要的借鉴意义。

《中国人类发展报告特别版》给出了"中国建议"——确保提供充足、均衡和高质量的公共服务,提升政府治理社会民生的能力,创造更加绿色和可持续的环境。这是批评,也是期待,更是鞭策。

三、成都,中国美丽宜居的公园城市的典范

按照习近平总书记的指示,2018年成都正式提出了"加快建设美丽宜居公园城市"的发展目标。这是成都城市经济、政治、文化、生态和社会发展的新起点,彰显了党和政府一切以人民为中心的宗旨和目标,也进一步落实了城市让生活更美好的新时代人民的新期待与新诉求。

成都GDP一度跃升至全国第八名,领事馆数量、奢侈品店数量、航空吞吐量等居全国前列,商业魅力领跑新一线,GaWC世界城市排名更上升到第七十一位……多年经营沉淀了坚实的底气,不断突破自身边界,也让城市发展模式有了转型的需求。作为中国"国家中心城市"、中西部重镇和内陆经济开放高地,亦作为"一带一路"枢纽,成都在全国的战略地位不断攀升。作为一个世界级示范样本,"公园城市"战略的实施,恰是水到渠成,应然而必然。

那么,成都的公园城市究竟如何发展?

首先，贯通全局，做好顶层设计，整体把握。公园城市的建设与成都公共文化云服务、新经济发展战略、传统文化的传承创新、世界文化名城建设、文化旅游产业的升级、市民健康与文化素质提升等连接起来，将自然生态与产业生态、人文生态、政治生态乃至社会生态融会为一，成为一个完善运转的大系统。中国工程院院士、成都市公园城市规划建设首席顾问专家吴志强将公园城市拆解为"公共底板下的生态、生活和生产"，筑景造园只是基础，实现"人、城、境、业高度和谐统一"才是最终目的[①]。

从生态环境发展上看，成都对土地的利用将更加充分合理，绿色要素的设计更加精细化，利用屋顶、墙面、阳台、消防坡道等布局绿化景观，彰显绿色城市的生态外观，提高城市的生活品质和美学品位。成都的公园、绿地遵循"可进入、可参与、景观化、景区化"原则来建设。"天府绿道"已落成近3000千米，新建了沙河源公园、天府芙蓉园、月牙湖公园等，锦江公园、龙泉山森林公园建设持续推进，还打造了一系列小游园、微绿地和"花园式特色街区"。1900年，美国景观设计之父奥姆斯特德曾设计了全球第一条绿道："翡翠项链——波士顿公园绿道系统"。那是对当时社会因工业革命以来对人的挤压而产生的反拨。120年过去了，一条全球规划里程最长、纵横全域的16930千米的三级天府绿道体系，将承载成都人民的期翼，重现蜀中锦官城的千

---

① 《五年之间看公园城市首提地天府新区"未来"蝶变》，http://www.sc.gov.cn/10462/12771/2019/10/9/ea597feffa934f60bb5830642ac66048.shtml，访问日期：2019年10月9日。

年美景。

从公共服务健全与完善上来看，公园城市的创新提供了更多的公共服务产品，满足了市民美好生活的需要。成都将公园、绿道建设和"15分钟基本公共服务圈"相结合。《成都市美丽宜居公园城市规划建设导则（试行版）》提到"山地公园配置游客集散中心、自行车租赁点、餐饮设施"，还分别根据300米、500米和1000米服务半径对城市公园绿地配套提出了要求。今天的绿道已经成为人们品读成都的重要方式——锦城湖公园、桂溪生态公园、江家艺苑、青龙湖湿地，是成都人最爱的出游地，其中锦城湖公园等地让市民出门15分钟便可到达。便利、高效、舒适、安逸，天府之地正在创制新的名片。

在公园城市的建设方式上，成都市秉持"政府主导、市场主体、商业化逻辑"原则，即统筹政府、社会、市民三大主体，预先筹谋投资和价值转化模式，通过平台构建、社区治理、民主参与等形式提高工作效率和城市管理水平。政府高瞻远瞩，全面布局，社会和企业积极投入，市民热情支持，三大主体有共同的目标，有共同的投资前景，有分工明确的责任体系，共商共赢，这就形成了成都公园城市建设的稳定的三角形。

在建设创新型大国的征程上，成都建成了"公园+""绿道+""生态+"的IP云集的创客大空间，开拓了一条宜居城市公园化的新型创客空间之路。作为国内首创的"公园化"新型创客空间，天府创客公园切入"创业苗圃、创业孵化区、企业加速区"三点做综合型创业聚集区，重点布局五大产业——电子信息、"互联网+"、生物科技、智能制造、电子商务，发展培育五大产业——文化创意、工业设计、动漫游戏、高端商务、创意商业。成都的科普绿道从成华区出发，途经新都区至彭州市，绵延40千米，成为跨区连片的"绿道+科普场景"，构建起绿道连接起来的创客展示圈。而位于天府新区兴隆湖畔的未来新经济高地独角兽岛便是在习近平总书记视察成都，留下"突出公园城市特点，把生态价值考虑进去"的殷切嘱托下，在公园城市、智慧城市融合理念下诞生的新型生态型创客大园区。

在构建公园城市过程中，成都处处体现出对人的尊重、热爱、关心和提升。尊重人们对美好生活的向往，热爱每一个走向幸福的家庭，关心他们的切实利益和需求，提升他们的公民意识、生态意识和美学意识。新出台的《成都市美丽宜居公园城市规划建设导则（试行版）》还规定："儿童活动集中区宜种植中高型灌木或乔木，便于成人看护；游人通行区，树木枝下净空应大于2.2米。"对下一代的关爱已成为律则。成都很人文。

2019年发布的《中国人类发展报告特别版》是联合国开发计划署、清华大学中国发展规划研究院、国家发展和改革委员会、国家信息中心等邀请50多位国际专家参与联合研究评审的报告，是针对中国的"特别版"。这一报告将成都"公园城市"建设案例纳入2019年九大中国城市发展典范。从该报告对成都的高度评价，能看到公园城市对中国未来城市治理的典范意义。

成都"公园城市"的理论探索和建设实践不仅具有中国样板的意义,也具有全球意义。范锐平同志在首届"公园城市论坛"上这样说:"公园城市理念创新了营城模式,代表了未来的发展方向,必将把人类城市文明推向新的阶段、新的高度!"

就在全球最大规模沉浸式戏剧《成都偷心》在东湖公园上演时,成都偷了中国的心,也偷了世界好多城市的心。

四、寻找乡愁——人类文明的精神家园

公园城市的至高境界是那种归家的感觉。在结束了不顾生态保护的盲目发展阶段后,绿色的回归带给我们浓浓的乡愁。

乡愁是什么?乡愁是我们在浩渺宇宙中寻找绿色的地球,是在茫茫人海中寻找灵魂安放的地方——那是人类最后的家园。

西方传统中有着浓厚的家园意识。在人类学研究和大量原型研究中,都有深深的家园理念。比如《荷马史诗》中的《奥德修斯》就写了希腊奥德修斯在特洛伊战争结束后历经十年,遭遇巨人、仙女、风神、海怪、水妖等种种阻挠,返回家乡的故事。家乡在这里被表述为永恒的归宿。在《圣经》中最著名的《创世纪》部分,上帝在"伊甸园"中造出亚当,又从亚当肋下抽取肋骨造出夏娃。人类因贪欲被永久赶出伊甸园,伊甸园却成为西方文化美丽梦想中永远的渊薮。在现代西方原型理论的总括中,故乡的大地、高山、河流、母亲、英雄和智慧老人,还包含妖魔、神、鬼怪、影子、灵魂等,是民族生活中永久的话题,特别在文

学、文化的话语中，是反复出现的原型意象。法国哲学家和社会学家莫里斯·法布瓦赫则提出集体记忆理念。在他那里，家园意识就是由特定社会群体构建、共享和传递的感性的、理念的集体记忆共识体系，包含着各族群的形象、叙事、价值观、知识和对事件的判断等。

中国有数千年的农业社会历史，是幅员辽阔的大一统国家。千年来群体的迁徙、官员的适任、商家的贸易，乃至战争的屠戮、灾荒的驱赶，人们不管离家乡有多么遥远，终究要回归故园，乡愁几乎是古代文人唱喏的永恒主题。那是一个农耕社会里——土地、田野、家乡的小河、山谷里的野草、袅袅炊烟、倚门的母亲——一个永远的乡间的梦。70多年前，一个半殖民地半封建社会的中国只有10%的人居住于城市，只有不到10%的人受过教育。90%的在土地上挣扎的中国人对于家乡的深情，是这个世界上最真挚、最内藏的心结。

中国传统文化是在数千年的农耕生活中建立起来的，与资本主义工业化现代化的发展模式格格不入。随着现代化带来环境污染、资源极大浪费、贫富差距的持续拉大、贫困乃至绝对贫困的不断增加，还有区域战争、政治冷战、文明对立，以及经济贸易的剧烈争端，我们不得不进行深刻的反思。中国传统文化的天人合一、天地同和、与自然为友的一系列思想理念与当今世界的生态理念、环境理念、绿色理念和与之相关的文明伦理，融汇成新时代最为全球所认可的文明理念和实践。中国传统农耕社会的思想，在后现代的再度折射下，发出了耀眼的光芒。

今天，60%的中国人已经进入城市，开始了另一种生命之旅，城市已经成为新一代青年的青春的梦想。祖辈父辈永远不可割舍的乡间意识、故园意识慢慢地远去，因为羁縻于土地两千多年的那份沉重的责任和生活的依托已经卸下。机械化、智能化的大农业已经解放了生产力，也解放了充满劳绩的过往生活。自由迁徙成为这个时代中国伟大变革的明证。但是，家园意识与乡愁思念，已经成为民族的一种集体记忆，一种由文化人类学和体质人类学交织共构的基因元素，已经深植于中华民族的精神构筑之中。

城市，按照马克思的思考，要按照美的规律来建造。建造一座公园城市，就是要把城市当作艺术品一样来雕琢，每一座城市都是一座富有魅力的艺术品。历史传统在这里积淀，创造创新从这里开始。所以从历史上看，城市的建筑就是凝固的史书，就是凝固的音乐，城市作为美的象征物，永远充溢着自然美、社会美和艺术美。这正是公园城市的真谛。

今天，中国社会的主要矛盾已经转变为人民日益增长的美好生活需要和不平衡不充分的发展之间的矛盾。当代世界，过上小康生活的中国人在物质生活需求满足之后，期望着更高的精神的、文化的、生态的、健康的、养生的、健身的、旅游的、文学的、艺术的、审美的生活。生活美学就这样成为我们时代的主题。

随着未来中国的整体发展，随着人们生活水平的进一步提高，更高层次的需求已经展现出来，人们对于精神的、文化的、美学的、艺术的、心理的，包括休闲的、娱乐的这些要求，将会爆发式增长。在这一过程中，美学将具有极其重要的意义：它是心灵的抚慰，它是未来的指向，它是公园城市能够装载的人们安身立命之所。

德国哲学家海德格尔格外喜欢荷尔德林的这句诗："人，诗意地栖居在大地上"，因为这首诗道出了生命的深邃与优雅。

如果人生只有劳累，人就会仰天而问：难道我如此艰辛也要甘于生存？

是的。只要善良和纯真尚与人心相伴，他就会欣喜地用神性来度量自己。

神奇难测不可感知？

还是像天空那样清澄明净一望而知？

我宁愿相信后者。

神是人的尺度。

充满劳绩，但人诗意地栖居在这片大地上。

海德格尔的这一论说在中国影响十分深远，对于一个正在复兴中的"诗之国"，它感动了无数国人。海德格尔用荷尔德林的诗句来表达人生活在这个世界上对于意义的追寻。他说，所有的意义都是我们选择的，都是我们自己去创造和发现的。人类未来的发展，也依然需要不断地去发现我们活着的意义、活着的美学。

北京文脉：根的记忆

一个国家需要拥有伟大的文化精神，一个城市同样需要拥有自己的城市文化和城市精神。城市文化是一座城市的灵魂，是栖居于这座城市的人们所创造的一种文明和人文理想的综合反映，是一种群体意志和市民品格的层层累积与提炼。它是一种生活信念与人生境界的高度升华，是城市市民认同的精神价值与共同追求。

文化是一个城市的灵魂，文脉是一个城市精神传承的遗存。一个城市的精神和特色，是由这个城市的历史积淀形成的，总是体现为城市独特的精神和文脉。一个城市的文化有其特定的文化结构系统。怀特将人类文化结构划分为三个层次：哲学层次是上层、社会学层次是中层、技术层次是下层。按怀特的这种划分，城市文化结构系统可以相应地划分为：精神文化、制度文化和物质文化。其中精神文化是城市文化结构系统中的最高层次，是城市文化的内核或深层结构。一个城市独特的文化，实质上体现在其独一无二、卓尔不群、绵延不绝的文化精神和文脉传承上。

千年古城，有其独特的历史文脉。文脉是什么？文脉是一个民族或一个城市的集体记忆。集体记忆是特定地域、特定时期、特定社会群体成员共享历史与往事的过程和结果。保证集体记忆传承的条件是在历史形成的社会交往中积淀和提取的群体意识以及该意识的历史延展性。这种共同记忆，既是民族群体共同生活的记录与积淀，又是走向未来的共同基础。它是形成民族凝聚力的基本要素，是社会自我发展、自我完善的内在机制。集体记忆的保存和传播，对于社会发展具有重大的意义。不了解一个社会、一个民族的集体记忆，就无从了解一个社会发展的必然性和规律性。

文脉，是一个民族一个地域人们的文化与文明共识。从属性来看，文化共识可细分为区域内部共识和外部共识。内部共识是对区域内的主体而言的，集中体现为对文脉的归属感和自豪感。民族文化归属感是人们内心对文脉蕴藏的价值情感的需求，是任何文化形式都无法取代的特有情感。文化自豪感是个体对文脉所属文化的高度认同，并成为主导思想和行动的潜意识。外部共识是对区域外而言的，集中体现为知名度和美誉度。知名度是文脉被公众知道、了解的程度，是该地区文化精神在域外社会影响的广度和深度。美誉度是指人们对文脉蕴藏价值精神的好感和信任程度，是推动文化资源转化和文化资本生成的重要力量。

从指向来说，内部共识阐明的是文脉在本民族内是否具有群众基础，而外部共识阐明的是文脉在域外被认可的程度。尽管二者针对的目标群体有所差异，但之间并非绝缘，而是可以相互影响、转换的。在城市文化规划和文化资源开发过程中，也只有把握好内部共识与外部共识的平衡点，处理好外来开发者与本地居民共同的利益诉求,才能更高效地实现文化资本的创意性转化。

一、北京文脉,中华民族文明摇篮中的共同创造

北京文脉,是中华民族文明摇篮中一代又一代北京人共同创造、传承、实践的价值和理想的积淀,是北京城市文明发展过程中不断形成、丰富的历史沉积、文化集萃、思想凝集。

北京文脉,通古宣今。古往今来,无数先贤哲人都对北京的城市精神、核心理念、文化要旨、思想特色做出了自己的概括。20世纪一批文化名人最看重北京的文脉:文化巨擘鲁迅先生视北京为"继古开今"之地;五四先驱李大钊将北京城市特色概括为"新旧兼容";而文学大师朱自清则将北京文化特色概括为大、深、闲三大特色。他们都不是地道的北京人,却是最钟情北京文化的北京居民,他们都把生命中的一段辉煌留给北京,将北京深厚的文化底蕴永远存在心底。

北京的文脉孕育了一种独特的文化气场:精魂光耀,大气醇和,神威天下。

北京的文化气场首先在"大"。易中天的《读城记》说得好,北京最鲜明的城市特色是"大气醇和"。的确,北京文化根深源远,底气充沛。作为五朝古都,北京城市精神首先是它在中国所有城市中独具一格的浩然大气。它宏浩博大,流丽万有。孟子曰:"我善养吾浩然大气"。北京精神首推北京恢宏的气势、宽容的气度、海纳百川的胸怀、宏阔宽广的视野,以及正大光明、豁

达自信、心忧天下、达观容人的城市品格和市民风范。

北京的文化气场孕育了北京独特的文化精神：自强不息、厚德载物、豁达包容、守正创新。城市的文化精神，是城市的历史文化、建筑风格、形态格局，以及市民的价值观念、思想情操和精神风貌的集中体现，植根于城市历史，具有体现城市现实、引领城市未来的特质。城市精神表明了住民栖居于城市空间范围内的理想、信仰与追求。城市精神是在城市历史文化的积淀中形成的，具有继承性、相对稳定性和一定的变异性。对于一个城市精神的概括，既是一种判断，也是一种选择，更是一种期盼。

北京的文脉，是由众多的可见物与无形的历史流传物构成的根的记忆。以中轴线为中心的北京"龙脉"，构成了北京文化地理的有形文脉；以紫禁城为代表的皇城建筑，以三山五园为代表的皇家苑囿，是无与伦比的中华文化凝固的史书，是北京文脉永存的有形的音乐与旋律。以前门大栅栏为代表的商业文明，以南锣鼓巷为代表的市井民俗文化，构成了北京多样融一的城市文脉。这些我们今天能够触摸到的北京的历史流传物，通过博物系统、史学志学系统、文物系统和非物质文化遗产保护系统保存下来，是历史留给中华民族的艺术瑰宝，无可辩驳地具有中华文化遗产的珍贵性、唯一性、不可替代性，是形成北京集体记忆的"灵魂"与"内涵"，是北京文脉的"根"。

保护北京古城的历史风貌，保护北京文脉的"根"，是后来人面对历史、面对世界、面对未来的最重要的文明职责。北京是中国的，也是世界的，更是全人类的。作为世界历史文化遗产最多的城市之一，北京人有责任向世界文明负责。它一旦失去，就成为人类永恒的痛。

北京集体记忆的"灵魂"与"内涵"，在历史变革中逐步抽象为北京元素。从城市的四方格局到中轴通脉，从红墙金瓦到城市色彩，从祈年神殿到长城垛口，从挑檐兽头到中幡、空竹，从国剧脸谱到京腔京韵，从琉璃河遗址一直到北京奥运会的"中国印"，布局、形式、色彩、符号、图案、纹饰和造型，都已成为最经典的北京元素。北京元素已经成为北京文化的象征、北京品牌的凝聚、北京美学的提纯。融会、提升、运用好这些北京元素，是我们的责任。但是，不无遗憾的是，作为后人的我们在历史文脉的传承和修为上，愧对先贤。它承载了太多的历史与现实、成功与失误、建构与毁弃。由于种种历史的原因和文化的短视，我们已经犯下了不少错误，甚至罪过，今日亡羊补牢，悔错补过，犹未晚矣！

当然，城市的形态不是一成不变的，而是日新月异的。今天的北京已不是过去的北京。北京已经成为2000多万人口的特大型城市，已经从古老的城市转变为今天的现代移民城市和国际化大都市。如何将北京元素巧妙贴切地融入现代空间当中，保住北京文脉的"根"，实现传统空间与现代空间的有机衔接，使这个城市更有底蕴，更有风格，更有首都的特质和性格，是更新更艰巨的课题，需要我们花更大的气力去探索，去寻找，去创新。

北京元素不会自动融入当代生活，特别是当代青年浪潮式的时尚生活，而要靠当代文化创意与设计产业进行再融合、再创造。2008年北京奥运会期间，一大批北京元素的新创意震动国人，也震惊世界。除了中国印、北京福娃、祥云火炬、金镶玉奖牌、奥林匹克公园的建筑造型、大鼓门的震撼、四合院式的青砖墁地、地铁站里的青花瓷大柱、美丽的中国旗袍、各个省（区、市）的非遗小屋……那是一段展示北京元素、中国意境的蜜月，北京不该忘记。

今天，我们更需要抓住世界创意设计发展的潮流，积极组织设计企业全面参与创意城市的各项活动。通过当代艺术家的创意，让深厚的中华传统文化特别是北京文化元素，随风潜入"夜"，对当代城市面貌、建筑风格、服饰装饰、日常生活"润物细无声"。我们还应加强与全球设计企业的全方位交流互动，吸引国际知名设计机构来北京，推动建立北京UNESCO设计创新产业中心等①。通过加强创意设计对金融、商务、现代物流等现代服务业的提升作用，将北京元素融入北京生活的方方面面，将北京的文脉永远延伸下去。

二、顺天承运，北京何以御极华夏千年

《北京市推进全国文化中心建设中长期规划（2019—2035

---

①北京"设计之都"协调推进委员会：《北京"设计之都"建设发展规划纲要》，2013年9月。

年)》(以下简称《规划》)高度重视北京"一城三带"的人文遗产和历史文脉、城市格局和整体架构。"一城三带"是北京城市文化的核心,那么,在中华文明的整体格局下,"一城三带"究竟是如何"顺从天意","一城三带"究竟有何文化寓意呢。

第一,"一城三带"是北京历史文化名城的精魂。《规划》指出,2025年,以"一城三带"为核心的历史文化名城保护将取得重大进展,古都历史文化风貌和独特城市魅力将充分彰显,北京历史文化这张金名片将更加光彩夺目。这里强调了"一城三带"在北京城市文化保护中的核心地位。北京作为历史文化名城,常述及的往往是六朝古都、历史悠久、底蕴深厚、遗迹众多,但作为有16个辖区,总面积16410.54平方千米的京华大地,仅仅数文化遗产是数不尽的,而"一城三带"恰恰是对1.6万多平方千米京华大地提纲挈领的概括。某种程度上,2025年北京怎么样,关键是"一城三带"建设得怎么样。"一城三带"为北京历史文化名城建设架构起了整个格局。

第二,"一城三带"是北京建设世界历史文化名城的基石。《规划》指出,2035年,北京大国之都文化国际影响力显著提升,成为彰显文化自信与多元包容魅力的世界历史文化名城。从北京作为国家历史文化名城到成为世界历史文化名城,虽然只有两字之差,但境界有天壤之别。这意味着,北京应立足中国,放眼世界,在整个世界城市文化体系中,审视自身的建设。其实北京历史文化名城的世界性,就在于北京要在世界找到自己的身份标识，告诉世界，同样都是历史文化名城，"我和你不同"。而这个身份的差异，就是"一城三带"，是北京在整个世界城市体系中独有的，是"我之所以为我"的文化基因。因此，建设"一城三带"绝不仅仅是文物的修复、遗迹的复原，乃至记忆的挖掘，更重要的是要推动"一城三带"文化资源的创造性转化和创新性发展，充分活化和利用"一城三带"的文化资源，调动起一切与之相关的文化创新和文化消费，使人融入现代生活，使得历史文化名城保护体系更加完善，充分彰显首都风范、古都风韵、时代风貌的城市特色。

第三，"一城三带"是北京成为弘扬中华文明，引领时代潮流的世界文脉标志的根源。《规划》指出，2050年，北京将以更加昂扬的姿态屹立于世界城市之林，成为弘扬中华文明和引领时代潮流的世界文脉标志。"世界文脉标志"给人以惊心动魄之感，也是整个中长期规划最高的文化指引。在此，我们不得不追问文脉是什么？顾名思义，是文化的脉络，而正是整个脉络构成了一个城市和地区"因文化地的历史主线"。可以说文脉是一个兼具主体性和统摄性、历史性和当代性、无形性和有形性、静态性和动态性的概念。因此，北京以更加昂扬的姿态屹立于世界城市之林，是站在五千年历史的厚土之上，而"一城三带"恰恰构成了北京这块厚土的脊梁。某种程度上，北京要成为弘扬中华文明和引领时代潮流的世界文脉标志，其实是要告诉世界，在城市发展和建设上，中国已探索出一种"中国模式"，而以"一城三带"

为基石所架构起的首都风范、古都风韵、时代风貌，就是这个"世界文脉标志"的集中体现。

北京新文化规划的三个中长期目标之中，"一城三带"是核心支撑。因此，完善、保护和利用"一城三带"，绝不仅是北京作为一个城市自身发展的问题，也是为中国、为世界探索城市发展建设模式的问题，体现了北京作为中国首都的世界担当和中国力量。在行文讨论之前，首先要确定的是"一城三带"不是"一城+三带"，即不是"1+3"的关系，而始终是一个"1"。换句话说，无论在历史上还是在当代，"一城三带"都不是四件事，而是一个整体。

（一）"一城"：统摄天下之枢

北京是一座有着3000多年建城史、1000多年建都史的古都，是一座保有古都风貌的现代化大城市。"一城"尽管在这里特指62.5平方千米的老城区，但是作为都城的北京又不仅仅限于此。历史上众多朝代定都北京，彰显出北京统摄天下的战略功能。

史传黄帝、颛顼、唐尧、虞舜的足迹都曾到达过这片土地。除了世居的蓟，前后到达这里的居民有荤粥、肃慎、山戎、邶风和燕亳，以及后来的燕国，又有东周之燕、刘汉之燕国与广阳郡。北京还是魏晋南北朝北方诸侯之经略地，隋唐之幽州，契丹辽之南京，女真金之中都，宋之广阳，直到元之燕京与大都，然后便是绵绵不绝的六朝帝都。

《元史·巴图鲁》中记载巴图鲁向忽必烈推荐定都北京的缘

由:"幽燕之地,龙盘虎踞,形势雄伟,南控江淮,北连朔漠。且天子必居中以受四方朝觐,大王果欲经营天下,驻跸之所,非燕不可。"

《明实录·太宗实录》记载群臣上疏:"伏惟北京,圣上龙兴之地,北枕居庸,西峙太行,东连山海,俯视中原,沃野千里,山川形势,足以控制四夷,制天下,成帝王万世之都也。"

万历年间修撰的《顺天府志》卷一云:"燕环沧海以为池,拥太行以为险,枕居庸而居中以制外,襟河济而举重以驭轻,东西贡道来万国之朝宗,西北诸关壮九边之雉堞,万年强御,百世治安。"

清代孙承泽在记述明代北京城市历史及政府机构的都邑志《天府广记》中记载:"左环沧海,右拥太行,南襟河济,北枕居庸……真定以北至于永平,关口不下百十,而居庸、紫荆、山海、喜峰、古北、黄花镇险厄尤著。会通漕运之利,天津又通海运,诚万古帝王之都。"

从这些撰述中,不难发现,北京在战略上可以凭借居庸关、山海关北控漠北,虎视江淮,具有统摄天下的战略功能。而在历代王朝经略北京城的过程中,又通过修凿大运河,加强北京城对地方的集权和统治。

除战略之外,北京作为政治文化中心,高度的中央集权和文化活力,使得北京城吸引和聚集着全国各地的人。2017年由北京大学和北京市测绘设计研究院联合编制,著名历史地理学家侯仁之亲自带队研究出的《北京历史地图集》统计，各代各地在京会馆及附产达1000多处，彰显出北京在全国的向心力。

（二）"长城文化带"：均衡牧耕的地标

北京境内的长城全长520.77千米，大多属于北齐长城和明长城遗存。一般看来，总将其视作拱卫都城重要军事防御系统。但是在文化意义上，或者从中华文明以及六都演进的角度再审视长城，固守长城的军事防御功能就会失之偏颇。

北方游牧民族始终对中原王朝产生着威胁，长城的确发挥过军事防御的作用。然而，从938年设立辽南都以来的1000多年的历史进程中，长城只在明朝（1368—1644年）276年的时间里发挥过军事防御作用。辽、金、元、清四个王朝入主中原，长城的防御作用都没有得到完全体现。尤其是明朝1449年"土木堡之变"，明英宗为蒙古瓦剌所俘，三十万大军在土木堡一带惨败殆尽；1550年"庚戌之变"，鞑靼土默特部再次攻入北京，劫掠长城沿线；1644年，李自成和清军相继攻入北京等事件表明，长城虽旨在防御，但并未能真正发挥好防御作用。因此，自清朝以来不再修长城。康熙甚至称"宁修庙宇，不修长城"，甚至将《孟子》里的"固国不以山溪之险"用来昭告天下。《清圣祖实录》卷一五一记载：康熙三十年，清朝与噶尔丹之战，长城多处受损，时任北古口总兵蔡元上奏，希望朝廷调拨民工和经费来加固长城，康熙在经过深思熟虑之后，下旨曰：

"秦筑长城以来，汉、唐、宋亦常修理，其时岂无边患？明末我太祖统大兵，长驱直入，诸路瓦解，皆莫敢当。可见守国之道，惟在修德安民……今欲修之，兴工劳役，岂能无害百姓。"

自清朝以来，对长城起到的防御功能式微已形成了一定程度的共识。而且，单纯强调长城的军事防御功能，也不利于推进民族融合。也就是说，仅仅从长城具有的军事防御功能来认识长城文化带太狭隘了。

站在中华文明演进的层面，又应如何认识长城文化带所包含的意蕴呢？

强调南北之争，强调游牧文明和农耕文明的拉锯，始终在南北之争的视野中审视北京的城市格局，但争只是表象，而实质是游牧文明和农耕文明的融合。北京这座城市始终处在游牧文明和农耕文明冲撞与融合的前沿，某种程度上，讲不好两大文明的冲撞，就无法真正理解北京，就无法理解中华文明。

以往我们总是站在中华正统狭隘的民族观立场上，过于强调中华文明的农耕文明，而忽视了北方游牧民族、东北渔猎民族和高原农牧民族所创造的文明。如东北地区的渔猎文化最早可以追溯至新石器时代（辽宁小孤山遗址）的昂昂溪文化，距今5000—6000年。从中华文明演进的视野中，长城作为一种空间存在，其实是农耕文明与游牧文明的文化分界线。而从最近1000年的历史来看，四个少数民族相继占领中原，长城的防御功能近乎失效。某种程度上，长城成为均衡牧耕的文化地标，即在广域王权的朝代，游牧民族和农耕民族止争斗促融合的文化标志。

(三)"大运河文化带":统筹南北的动脉

大运河北京段全长 82 千米,横跨昌平、海淀、西城、东城、朝阳、通州六区,是古代中国连接南北方的大动脉。我们以往强调它是北京重要的物资的保障体系之一,承载着北京城市发展的资源供给,注重运河对北京的供给功能。不可否认,供养北京确实是运河的功能之一,但如果仅仅限于此,则忽视了运河在国家战略中的作用。以往总是嘲笑隋炀帝开凿运河是因为"贪恋广陵美景",如此,就真的太可笑了。强调运河对北京的供给、供养,是远远不够的。换句话说,没有了大运河,北京的衣食住行就没有着落了?因而,理解大运河绝不能从供养北京这个层面理解。

开凿大运河的真正目的,是统筹南北。这种统筹不仅体现在政治层面,而且体现在经济层面。

政治层面,是为了加强对南方的控制,因为近千年以来,广域王权定都北京,能加强对北部草原和中原地区的双重控制,这就决定了北京对南方的控制力相对较弱(隋朝开凿运河的目的之一就是加强对南方的控制和东都洛阳与南方的联系)。元朝开通贯通南北的大运河,也是巩固政权的需要。元明清政治中心在北方,运河贯穿河南、河北、江苏、浙江等省,连接了海河、黄河、淮河、长江和钱塘江五大水系,加强了南北联系,维护了国家统一。元是通过大运河控制南方地区,而明修大运河则是控制北方地区。明朝一直面临着来自北方的威胁,先有瓦剌,后有俺答,加强北部防线需要南方物资的支撑,而漕运在当时是效率最高、代价最小的运输方式。

经济层面，南方是全国的经济中心，元明清开通大运河，江南海运漕粮直达直沽（今天津），再由白河至通州，最后经过通惠河运到北京。尽管明清以来，北京运河的终点多有变化，但大运河统筹南北经济的作用始终显著。1853年太平天国攻下南京，占领江南地区时，封锁了大运河上的交通运输，切断了贯通南北的水路交通，清政府财政税收立刻陷入紧缺状态。

客观来讲，大运河文化带统筹南北政治、经济的能力均不容小觑。同时，大运河的开凿及修建，展示出元明清三个王朝的军事动员能力和物流能力，大运河的通航促进了沿岸地区城市和工商业发展。历朝对运河不断疏浚、改造，使它持续发挥着统筹南北动脉的作用。

（四）"西山永定河文化带"：亘贯古今的源头

在三个文化带中，长城均衡耕牧，大运河统筹南北，其承载体都是北京城，而西山永定河文化带则是北京城的源头。都说永定河是北京的母亲河，因为北京小平原是永定河的冲积平原。永定河上游分南北两大支流，北支为洋河，发源于内蒙古自治区兴和县，南支为桑干河，发源于山西省宁武县，两大支流在河北怀来朱官屯汇合后称永定河。从这个意义上说，没有永定河，就没有北京城。当然，从永定河的发源来讲，永定河凝结着游牧和农耕奔流而下的势能，因此北京城注定有游牧和农耕文明交融的基因。

但凡说永定河，不能不提大西山。大西山属于太行山山脉，古称"太行山之首"，北起昌平关沟，南抵拒马河谷，西与河北交界。300多万年前，永定河从上游冲刷裹挟而来的泥沙，东出大西山的百里山峡后，地势放缓，才冲积出了现在的北京小平原。由此，大西山与永定河为北京城的形成提供了地理条件。

在文化意义上，说西山永定河是北京城亘贯古今的源头，不仅仅是指二者塑造了北京城，是城市的"地理之源"，更指生活在远古北京地区周口店的北京人、泥河湾人、东湖林人，都是在永定河的滋养下孕育出古人类聚落，因此永定河是北京城的"生命之源"。

如果"地理之源""生命之源"尚属"古"，那么中华人民共和国是从香山走来则属"今"。1949年3月25日，中共中央正进驻香山。党中央从西柏坡启程前，毛泽东和周恩来有一段对话，这就是著名的"进京赶考论"。在香山的181天里，诞生了筹建新国家和新政府的大政方针和为建立新中国奠定理论和政策基础的《论人民民主专政》。因此，香山是"共和国制度之始"，在开启中国历史发展新纪元的过程中，具有不可忽视的作用。

总之，没有哪一座城市能随随便便成功。在最近千年的历史中，北京御极华夏，最终在与西安、洛阳、南京等城市的竞争中胜出，不是运气，而是应时应势的产物。北京应天时，顺应华夏文明东西之争向南北之争的乾坤挪移；北京应地利，北枕居庸，西峙太行，东连山海，俯视中原，天下莫与之争；北京应人和，北京处于游牧和农耕两大文明交融的前沿,且中华人民共和国成立以来,在民族融合中,北京又成为民族大团结的象征。

可以说,"一城三带"造就了北京,北京也成就了"一城三带"。因此,在新时代"做好首都文化这篇大文章"的伟大进程中,如何做好"1+3=1"的时代命题,发挥好"一城三带"的时代作用,是值得关注的。

(五)世界文脉标志

这个概念在《北京城市总体规划(2016—2035年)》中首次提出,在《北京市推进全国文化中心建设中长期规划(2019—2035年)》中再次得到强调,此规划明确把"弘扬中华文明和引领时代潮流的世界文脉标志"作为北京文化发展的远景目标。这一目标的确立,并非偶然,而有其历史的必然性。正如我们常说的,我们从历史中来,历史是我们今天再启程的原点。理解"世界文脉标志",不能凭空想象,它绝非空中楼阁,只有回溯千年北京在中国乃至世界版图上的定位,才能发现其内涵。

考古学家王光镐在最近的新著《人类文明的圣殿——北京》中,"通过对北京历史文化发展过程、模式、去向的系统考察"认为,北京是中华第一摇篮、天下第一城、东方第一都,是一座举世无双的圣城,是属于全世界的人类文明的圣殿。[1]书中列举了北京的世界文脉标志:北京发现了标志古人类起源的"北京人",又有标志现代黄种人起源的"田园洞人"和"山顶洞人",

---

[1] 王光镐:《人类文明的圣殿——北京》,中国书籍出版社,2014,第25页。

还有新石器时代的"东胡林人",更有初创文明的黄帝集团及其后人,"集人类起源、新石器时代起源、国家文明起源于一地",在全国全世界只此一例,北京是中华第一摇篮。城市发展的地理位置不变、城市文明持续不断、都市地位始终不降,由殷商蓟城迄今,北京城已走过了3300多个岁月,建城时间之长首屈一指,北京是"天下第一城"。体现中华民族乃至东方民族的传统信仰、伦理道德、文明基干的建筑,都在北京得到充分展现,北京是东方第一都。[①]

回溯历史,要从华夏版图上的南北之争说起。南北之争塑造了北京的历史格局。但如果要试图理解北京何以成为"世界文脉标志"的命题,则必须在南北对峙中古都北京的历史演绎里寻找线索。可以说,在千年进程中,六都演绎,为北京成为"世界文脉标志"增加了文化的可能性。

北京作为"世界文脉标志"是一个历史演进的过程。理解"世界文脉标志"可以从三个维度出发。

其一,"世界文脉标志"是一个立足中国放眼世界的概念,因此,要求未来城市的定位功能随之发生改变。城市的定位总会随着中国乃至世界政治、经济、社会、文化的发展而发生变化。当前,各国之间的联系日益紧密,人为割裂国与国的关联,不符合世界的发展趋势,世界已成为一个命运共同体。因此,"世界文脉标志"是对未来北京融入世界城市提出的必然要求。

[①] 王光镐:《人类文明的圣殿——北京》,中国书籍出版社,2014,第3页。

其二,"世界文脉标志"是一个奠基于华夏五千年文明融合的概念。辽南都—金中都—元大都—明帝都—清皇都,名称更迭不仅仅体现出王朝的兴衰与对峙,更凸显了各民族文化的不断融合过程。"世界文脉标志"的提出,标志着在新世界格局中,北京应进一步扩大与世界各民族的交流与融合。

其三,"世界文脉标志"是一个不断生长发展的概念。总体来说,"世界文脉标志"的内涵和外延还很模糊,但一点是明确的,即中华文明是在继承中发展创新的。尽管在南北对峙、王朝更迭、近代抵御外族入侵中,文明的进程也曾受阻,但中华文明在世界古文明里是唯一得到延续没有中断的文明。也正是因为没有中断,代表中华文明的古都北京,具有世界文明体系演进中身份的唯一性。它达到了一个高度,是成为"世界文脉标志"最为有力的支撑。

因此,"世界文脉标志"既守望着古都北京过往的千年,又展望着下一个更加令人神往的新千年。

三、北京,创意城市的创造性转化与创新性发展

文脉是当代城市的创意性发现,创新精神是人类求生存、求发展必备的哲学理念和变革动力,是人类改造自然、改造社会所要求的本质力量。作为一个历史如此悠久、文化传统如此深厚的城市,北京如何在汲取中突破,继承中创新,创建一条辩证的守正创新的文脉。

《易经·系辞上》载:"富有之谓大业,日新之谓盛德。"《礼记·大学》载:"汤之盘铭曰:'苟日新,日日新,又日新。'"北齐史学家魏收编撰的《魏书》第六十二卷:"革弊创新者,先皇之志也。"我国自古就崇尚创新精神,周口店发掘出的"北京人"文化遗存中近10万件石片、石器和众多的用火遗迹无不体现着先民的创新胆识。北京地区最早的开拓者就具有创新精神,一代又一代北京人将它传承光大,在历史上留下了无数创新佳话。

近代以来,先进的知识分子更是把创新精神上升到救亡图存的高度。"五四运动"在北京发源,新思想、新文化由此传遍中国。新中国成立后,北京作为国家的首都,聚集了得天独厚的创新资源。2008年北京奥运会,再一次高扬了勇攀高峰的创新精神。创新,已成为北京文脉的重要组成部分。

创新是社会前进的基础,是民族发展活力的源泉。没有创新,就没有社会的进步,就没有人类的发展,也就没有崭新的未来。人类社会的每一点进步都是创新的结果。勇于创新、善于创新的民族和国家,就能够迅速发展和强大;而因循守旧、缺乏创新能力的国家就会失去发展的机遇。自主创新是一个民族自立和崛起的灵魂。

党的十八大以来,我国文化获得了进一步发展,党的第十八届五中全会更加明确地提出,实现新时代发展目标,破解发展难题,厚植发展优势,必须牢固树立并切实贯彻创新、协调、绿色、开放、共享新发展理念。新的发展理念,为新的历史阶段的文化发展指出了清晰路径,擘画了推动发展全局深刻变革的全新蓝图。我国新时代的建设必须遵循五大理念引领和相互融合的协同发展。

魔都之魔与上海气派

在中国，上海被称作"魔都"。何为魔都？魔在何处？笔者认为，上海的魔都之魔应该有三个方面的含义：首先，魔都拥有魔力，这种魔力就是全球吸引力、影响力、公信力、软实力，是美誉度，是品牌力；其次，魔都有一种魔性，这种魔性就是创新性、先锋性、前卫性、神奇的想象力、敢为人先的品格、气度和调性；最后，魔都当然还有魔法，就是超前的法度、严谨的规范、规矩的建构和实践的路径。

今天的中国和世界，正面临着一场百年未有之大变局。国际国内发展遇到前所未有的困难、阻碍和危机，也萌发了前所未有的机遇。中国的改革进入了深水区。

一、上海的魔力

在新中国成立 70 多年和改革开放 40 多年的背景下，上海经历了一次又一次历史性跨越，从新中国的现代制造业基地奠定中国现代化基础，到 20 世纪 90 年代浦东开发开放成为中国改革开放史上的伟大壮举；从上海世博会推动上海经济、科技、文化发展登上新台阶，到进博会成为中国进一步全面向世界开放的标志性战略举措，上海走过了不断涅槃重生的历程。

什么是魔力：魔都的魔力是吸引力、影响力、公信力、软实力，是美誉度，是品牌力。

从世博会到进博会是上海城市品牌急速增值、发扬光大的最佳舞台。品牌城市的品牌魅力在于城市广泛的影响力、普遍的美誉度、巨大的辐射力、强烈的吸引力，高度的认同感和强大的竞争力。品牌是一个城市的象征，也是一个城市的名片，体现着一个城市的实力。城市的品牌还是城市风格的展示，是城市个性的表达，是城市文化的集中体现，是城市整体功能的抽象象征。

当代城市经营，就是要通过城市自我形象魅力的展示，使公众对其产生良好的心理认同，并产生巨大的马太效应。受到这种传播的影响，公众在面临与该城市有关的活动时，就会产生有利于该城市的情感性选择倾向，无形之中提升了该城市的综合竞争力。

上海举办世博会，那是世界各国城市文明的一次全面检阅，也是上海成为世界城市、全球城市的开幕礼。自从1851年英国伦敦举办第一届世博会以来，每一届世博会都是人类文明成果的展出，是世界各民族文化的宏大交流和沟通，是科学技术发明创造的精彩出场。上海世博会作为文明交融的巨大平台和人类生活的新起点，是"探讨人类城市生活的盛会，是一曲以'创新'和'融汇'为主旋律的交响乐，将成为人类文明的一次精彩对话"。联合国副秘书长、人类住区规划署（人居署）执行主任安娜·卡朱穆洛·蒂巴伊朱卡女士在接受新华社记者专访时指出：上海世博会"将作为重要一刻被载入史册，并将进一步提升主办城市——上海的形象。"蒂巴伊朱卡说："相信上海世博会将对上海、中国乃至整个人类发展产生深远影响。"

从2010年上海世博会开始，到今天的进博会、世界人工智能大会，以城市为主题，展示了21世纪世界城市文明，检阅了全球城市发展成果，也是上海城市品牌一次又一次的华丽亮相，是上海实现历史性跨越，走向卓越的全球城市的巨大平台。通过世博会和进博会，上海在城市声望和影响、城市环境质量、城市发展机会、城市生活方式、城市市民素养和城市基础条件上，均获得了重大突破，城市品牌价值得到了巨大提升。

新时代是全球城市发展的重要时期，在不远的未来，世界总人口将有2/3居住于城市。因此，对当下人类城市生活的了解和体认，对未来城市生活的展望与规划，是全球关注的重大课题。世界各国人民的生活与国家及其城市的未来紧密相关。无疑，21世纪是城市的世纪，是城市大竞争的世纪，是国际化大都市特别是世界城市之间大竞争的世纪，是世界城市作为全球经济、科技、社会中心并日益成为文化中心的大竞争的世纪。

上海是参与当代世界城市文化竞争的"国家队"。

中国国际进口博览会（China International Import Expo，简称CIIE），由中华人民共和国商务部、上海市人民政府主办，旨在坚定支持贸易自由化和经济全球化、主动向世界开放市场。吸引了58个共建"一带一路"国家的超过1000家企业参展，将成为共建"一带一路"的又一个重要支撑。

2017年5月，习近平主席在"一带一路"国际合作高峰论坛上宣布，中国将从2018年起举办中国国际进口博览会。

2018年11月4日，首届中国国际进口博览会新闻中心正式运营；11月5—10日，首届中国国际进口博览会在国家会展中心（上海）举行，中国国家主席习近平出席开幕式并举行相关活动。

2019年11月5—10日，第二届中国国际进口博览会在中国国家会展中心（上海）举行。国家综合展（5.2馆）将在11月13—20日（每日9：30—16：30）向社会观众免费开放。打造"永不落幕的进口博览会"。

2020年世界人工智能大会（WAIC 2020）是经国务院批准，由国家发展和改革委员会、科学技术部和上海市人民政府共同主办的人工智能大会。2020年7月，全球数百位人工智能（AI）学术界、产业界领军人士齐聚云端，共议人工智能未来之路；来自13个国家150多家重量级企业带来的AI奇妙体验，令人回味无穷；新一批上海人工智能重大应用场景需求发布，再度向全球企业发出英雄帖；百度飞桨AI产业赋能中心、紫光芯云中心、国家级特种机器人科创中心等一批大项目签约落沪，上海又一次站在人工智能高地新起点。这场盛会是2020年以来国内大规模的"云上"峰会之一，对上海、中国乃至全球人工智能行业都产生了影响。

在"2019浦江创新论坛全体大会"上，科技部与上海市共同启动上海国家新一代人工智能创新发展试验区建设。上海国家新一代人工智能创新发展试验区围绕国家重大战略和上海市发展需求，正在努力突破人工智能发展面临的痛点难点，围绕"创新策源、场景驱动、开放联动、治理协同"的总体建设思路，以营造世界一流创新生态为基础，以促进人工智能与经济社会发展深度融合为主线，以提升人工智能科技创新能力为主攻方向，以场景驱动与治理创新融合试验为战略抓手，系统推进人工智能创新迭代发展，加快向具有全球影响力的人工智能创新策源、应用示范、制度供给和人才集聚的"四个高地"进军。到2023年，集"理论、技术、应用、人才和治理"于一体，构筑综合型、开放型战略优势，形成全国领先、世界先进的示范引领效应。

上海新一届领导提出上海建设卓越的全球城市的宏大蓝图。对于中国来说，建设中国的世界城市，是关乎中华民族的伟大复兴的重大战略，是在中国崛起的重要历史转折时期，中国参与全球竞争的必然选择。而从世博会到进博会再到世界人工智能大会，为这一重大战略的实施，建造了一个巨大而宽阔的平台。全球瞩目，上海在这里华丽亮相。因此，从世博会到进博会才会以国家战略的高度，以举全国之力的宏大规模，以集中力量办大事的速度效率，集世界智慧，一举而成就。这是上海作为国家代表队成员的一次次全新展示，是作为中华民族全面腾飞的先遣队而率先实现初步现代化的战略举措。

特别令人难忘是开幕当天，数十万观众通过 AI 家园直播，聆听到全球首支由人工智能作曲并由虚拟形象合唱的歌曲《智联家园》。"我想我可以用爱的信念，和你们一起温暖人间。我想我可以改变世界，和你分享，更美的家园……"歌词中传递出的，正是当下人工智能在全球治理中的角色：智联世界、共同家园。

二、魔都的魔性

那么，什么是魔都的魔性呢？

魔都的魔性首先表现为神奇的想象力与创新创造。上海的魔性是这座现代化城市的文明底蕴和城市个性。它突出地表现为改革先锋、创新前沿、时尚潮头、文化渊薮。

城市品牌是城市形象的集中体现，代表着城市的核心竞争力，既整合了原有的各种资本优势，符合当地居民的心理期许，又规划了城市一段时间内的发展战略目标。它是城市生态环境、人文积淀、经济实力、精神品格、价值导向等的凝练和升华，集中了一个城市自然资源与人文创造两个方面的精华，所以，城市品牌具有不可替代的经济文化内涵和不可交易的专有功能，既是区别于竞争对手的标志，也是城市个性化的表现。

上海的魔性还表现为高端创意、文化创新、精神独造、海纳百川。当代城市品牌形象的建立不再仅仅依靠过去时代的自然和历史遗产，更是在当代城市理念指导下，依靠对文化产品的全面规划、设计、建构、经营，一句话，它需要震撼人心的高端创意。品牌城市带来巨大的向心力，对品牌形象的向往开启了每个人内在的文化需求。它吸引信息流、资金流、物资流、人才流，带来时尚消费、创意潮流，引领地区乃至世界的文化风尚。这样，形象力就能转化为生产力。

文化是魔都不断发展的文明之源。上海在600多年的建城史和100多年的魔都史上，是江南文化、新海派文化、红色文化的发祥地、传承地和创新地。

江南文化是上海文化最深厚的底蕴。梁启超说，中国南方"其气候和，其土地饶，其谋生易，其民族不必唯一身一家之饱暖是忧，故常达观于世界以外。""江南气候温润，山川秀美，水域众多，河渠纵横，人民钟灵毓秀，聪慧灵活。"熊月之先生精当而深刻地概括了江南文化的六大特征。六朝以后的江南，特别是明清时期的江南，是中国经济、文化最为发达的地区，在经济结构、文化风格方面，有鲜明的地域特点。他指出，江南文化的特点：其一，民性聪慧、灵活而刚毅、坚韧；其二，崇文尚贤，重视教育；其三，重视实践理性，发展商品经济；其四，重视实学，分工细密；其五，注重物质生活，讲究物质享受；其六，勇于挑战传统，张扬个性自由。[1]

"这些特点反映了江南文化重视人的价值、重视人性自由发展，重视满足普通百姓的物质与精神需求，崇实、重商、重民、精致、开放、灵活，这是中国传统文化中自管子、墨子、商鞅、

---

[1] 熊月之：《上海通史·导论》，上海人民出版社，1999。

荀子直到南宋陈亮、叶适等人所主张的重视民生日用、重视实用效的实学精神的弘扬，是中国文化自身滋长出来的现代性。这些特点到了近代上海，获得进一步的发展与升华，成为近代海派文化中重利性、大众性、世俗性与开放性特点的直接先导。"①

在笔者看来，这些江南文化的特征其实是在不断变革的。在抗击日军的上海保卫战中，江南文化—上海文化更彰显了勇毅、坚韧的铁血品格；改革开放以来，上海以宏大的气魄开发浦东特区，这种勇立潮头、敢为人先的精神，更代表了江南文化滋养的上海历史底蕴。

海派文化是在数千年中国江南吴越文化基础上，接受了欧美文化而逐步形成的，既古老又现代，既传统又时尚，区别于中国其他文化，具有开放而又自成一体的独特风格。上海新海派文化是上海从历史传承而来经过当代创新改造的新型文化。海派一词最早带有贬义色彩。原来是指与京派相对的上海末路文人文化。是当时所谓代表正统文化的京派文人对上海一些文人墨客的蔑视与贬斥。在京派的卫道者看来，上海的洋派作风是背离中国文化的谬种流传。今天的上海再也不是半殖民地半封建社会时的十里洋场，而已经成为中国最大的中心城市，也是亚洲最重要的中心城市之一。海派文化早已从过去文人墨客的小圈子文化发展为大气如虹的现代化开放包容创新的新海派文化，展现了迷人的东方

---

① 《红色文化与江南文化、海派文化—如树之于土壤》，https://baijiahao.baidu.com/s?id=1678498720545029676&wfr=spider&for=pc，访问日期：2019年10月26日。

神韵和生活美学。

社会主义红色文化是上海的精神支柱。从1921年中国共产党在上海诞生，上海就肩负着中华民族解放的伟大使命，改革开放以来上海肩负着中华民族伟大复兴的历史责任。在这里，中国最早的现代化大工业带来了上海工人阶级文化，百年沪商的商道的经验、先进的理念、创新的氛围、精细的管理、包容的品质，吸引了全世界众多像特斯拉这样的客商，特别是精英人才。新的上海文化引领、充实和发展了上海江南传统文化，也创造了新型的海派文化。

新海派文化充分表现为时尚潮头、高端气概。作为我国第一大都市，上海曾被称为"东方巴黎""东方纽约"。面对世界格局的大变动，中国在国际事务中发挥着更大作用，而上海将义不容辞地担当开拓国际空间的重任，参与当代世界国际化大都市之间激烈甚至残酷的顶级竞争。面对这一形势，上海进一步解放思想，破除传统的地域文化观念的束缚，锐意创新，构建上海文化的大气魄、大视野、大策划、大手笔，选择高端发展、高质量发展的新路径，实施全球竞争的大动作。

上海创造了无比精彩、纷繁多样的生活方式。上海是中国中西方文化最早的交汇之地，乐于容纳世界各国的多样文化与文明。上海作为中国时尚之都，百年来引领中国时尚风潮，从服装、居所到装饰无不是风姿绰约的；上海作为海派艺术的源头，其影视、文学、音乐、戏剧，无不是风韵悠长、风华绝代的。

"一座城市有一座城市的品格。开放、创新、包容已成为上海最鲜明的品格。这种品格是新时代中国发展进步的生动写照。"首届中国国际进口博览会上,习近平这样概括上海的品格。

三、魔都的魔法

魔都的魔法是什么?

首先,魔都的魔法是严谨的施工蓝图、优选的实践路径、严格的运行管理。

城市形象战略是城市理念、城市环境、城市经济、城市市民行为和城市视觉标志的综合构成体。策划、实施与树立城市形象是一项促进城市发展的注意力产业。这一产业将产生巨大的效益,将产生难以估量的经济推动力,创造出城市的增值价值。城市形象设计的国际经验表明,城市品牌的形成不是一蹴而就的,也不是一劳永逸的。成功的城市形象不仅在于设计的过程,更为重要的是不断推广和创新,从而保证一个城市的品牌从创立到营销,都在一个健康的体系中运转。

上海从世博会到进博会,已经在致力于打造亚洲乃至世界的国际化大都市的品牌形象。但如何以更深厚的文化底蕴,激活上海文化的核裂变,以产生更广泛的影响力、更普遍的美誉度、更大的辐射力、更强烈的吸附力、更高的认同感,是一个亟待解决的问题。

其次,魔都的魔法是超前的法度、严谨的规范、规则的运行。

最后，魔都的魔法并不孤立静止，而是与精度进行了深度的融合。上海的发展延续了上海一以贯之的精度：现代大工业锤炼了设计的精美性、管理的精细性、操作的精准性、运行的精密性。如果说上海的精明过去还有些许贬义的话，今天已成上海的品牌。上海货，高端大气信得过。

四、魔都的城市营销

魔都三魔肇源于魔都三度——深度、精度与温度。

魔都的深度首先是改革的深度。进入新时代、新阶段，有新矛盾、新需求，追求新境界，上海是中国深度改革的排头兵。

精度。上海早已放弃粗放式的发展模式，进入了追求城市发展的精致、精准、精确、精细、精密、精微的新阶段。这从上海抓好厕所革命、垃圾分类的实践中能得到最好的印证。

魔都的温度。上海是温馨、温婉、温润、温和的温情城市，是从黄浦江两岸开始的夜上海的温馨。到处可见的数字化公共艺术，开启了上海东方艺术之都的新历程。每一个上海人都在学习获得一双欣赏艺术美的眼睛和享受音乐美的耳朵。

2006年，城市营销和城市品牌专家西蒙·安浩提出了城市品牌指数。这些指数包括知晓程度、地缘面貌、城市潜力、城市活力、市民素质、先天优势等六项一级指标，又称"城市品牌六边形"，每个一级指标又细分为若干二级指标，西蒙·安浩对城市品牌的六个维度进行了详细的论述。

用西蒙·安浩提出的城市品牌指数来考察上海，我们看到，上海在城市声望和影响、城市环境质量、城市发展机会、城市基础设施和城市生活方式、城市市民素养上，均取得了重大进步，城市品牌价值得到了巨大提升。

城市先天优势。从世博会到进博会，上海有着世界上许多国际化大都市所不具备的先天优势。调查显示，上海能成为举办2010年世博会、进博会最佳城市的三个最重要的因素依次为：中国崛起成为经济大国（31%）、中国大陆市场的潜力（26.4%）以及中国与全球经济的不断融合（23.4%）。从世博会到进博会选择上海，因为世界看好中国。改革开放的中国举世瞩目。40多年来，中国经济腾飞，社会稳定，文化繁荣，综合国力显著增强，中国已成为世界上经济发展最快和增长潜力最大的国家之一。选择上海，对于世界来说，就是选择一个希望，选择一个市场，选择一个伙伴，选择一种发展模式。选择上海，也是新时代国家战略。

从世博会到进博会，上海还具有全国其他城市所不具备的先天优势。上海是中国第一大都市，是近代中国工业的发祥地，也是中国最具国际性的大都市。它还是长三角城市圈的核心，是长三角的领军城市，统领中国工业基础最好、最发达的城市群，雄踞中国国民经济之首。

城市的声望和影响。从世博会到进博会，上海获得了巨大的声望，城市的全球知晓度大幅提升。城市的国际地位得到进一步提升，影响进一步扩大，城市的特色为更多人所了解和喜爱。在过去40多年中，上海在文化、科技、城市管理等方面做出的重要贡献得到世界认可，上海的国际化都市形象得到世界公认。同时，上海对世界的影响也日益加强。上海成为亚洲重要的金融中心、总部基地。上海也拥有了一批具有良好发展前景的世界级知名企业和知名品牌。

过去的时代，一个城市的声望往往要经过很长时期的积累，是聚沙成塔的过程。但在今天信息极为通畅的时代，吸引世界的目光，创造"眼球奇观"或"注意力奇迹"，只能靠全球关注的重大事件。世博会、进博会就是这样举世关注的"事件"，使上海的声望影响获得乘数效应，实现几十倍的增长。

城市环境质量。从世博会到进博会，代表着上海不同的发展阶段。上海进入了更高的美好生活新阶段，城市环境美不胜收，黄浦江两岸，建筑精美；进博园区，游人如织；江南胜地，盛景如画；海滨名城，气候温润。上海大力推动绿色生态与低碳技术，优化居住环境。目前，上海的居住环境已经得到极大改善，市民的生活质量得到进一步提升。上海曾经是中国制造业的重镇，在产业结构调整之后，原有的许多工业厂房成了今天驰名中外的创意圣地、艺术殿堂。而城市的修复、改造、绿化则完全改变了昔日制造业基地的面貌，逐步恢复了江南水乡优美的自然生态和人文意境。

城市发展机会。西蒙认为，这一维度关注城市能为旅游者、商务人士以及外来移民提供什么样的经济和教育机会。他们能不能在这个城市找到岗位，或做成生意。他们自己或他们的家人是否愿意去这个城市学习深造。世博会期间，遭遇严峻的国际金融危机，今天，我们又一次面临超级大国挤压和世界经济衰退的现实。进博会带来的"一带一路"发展和我国产业结构调整带来的契机，将形成新的经济增长点。上海进博会给"一带一路"沿线各国城市提供了令人振奋的发展机遇，为国际组织和企业提供了一个展示创新成果的窗口、交流合作的平台。各国间的贸易得到全面加强，科技的创新成果得到最大限度的推广，各国城市寻找到最适合自身发展的新模式、新方法和新技术。

城市基础设施。通过举办世博会、进博会，上海的城市基础设施获得全面改造和建设。永久改变了对上海拥挤、狭窄的刻板印象，重新塑造了上海魔都的城市品牌形象。上海兴建的连接长三角各城市的高速公路与高速铁路，使上海与周边15座城市拥有了一种"同城效应"。上海作为长三角的领军城市，可以更好地与长三角城市群共同分享进博会的大机遇。长三角的同城效应对工业和产业结构调整，对于长三角的进一步国际化，将产生巨大的影响。

城市生活方式。西蒙认为，充满活力的生活方式是城市形象的重要卖点。社区是城市的"细胞"，是城市人最常见的生活空间形式。健康的"细胞"才能造就健康和谐的城市。文化融合、经济繁荣，无不是以社区为基本单位实现的。如何才能让贫困社区从城市的社会地图上消失,曾经是城市发展史上最鲜明最持久的困惑。联合国人居组织在其《千年宣言》中提出了建设"无贫民窟城市"的目标,力争在2020年使世界城市中的贫民区内一亿名居民的生活获得重大改善。

上海的城市社区的建设和重塑一直是城市管理者面临的重要任务。当今时代,发达国家城市居民结构的变化和发展中国家城市人口的空前增长令这项任务更为繁重。上海创造了许多"和谐社区"的经典案例,将中国传统文化的"和为贵"观念转化为适应现代城市社区发展的主导理念。

城市市民素养与公共文明。西蒙认为,城市是由人构成的。在市民素质这个维度中,它包含受访者是否感受到该城民众的友好热情,抑或对外来者冷漠,或抱持偏见。同时,受访者是否觉得能比较容易地找到并融入相应的社区。而最重要的是,他们如何评价该城的安全性。

上海城市公共文明的建设和城市市民素质得到全面提升。城市公共文明的建设和市民素质的提升是城市创新的重要组成部分,也是一个城市建设品牌形象的重要指标。进博会与世界互联网大会期间,世界各国宾客来到上海,通过亲身的经历感受中国,感受上海。

魔都三魔,魔力千钧,魔性迷人,魔法无边。

成都创新：我国城市升级换代高质量发展的一个典范

成都怎么了，有这么多人来到这里，有这么多新的理念在这里诞生，有这么多的实践在创造新的成都奇观。

一、先锋成都，它正在实施变道超车

2017年5月25日，第一财经旗下的数据新闻项目"新一线城市研究所"在上海发布了《2017中国城市商业魅力排行榜》。

15个"新一线"城市依次是：成都、杭州、武汉、南京、重庆、天津、苏州、西安、长沙、沈阳、青岛、郑州、大连、东莞、宁波。

"新一线"城市主要是根据商业资源集聚度、城市枢纽性、城市人活跃度、生活方式多样性、未来可塑性，并赋予相对比重，按照分数的高低进行排名的。

成都排到了"新一线"城市的第一名，这让很多人感到惊讶。成都凭什么是第一名？

2018年7月17日，腾讯研究院、标准排名城市研究院共同举办了"新文创·新动能"2018新文创产业峰会。国务院发展研究中心、腾讯研究院及标准排名城市研究院等国内一流智库机构的专家在峰会上发表了中国新文创研究报告,慈文传媒、咪咕阅读、域上和美等全国文创领域的知名企业、协会及产业园区畅谈各地文创土壤及成都文创产业发展现状与前景。最引人注目的是,本次峰会重磅推出了全国首个新文创领域城市排行——中国城市新文创活力排行,成都因其在产业活力、人才活力、政策活动、传播活力等指标上的优秀表现,在100个城市样本中脱颖而出,排名首位。

"中国城市新文创活力排行"对国内数字文创经济发展情况进行了梳理和展现,通过指数特征,反映了2017—2018年数字文创经济在国内100个重点城市的发展情况。在"中国城市新文创活力排行"中,成都凭借人才活力、传播活力、政策活力等方面的突出优势,赢得综合排名第一。

2018中国城市新文创活力排行的评价体系主要包含6个一级指标,即产业活力(30分)、政策活力(10分)、人才活力(15分)、资本活力(15分)、平台活力(15分)、传播活力(15分)。二级指标主要以2017年数据为支撑,以各项指标的增长率等数据为主,体现一个城市的新文创产业的发展活力和增长潜力。

这项报告对活力的定义不强调规模、绝对值,更看重增长率、发展潜力等。100个样本城市来自腾讯研究院《中国2018互联网+指数报告》中数字文化的100强城市。各项数据主要来自腾讯研究院、百度大数据、国家统计局、各城市2017年国民经济和社会发展统计公报、Boss直聘、游戏产业网等。

当创新变成实实在在的产业成果，以创新为灵魂的新经济也得以发展壮大，不断吸引着财富、人才与技术的转移。发展新经济，成为中国许多城市经济提档加速的最大引擎。

哪些城市的新经济发展最具竞争力和潜力？赛迪顾问发布了《2016—2017年中国城市新经济竞争力年度报告》（以下简称《城市新经济报告》），评价结果显示，北京、上海、深圳位列2016年中国城市新经济竞争力前三名，中西部城市中，成都新经济竞争力排名第一。

在新经济的发展中，赛迪顾问团队认为"城市是区域经济发展的龙头，是推动新旧动能转换的核心载体，是发展新经济的主要力量"。

值得注意的是，在《城市新经济报告》中，位居西部的成都以31.15分位列全国第七，居中西部城市第一名。这与成都贯彻新发展理念探寻新路径不无关系。

"成都已经成为引领我国中西部和长江经济带新经济发展的重要引擎。"赛迪顾问有限公司创新创业事业部经理王高翔说。

还有其他众多的排名，都对成都的发展给予高度肯定。

为什么？

观念的解放，带来实践的发展。目前，在中美贸易战的严峻背景下，新的经济如何发展，新的动能到哪里寻找，是我国当前最紧迫的历史难题。

如何解决这些难题？成都提出新经济发展战略目标：到2022年，基本形成具有全球竞争力和区域带动力的新经济产业体系，成为新经济的话语引领者、场景培育地、要素集聚地和生态创新区，建成最适宜新经济发育成长的新型城市。

这一计划十分宏伟，目标相当远大。思路新颖，路径清晰。

成都聚焦六大新经济形态，提出重点发展数字经济、智能经济、绿色经济、创意经济、流量经济、共享经济。这六大新经济形态，涵盖了新经济发展的主要业态，形成了成都新经济发展的空间格局。为此，成都成立了统管新经济的管理机构，并成立了新经济研究院，以此智库作为对新经济的理论支持。这对成都的快速发展具有重要意义。

第一，这表明成都主管领导新时代新语境下的发展观念的根本改变，即不再按照过去条块分割带来的封闭与区隔的观念来指导跨界运行、各业协同、创新频出的当下经济与社会，而是直面新潮给成都的严峻的问题。以改革迎接新潮流，以改革创造新形态，以改革推动新发展。

第二，观念的解放，带来了创新创意创造的新景观、新潮流、新思路，也带来了"内容为王"的回归。成都切实落实中央提出的"创新、协调、绿色、开放、共享"的新发展理念，并将创新放在最核心的位置。

第三，观念的解放，创造了崭新的跨界运行的方式。它认清了要想推动新潮流、新形态、新场景，就不能在原有的框架下修修补补，而是必须打破部门边界、行业边界、地域边界和所有制边界，实施边界作业。据国际研究，20世纪90%的新创造都是在交叉科目的边界作业中完成的。

二、为什么成都成为我国创新的高地

成都为什么成为我国创新的高地？因为成都有文化。

成都有着悠久灿烂的"天府文化"，成都人思想开明、乐观包容、时尚优雅、淳厚火辣。4500多年的文明史，2300多年的建城史。它始终城址不变、城名未改，创造了世界城市史上的奇观。金沙文化，名满天下，都江堰泽润百世，交子改写世界金融史。这里还是世界美食之都，是国际购物天堂，是中国最佳旅游城市。成都已经拥有宽窄巷子、锦里、武侯祠，它们已经为成都的发展创造了多轮美丽光环。

但是，传统的文化如果仅止于此，在高速发展的当代世界无异于作茧自缚。在中国，大部分城市领导都曾坠入"资源魔咒"：大部分城市都有富集的传统历史资源。五千年的中国历史塑造了极其丰富灿烂的文明，也在每一块土地上留下各种历史的遗迹。即使深圳这个最年轻的城市，也并不是过去人们所说的文化沙漠，其数千年的历史文化遗迹，丰富灿烂，令人惊叹不已。新时代城市的高速发展，要求我们将所有传统资源进行新的历史条件下的再创造，或原汁原味地进入博物馆。像四大发明，是中国先民曾经的伟大创造，或适应时代要求，创造新时代的传统文化经典。面对传统文化的宝藏，新发展理念之首的创新——创意、创业、创造，依然是发展的首要动力。

举办成都创意设计节，进入世界创意城市网络，就是在新发展观指导下，将成都建设为新的中国文化创意产业中心城市的必要举措。成都发布《西部文创中心建设行动计划》，以敢为人先、舍我其谁的宏大气魄，全面规划设计了未来发展的宏伟蓝图，展示了成都发展的创新精神，并以注重操作抓铁有痕的务实精神，成为中国西部当之无愧的创新高地。

文化创意设计，是创意城市、创意产业、创意经济发展的先导性、引领性和引擎式的产业，是高知识性、高增值性和低能耗、低污染的产业。设计，是文化创意产业的核心，而创意创新则是核心中的核心。作为供给侧结构性改革的原发产业，文化创意与设计服务，将从源头上改进和涵养城市的原创力。

推动成都创意设计产业的快速发展，是成都城市发展的迫切需要，也是四川乃至我国中西部文创升级换代的需要。国务院早在2014年10号文件中，就曾全面论证了文化创意与设计服务的重大作用并进行了战略部署，要求创意设计为装备制造业、消费品业、建筑业、信息业、旅游业、体育产业和农业服务。随着我国中西部新型工业化、信息化、城镇化和农业现代化进程的加快，文化创意和设计服务已开始贯穿于我国中西部经济社会各领域各行业，发展已经初步呈现出多向交互融合的新态势。成都创意设计周，邀请了全球顶尖的设计机构和设计专家，吸引了全国乃至世界各国的创意家、设计家参与"金熊猫奖"的角逐。他们的参与，充分展示了成都创意设计周不断增强的全国全球影响力。创意设计将成为成都创意城市跨越式发展、创意产业融合推进的先导性产业。举办成都创意设计节，是进一步贯彻国务院文件，实现产业链全面运行的关键节点；是实现文化创意产业跨界融合的必由之路。

作为新发展的引擎，成都推进文化创意和设计服务等新型高端服务业发展的重大意义在于，它将促进文化创意、科技创新、"互联网+"与多种实体经济深度融合，成为成都城市经济新的增长点和提升国家文化软实力与产业竞争力的重大举措；是发展创新型经济，促进经济结构调整和发展方式转变，加快实现由"中国制造"向"中国创造"转变的内在要求；是促进产品和服务创新、催生六大新兴业态、带动就业、满足多样化消费需求、提高人民生活质量的重要途径。未来的成都文创，将进一步把文化创意与高科技、互联网、双创融为一体。

成都主动跃入创意经济的世界大潮，正在进入中国文创的第一方阵，成为中国中西部乃至全国的一面高扬的旗帜。成都正式加入"世界文化名城论坛"，已成为世界关注的文化高地。其世界性地位，不仅需要在中国产生影响度和美誉度，更要将成都的文化产品服务送到世界去，在"一带一路"的延展中，展示成都的风采，盖上天府的印章。

成都是中国的,更是世界的。

有趣的是,最近中国第一高楼有了新的竞争。中国第一高楼的桂冠本来已经被上海中心大厦成功摘走,它的总高为632米,共有127层,在气势上虽然不及世界第一高的迪拜哈利法塔,但在国内雄踞榜首。建成后的上海中心大厦,几乎突破了我们对于垂直城市的大胆想象,是上海最高的摩天大楼,也是被誉为"定海神座"的城市新地标。

但是,中国又一座超高层摩天大楼将要落户成都,并以677米的绝对优势稳坐榜首,成为中国第一,世界第二高楼。

而先前还在建设中的"成都第一高楼"——蜀峰468项目,还来不及真正面世就被半路杀出的天府新区677夺走了光芒,被迫降格到"成都第二高楼"。

三、成都,为什么要拼命寻找独角兽

中国已成为全世界最大的市场,全世界最大的贸易大国。中国坚持全方位开放,我们愿意让别人搭我们的便车。巨大的国内市场,巨大的过剩资本,将使中国成为发达国家的运转平台,也将成为发展中国家经济发展的平台。

我们观察到,发达国家都在搞创意经济,但最后发现创意经济只有在中国才能落地,中国是他们发展创意经济的最好平台。苹果在美国遇到很多问题,产业链常常断裂,一到中国深圳,配套企业都起来了,零部件问题全解决了。在美国干不成的,在中

国可以，中国是发达国家所谓"创意经济"的平台。成都正力图成为这样的平台。

全球首个独角兽岛落户天府新区，一期工程于2019年底建成。那么，打造独角兽岛意味着什么呢？成都为什么以这种只争朝夕的精神推进独角兽企业的培育和落户呢？

独角兽企业，不仅是衡量地区创新能力的一把标尺，更代表着未来新经济的发展方向。于成都而言，这是事关成都创意经济成败的关键。

2017年11月，成都市召开新经济大会，发展新经济，培育新动能，提出要进一步落实新经济的"六大形态"和"七大运用场景"。要发展新经济，重塑城市新经济发展的空间格局，就必须有城市新经济发展的主题聚集区。

成都独角兽岛的规划建设旨在为成都企业提供良好的生态环境。独角兽岛能助力城市经济战略转型。2000年杭州提出打造电商，由此崛起了阿里巴巴集团，该集团共孵化了9家独角兽企业。独角兽企业正是城市战略转型重要的中观主体，独角兽企业的诞生也会引领城市产业生态发生根本变化，而独角兽岛建设的背后也显示出政府愿意为企业服务的意愿，独角兽岛不仅仅是一个名词，一个载体，一个社区，更是一个重要的聚集区，重塑了城市新经济发展的空间格局。

为什么要大力培育独角兽？我们知道，当前中美之间的差距最主要是在创新创意创造上。独角兽的发展是当前中美竞争的焦点，是5G时代在实现金融支撑的条件下，我国在跨界协调融合、文化科技融合实践中培养的新经济的新"战队"。在创意经济这样一个新的变革中，文创企业如何成为中国经济的先导力量？如何与美国头部经济的企业进行竞争？

独角兽的竞争是把握未来的竞争。独角兽的竞争是产业行业的跨界重构的融合型格局形成以后的全面竞争。独角兽的发展要求产业链的全面协调运行。其运行模式集产业自身发展、市场环境建构、投融资系统运行、新业态创新驱动、中微观企业选择于一体，所以必须高度关注。笔者认为中美未来的发展胜负某种程度上就是取决于独角兽之间的竞争。

什么是"独角兽"？独角兽是西方神话传说中的一种美丽动物，稀有而且高贵，为儿童所喜爱。美国著名牛仔风险投资基金（Cowboy Venture）投资人艾琳·李（Aileen Lee）在2013年用这个神话，将私募和公开市场估值超过10亿美元的创业公司做出分类，并将这些公司称为"独角兽"。然后这个词就迅速流行于硅谷，并且出现在《财富》封面上。所谓"独角兽公司"是指那些估值达到10亿美元以上的初创企业。Lee提出独角兽概念的时候，描绘的是一个具体历史条件下的情形。在2003—2013年，只有39家公司从6万多名竞争者中脱颖而出，实现了估值达到10亿美元。独角兽企业，是衡量国家、城市、地区创新能力的一把标尺，更代表着未来新经济的发展方向。

科技部发布的定义是，在中国境内注册具有法人资格，成立时间不超过十年，获得私募投资且尚未上市，估值已超过10亿美元的企业叫独角兽，其中估值超过100亿美元的企业称为超级独角兽。所以在中国我们把滴滴出行、小米、陆金所等称为独角兽。

未来是独角兽的竞争，因为独角兽都要升级，都要上市，都要成为未来的科创型航母。那么独角兽的发展有什么特点？

第一，高速成长性。

第二，互联网、移动网的企业占据了非常重要的份额，超越了能源公司和其他投资类公司，依靠先进生产力。

第三，风险融资的方式。它不是像百年老店一样几十年一百年发展起来，而是投资1—3年，就已经成为估值很高的企业。

第四，高科技一定要与文化结合，因为文化是未来消费更广大的发展方向。

第五，它一定是国际化的。跨国发展、全球运行、全球购销、全球传播，大量的独角兽，后来都在纳斯达克上市。

第六，它是现代企业运行的方式，有我们知道的董事会、监事会、独立的会计制度、独立董事，还有其他公开的季报、半年报、年报。

从中美独角兽的比较来看，中美两国是全球独角兽集聚的主体。2018年，两国独角兽企业的数量合计达到全球的76%，2019年已经达到了80%以上，而美国独角兽的数量，从2013年占全球的75%下降到2018年的46%。从全球独角兽企业的估值情况看,中国9573亿美元,而美国5500多亿美元。大家再看中国和美国独角兽的数量之比:2019年,中国有206家,美国有149家(另一个评估认为美国有203家),中国独角兽的数量已经超过了美国。

成都要努力打造智能经济发展的城市样本。据介绍,成都独角兽岛项目将突出公园城市特质,按照全周期培育、全要素保障、高品质生活的产业生态圈建设思路,以智慧复合型绿色生态园区规划为基础,以新经济应用场景构建为目标,以独角兽企业引进培育为根本,高标准建设集"新经济、新梦想、新城市、新建筑、新生活"于一体的独角兽企业孵化培育平台,努力打造独角兽企业话语引领者、场景培育地、要素聚集地和生态创新区。

高位推进项目规划建设的同时,天府新区开展了瞪羚企业、准独角兽企业和独角兽企业招商,并取得成果。2018年5月2日,独角兽岛迎来首家独角兽企业,作为全球人工智能领域估值最高的独角兽企业,商汤未来创新中心暨"一带一路"总部项目在成都签约。

成都大力引进、培育独角兽企业,是成都新经济发展战略规划的"先头部队",是成都更大手笔的组成部分。成都基于自身的资源禀赋、人才储备、产业基础和比较优势,提出重点发展数字经济、智能经济、绿色经济、创意经济、流量经济、共享经济,涵盖了新经济发展的主要业态,形成了成都新经济发展的空间格局。这是推动成都经济升级换代、高质量发展的总格局、总部署。它为成都增加了发展的新动能，是我国城市建设现代化经济体系的一次大胆尝试，将开创成都新经济发展的新征途。

成都提出的新经济发展战略目标是到2022年，基本形成具有全球竞争力和区域带动力的新经济产业体系，成为新经济的话语引领者、场景培育地、要素集聚地和生态创新区，建成最适宜新经济发育成长的新型城市。这是对"创新是引领发展的第一动力，是建设现代化经济体系的战略支撑"的积极践行。

四、实现跨越：找出创造性转化的路径与通道

成都文化创意产业和城市如何实现升级换代高质量发展？

我国文化创意产业有了长足的发展，成果丰硕。据对全国规模以上文化及相关产业近5.6万家企业调查，2019年上半年，上述企业实现营业收入40552亿元，按可比口径计算比上年同期增长了7.9%，总体继续保持平稳较快增长。在文化及相关产业9个行业中，有8个行业的营业收入实现增长。其中，增速超过10%的行业有3个，分别是新闻信息服务营业收入2997亿元，比上年同期增长了25.1%；创意设计服务营业收入5424亿元，同比增长12.4%；文化投资运营营业收入198亿元，同比增长10.2%。文化产业增速均超过全国GDP的增速，为稳经济做出了重要贡献。

但是我国文化产业总体的发展仍然存在着一些问题甚至困境。部分区域、部分类别的发展依然在较低水平徘徊，思想观念不够解放，创新思维和创意实践不够大胆，科文融合和跨界协调

往往停留在口号上，对文创高质量发展内涵的理解也不够透彻，因此升级换代动力不足，整体发展存在着很大空间。

具体来看，我国文化产业和旅游产业依然实施粗放型的、铺摊子式的发展模式，在传统文化产业、特色小镇、景区建设、非物质文化遗产产品与园区等领域尤其突出。产业整体的市场化程度较低，文化市场的各类主体发展还不均衡，许多中小民营文化企业仍然难以做大做强，新型的更高形态的文化消费模式尚未建立，文化供给的产品和服务不够充分，资源依赖现象较为普遍，产业发展避难就易，陈旧因袭。一个袁家村成功引来近百个"袁家村"模仿，不顾自身条件的照搬，带来巨大的浪费。旅游产业的房地产依赖和特色小镇的盲目投资，带来了新形势下的新问题，而影视产业在行业整顿、税收监管中呈现出投资锐减、产业萧条的窘况。我国文化产业急需问诊把脉，发现问题，并解决问题，打开真正实现文化产业向创意产业乃至创意经济发展的新局面，真正实现高质量发展。

那么，什么是文化创意产业的高质量发展？

习近平总书记在全国宣传工作会议上提出，要推动文化产业高质量发展，健全现代文化产业体系和市场体系，推动各类文化市场主体发展壮大，培育新型文化业态和文化消费模式，以高质量文化供给增强人们的文化获得感、幸福感。要坚定不移将文化体制改革引向深入，不断激发文化创新创造活力。

不同于较早就对经济生产等领域提出高质量发展的刚性要

求，习近平总书记在2018年全国宣传思想工作会议上的讲话中，对文化产业提出了"高质量发展"的新要求。这一重要指示内涵丰富，切中时弊，站位高远，再次明确了我国文化产业升级换代，走向高质量发展新阶段的未来方向。

怎样实现文化创意产业的升级换代？按照习近平总书记的推动文化产业高质量发展的要求，我们必须在八大方面下功夫。

第一，必须建立健全现代文化产业体系。我国文化企业大多从传统体制中的事业单位转型而来，其领导干部也多从文化单位调派，对于现代企业制度、规则了解不多，认识较浅。特别是一些企业（包括大型上市文化公司）领导对于文化创意企业管理和运行的经验不足。从总体上看，我国文化创意产业尚未建立起现代文化产业体系。因此，建立现代文化企业制度，培育合格的文化企业家，完善董事会、监事会，发挥独立董事作用，并逐步健全现代文化产业体系，就成为文化产业高质量发展必须首先解决的问题。

第二，与前述相关，我国很多文化企业由于从事业单位转型而来，往往市场化的程度较低，处于前市场化或初级市场化的阶段。一些文化企业是政府建立的附属企业，在项目竞争和政府购买上具有非市场的优先地位。因此，在文化企业决策和运行中如何在保证社会效益的基础上让市场发挥决定性作用，成为文化产业必须迈过去的一道坎。我们要按照习近平总书记的要求，进一步推动文化产业的市场化发展，逐步构建起文化产业的市场体系。

第三，文化产业的市场化发展和市场体系的构建离不开市场主体。建立文化产业的市场体系，就要推动各类文化市场主体发展壮大。哪些是文化产业的市场主体？国有企业、外资企业、民营企业、中小微企业，都是文化产业的市场主体。但是，过去我们对一部分文化企业特别是民营企业和中小微企业的市场主体地位关注不够，支持不力。因此，坚定不移地支持民营企业和中小微企业，进一步确立它们的市场主体地位，是文化产业升级换代的必然举措。

第四，随着高科技与文化和旅游的高度融合，5G背景下的互联网+、移动网+、大数据、云服务、人工智能等均创造出一批令人惊异的文化产业的新产品、新组合，构建起一个跨界的文化产业新业态。从超高清4K、8K电视新荧屏，到虚拟现实VR、增强现实AR、混合现实MR，从国际国内漫天的快闪"小视频"，到3.0版、4.0版的沉浸式"清明上河图"或"3D立体圆明园"，科技创造了新文化、新文明，文化赋能文化产业新时代。

第五，新时代，我国社会的基本矛盾发生了根本变化。人民群众更高的美好生活的需求与满足其不充分和不平衡之间的矛盾成为文化产业发展的新基础。随着新时代的来临，人们更高的精神的、文化的、娱乐的、休闲的，以及艺术的、美学的需求迅速生长出来。"90后""00后"消费群体逐渐成为我国文化消费的主群体。如何加强调查和引导，关注文化消费模式的新变化，努力培育体验式、互动式、服务型的新型文化消费模式，成为高质量发展文化产业必须攻坚解决的问题。夏天火热的"夜间经济"就对新的消费模式展开了探索。

第六，供给侧结构性改革是习近平总书记一直关注，必须坚决完成的核心任务。文化产业的供给侧改革应集中在千千万万的文化创意创造设计和讲好新时代中国故事的内容创新上。目前文化产业的困境恰恰在于缺乏具有全球影响力的意义深远的中国精品、中国品牌以及中国文化形象。深化文化供给侧改革，就是在文化产品和文化服务上，全面创造新的产品系列和文化服务系列。

第七，文化体制改革是文化产业发展的不竭动力。十多年前开始的文化体制改革取得了重大成就。今天的文化产业改革已经进入深水区，变得更加艰巨和复杂。文化部与旅游局的合并就是影响深远的深层改革。如何解决好文化和旅游的深度融合，就是我们当前面临的理论和实践的艰巨任务。我们要坚定不移地将文化体制改革进行下去，创造文化体制机制融合发展的新样本。

第八，文化产业从一开始就是全球性的。在人类命运共同体的宏大目标指引下，在"一带一路"倡议的实践中，我国文化产业要进一步推动国际化发展战略，逐步掌握全球文化的话语权，向世界传播中国精神、中国文化、中国艺术与中国美学，创造世界创意产业—创意经济的理论构思、实践案例和中国模式。

一个目标：

让人民群众切切实实拥有幸福感和获得感！

成都结合自身的基本要素禀赋、人文环境和新经济发展所需硬件，提出了城市升级换代的"五新路径"，即实施五种基本路径，有力支撑了城市升级换代的高质量发展战略目标。

有顶层设计，有文化底蕴，有创新思路，有路径安排，先锋成都在路上。

前路尚有险阻，尚有困厄，尚有困境……

在实现中华民族伟大复兴中国梦的征途上，在全国城市大竞争的现实态势下，在快道超车是否成功的决战中，狭路相逢，勇者胜，智者胜。

钱塘今古：一湾天予　三势共潮

钱塘江文化是中华民族文化重要的组成部分，是中国最为灿烂辉煌的地域文化之一，也是中国地域文化里最具活力的文明形态。钱塘自古繁华，文脉绵长。三吴都会，广聚英杰；东南形胜，地享沃野；天予一湾，望海启蒙。延续千年的钱塘江文化，在"江""河"和"海"三大势能持续的激荡里，孕育出勇立潮头、大气开放的弄潮文化。一个"潮"字，代表钱塘江自古以来生生不息的文明之魂与文化基因，"弄潮"就是浙派人文敢为人先的激扬品性。这一人文灵魂和地域品格过去曾引领钱塘江流域的社会发展与文明进步，今天将在中华民族的伟大复兴的新时代中手把红旗，踏潮奋进，创造钱塘江文化更为辉煌的未来。

一、钱塘涌潮，凝聚势能

钱塘江两岸水源充足，土壤肥沃，成为富庶的江南鱼米之乡、丝绸之府和文化之邦。最早发明轮法制陶的钱塘江的越窑自东汉首先烧制出青瓷，就完成了世界陶瓷业由陶转瓷的历史性变革，此后越窑青瓷一枝独秀，一直延续到五代，保持了千年的辉煌，越窑青瓷也由此成为我国早期海上贸易路上的主要商品。自三国时期，钱塘江流域的纺织产业就有了很大发展，安史之乱后，江南道越州（今绍兴）渐成为我国丝绸的主要产地。且在此期间，钱塘江流域就成功育种早熟稻，开启了钱塘双季稻的耕作方式，促使江南逐渐成为我国的重要粮仓。除此之外，钱塘江流域以黄山、富春江为代表，无比雄奇秀丽的山水，激发了历代文人骚客的创意灵感。由此诞生了黄山与新安画派的诸多画作与唐诗宋词中无数名传千古的佳作，为我国古代文化艺术的发展书写了辉煌的篇章。其中最为辉煌的是位于钱塘江下游江畔的杭州，荣享"人间天堂"的美誉延续千年未变。

在有史可载的历史中，钱塘江与黄河流域的中原一样，是中华文明的发祥地之一，经济文化始终站在国家发展前列。尤其在五代十国之后，中国经济中心逐渐南移，钱塘江流域经济文化发展赶超中原，此后一直是中国经济文化发展最活跃地区之一。在黄帝时代业已存在的越族部落，后在夏商周时期建立了以绍兴为中心的越族国家，到春秋战国时期，该流域始以吴、越争霸和越伐齐攻楚等众多重大历史事件载入中国正史。正是在此时期，钱塘江流域发生了我国具有重大意义的汉越民族融合。在隋唐五代十国时期后，钱塘江流域经济文化发展赶超中原。两宋时期，钱塘江流域的古代文明已达顶峰，为我国历史上社会经济文化最发达的朝代奠定了坚实的基础。明清时期，尽管我国政治中心北移，但钱塘江流域的经济地位始终居于高位。新中国成立之后，该地区社会经济发展也一直位列前茅。2016年全球瞩目的二十国集团领导人第十一次峰会（以下简称"G20杭州峰会"）向世界展现了杭州创新之都的新貌。浙江省是全国经济大省，2017年，城乡居民人均可支配收入分别连续17年和33年位居全国各省（区、市）第一。

自古以来，钱塘江是中国南方重要的内河航运道，水运发达，成为浙江省与中国内陆省份商贸往来和文化交流的通道，这极大地促进了钱塘江流域社会经济的发展，并带动周边地区的经济文化发展，比如皖南、苏南太湖流域、岭北和江西东北部等地区，与钱塘江流域的浙江省商贸交易频繁，可以称作泛钱塘江流域地区，特别是位于其上游的新安江地区。徽州地区巧妙地利用钱塘江、大运河和四通八达的江南水网，依托杭州和明州港大力开展境内与跨海商贸，造就了富甲一方的徽商，并培育了独特的徽商文化。

二、运河贯通南北，河聚势能

京杭大运河贯穿南北，促进南北物资流动，强化经济联系，发挥着南北动脉的作用，被称为"黄金水道"，具有巨大的运输效益，开创了我国的漕运历史。京杭大运河，南起余杭（今杭州），北到涿郡（今北京），途经今浙江、江苏、山东、河北四省及天津、北京两市，贯通海河、黄河、淮河、长江、钱塘江五大水系。杭州作为水路交通枢纽由此跃升为我国江南的经济贸易中心。唐末，杭州每年上交商税已占当时全国总收入的4%。到五代十国，杭州成为偏安东南的吴越的国都。

京杭大运河连通北方政治军事中心和南方经济中心，使中国江南地区进入以"中原"继而以"华北"为重心的中国地缘政治视野，并成为中国北方政治中心不可或缺的战略支撑地带，使南北成为统一的整体，强化了钱塘江流域与国家的政治联系，培育了钱塘江流域民众的家国情怀。隋朝开通运河，连接了长江、黄河、淮河、海河和钱塘江五大水系，完成了纵贯南北的大运河网络，构成了沟通全国水上交通的完整体系。它使原来只有东西水路联系的中国，有了南北联系的水路交通。与陆路相比，水路是最难设障因而也是最难改变的交通航线。从此，中国统一及"大一统"观念有了更有力的现实基础。京杭大运河开通后，中央政府可以更加便利地大规模获得南方的财源支持，极大地改善了中国地缘政治结构，促使中国在隋之后连续出现唐、宋、元、明和清高度繁荣的经济政治和文化。这种长久以来的沟通交流，使得"家国情怀"渗入钱塘江流域民众血液里，天然具备树高不忘根的回报祖国和家乡的赤子情怀。在改革开放进程中，钱塘江流域动员全世界华人华侨支援国家建设，调动各方资源推动国家发展，培育和造就了一批具有家国情怀的企业家，他们勇于担当、主动作为、敢为人先、创新务实、心系国家、兼济天下，主动谋事创业，积极投身于产业变革的洪流中，为民族振兴和国民经济发展做出了巨大贡献。

大运河延伸至浙东运河，连接亚洲内陆"丝绸之路"和海上

"丝绸之路",将宁波港(海上丝绸之路重要港口)的辐射力扩展到内陆。浙东运河是京杭运河南端的延伸,承担了沟通内河运输与海运的重要职能。浙东运河由人工河段和自然河流组成连续水道,沟通浙东平原大部分河湖水系,全面整合形成以运河为东西骨干水道的浙东水网。更为重要的是,浙东运河不仅沟通杭州湾南岸浙东地区的内河交通,还为京杭大运河提供对外贸易优良海港,为宁波港提供了广阔的腹地。浙东运河成了沟通海运和河运的黄金水道,也使宁波港集海港、河口港、内河港于一体,成了中国古代海上丝绸之路的主要始发港之一。中国内陆的大量货物通过京杭大运河、长江等主要内河航道,并最终通过浙东运河汇集到宁波港。到达宁波的内河航船,一般从宁波东渡门外的三江口换乘海船经甬江出海。而岭南、福建等地以及日本群岛、朝鲜半岛来的海船在宁波驻泊后,在三江口将货物转运到内河航船,沿浙东运河进入京杭大运河。向西可沿长江溯流而上直达川蜀,向北可沿着京杭大运河直抵京城。

三、天予一湾,海聚势能

杭州湾,上天的赐予。目前,从全国来看,粤港澳大湾区建设对长三角发展形成了新的压力。为更好地对外开放与实施全球化,发挥浙江沿海的港口贸易在"一带一路"倡议下的作用,规划钱塘江流域经济空间格局,推动长三角区域一体化深化发展,浙江省提出了大湾区战略,也引起了上海的重视。长三角抱团建设世界级大湾区，成为未来发展的重要战略目标。

从地图上看，上海南翼，由上海—杭州—宁波组成的杭州湾是典型的优良海湾。2019年，浙江省党政代表团访问上海，提出共同谋划推进环杭州湾大湾区建设，得到上海方面的响应。浙江省提出的杭州湾大湾区建设，必将要在全球经济价值链中发挥作用，要形成像粤港澳大湾区那样有影响力的全球意义上的湾区。

钱塘江流域内的杭州、宁波和绍兴等地在海上丝绸之路中占据着重要的历史地位。北宋时期，杭州已经成为国内首屈一指的商业大都市，南宋时更成为都城。杭州港成为南宋重要的对外交流的通道，中国的丝绸、瓷器和茶叶等物资经杭州港和宁波港，到达南亚、东南亚地区，流行于阿拉伯国家，并到达西欧各国。与此同时，象牙、丁香、琉璃等其他国家的特产也经海运到达杭州，杭州成为外商贸易重要场地和海上丝绸之路的重要节点。随着时代的更迭，虽然浙江省不再依托于海运进行贸易往来，但浙江省仍是中国对外开放的重要阵地，在国际贸易中占据重要位置。在钱塘江流域，经济贸易连接世界，钱塘江文化也传播拓展到了世界各地。

自古以来，钱塘江文化就具有"海纳百川、兼容并蓄"的特征。唐宋时期，杭州曾是全国四大港口之一，从钱塘江出海，近可至温州、福州、泉州和广州等地，远可达日本、朝鲜及东南亚、西亚等国家和地区。在元代，杭州是钱塘江通往世界各地的渠道和窗口，是海上丝绸之路与陶瓷之路的起点。马可·波罗把杭州描绘成"世界上最美丽华贵之天城"。

在其后的时代，钱塘江流域成为一些西方传教士的第二故乡，杭州也是美国驻华大使司徒雷登的出生地。在改革开放以后，杭州先后与20多个国外城市结成友好城市，每年接待大量的外国游客，在杭州工作创业的外国人也逐年增加，杭州的国际化程度明显提高。近年来，浙江与世界上230多个国家和地区建立了直接的经济贸易关系，市场通达天下，浙商大军遍布全球。浙江海外投资在全国位居第一，外贸出口在沿海外贸大省中名列前茅，境外机构数和投资规模均居前列，是全国经济"走出去"的样板，成为全国第三大货物出口省份。

南宋时期的杭州就已发展成我国当时最大的城市，并成为此后长三角最重要的中心城市之一。在漕运为主的朝代里，钱塘江流域一直发挥着举足轻重的作用。

四、潮起潮落，弄潮有我

位于杭州湾的"钱塘潮"是钱塘江文化的物理具象表征，"八月十八钱江潮，气势壮观天下无"，世界三大涌潮之一的"钱塘潮"位于钱塘江入海口的杭州湾，潮头由远而近，潮峰耸起一面3—5米高的水墙直立于江面，一浪拍一浪，一层叠一层，势如万马奔腾。钱塘潮是由天体引力和地球自转的离心作用与钱塘江入海口杭州湾独特的喇叭口地形造成的特大涌潮，加上浙江沿海一带夏秋季节常刮东南风，风向与潮水方向大体一致，助长了潮水的声势。

对于钱塘江流域民众而言，"弄潮"和"观潮"历史源远流长。观赏钱塘秋潮的习俗，始于西汉，盛于南宋，元、明、清，它广泛流传于钱塘江出海口的杭州、海宁一带。相传农历八月十八日，是潮神的生日，故潮峰最高。基于此传说，南宋朝廷明文规定，在农历八月十八日于钱塘江上校阅水师，此后沿袭成节，农历八月十八日逐渐成为观潮节。北宋诗人潘阆曾写道"长忆观潮，满郭人争江上望。"由此可见，观潮早已成为一大盛事，成为民众生活里不可或缺的一部分。

链接：钱塘潮"观潮习俗"

钱江观潮（杭州市、海宁市）已被列入第三批浙江省非物质文化遗产名录。

钱江观潮习俗主要包括潮神信仰习俗、弄潮习俗、观潮度曲习俗、有关钱江潮的民间文学、传统手工技艺和商贸习俗等多项民俗事项，其中尤以潮神祭祀、铁牛镇海、造塔镇海、抢潮头鱼、塘工号子、观潮集市、观潮节昆曲集会等内容最为引人注目。

潮神信仰习俗：官方祭潮、立庙镇潮、镇海习俗和民间拜潮。

弄潮习俗："弄潮儿"的传统竞技习俗在现代已演变为"抢潮头鱼"，即每逢小潮汛，熟悉潮水规律的人下到江中抢潮头鱼。

观潮度曲习俗：由喜好昆曲的票友组成，在潮神生日前后集中演唱戏曲，称为"观潮度曲"。

钱江潮的民间文学：在靠天吃饭的年月里，海宁百姓对钱江涌潮充满敬畏，于是各种有关钱江潮的民间故事、传说、民谣和谚语应运而生，流传至今。

传统手工技艺：与钱江观潮最为密切的传统手工技艺为海塘修筑技艺。面对自然灾害，海宁先民历来有修建捍海塘以抵御海潮侵袭的传统。此外，当地百姓还掌握着"捕鳗苗""沙滩捕鱼""海水晒盐烧盐"等传统技术。

商贸习俗及其他：钱江观潮带动了盐官地区商贸和观潮集市的繁荣昌盛。

从历史上看，钱塘江流域是中国重要的文明发祥地之一，以钱塘江文明为主体的江南文明（长江流域文明的重要组成部分）与中原文明（黄河流域文明）共同组成了世界上唯一自古延续至今的中华文明。由史书记载的诸多文明组成的钱塘江文明是世界上少有的具有数千年历史、几无间断且延续下来的流域文明。

在距今数万年前，即旧石器时代，新安江支流寿昌江畔便有原始人类"建德人"活动的踪迹。新石器时代文化遗存丰富，跨湖桥文化、河姆渡文化和良渚文化熠熠生辉。

秦汉时期，历时440年，钱塘江流域城镇发展在总体上比较缓慢。但是在东汉时期，钱塘江流域出现了大转折，城镇发展迅速，广阔的中上游地区也新建了许多县级城市，开始逐渐缩小与黄河流域的差距。从东汉中后期起，开发相对较早、发展相对较快的钱塘江下游城市逐渐崭露头角，呈现出不断加快的发展势头。

六朝时期是钱塘江流域城市崛起的时期。首先表现为城市数量的大幅度增加和地域分布格局的初步形成，这与此时期历代政权为稳固统治，积极进行政治地理的开拓和大量增设郡县有着直接的关系。这一时期，"草市"开始出现，传统市场制度开始发生变化，城市网络联系也开始萌芽。到东晋南朝时期，钱塘江流域的政治地理开拓进一步走向深化。就钱塘江流域经济发展的全貌而言，它不仅远远超过了秦汉时期，而且已经赶上甚至超过同时期的北方。

隋唐五代十国时期，是中国封建社会继汉代以后的又一个兴盛期，也是中国古代城市发展的第二个高潮期。随着经济重心的持续南移，广大南方地区尤其是江南地区的社会发展水平开始赶上中原地区，其城市发展也呈现出与中原平分秋色之势。这在钱塘江流域表现得特别明显。五代，钱塘江流域一直被钱氏统治，杭州成为钱镠建立的吴越国的都城，一跃成为地占两浙十三州的吴越国的政治、经济和文化中心，使杭州甚至钱塘江流域有了突飞猛进的发展。唐代以后，南方与北方的生态条件有了相对变化。整个经济活动重心也转移到南方地区。

两宋时期，钱塘江流域的发展达到了相对鼎盛时期，成了当时国内外文明先进的地区。无论就其经济状况还是社会状况而言，都越来越多地呈现出城市化的特征。特别是那些规模较大、工商业发达的市镇，实际上已初步发展成为与传统州县城市不同的新兴经济都市。市镇的发展和兴盛，对钱塘江流域农村的社会经济产生了广泛的影响。

元明清时期，在总体上钱塘江流域城市处于缓慢发展和相对停滞的状态，但就当时全国范围来看，流域城市在发展水平上仍保持着一定的领先优势。

"弄潮儿向涛头立"是当代钱塘江的真实写照。改革开放后的钱塘江流域特别是下游地区，是中国改革创新、勇于实践的最前沿，引领潮流，贡献"浙江经验""杭州样本"，成为高水平全面建成小康社会的标杆。

新中国第一个居民委员会诞生在上羊市街社区，中国首家中日合资饭店——杭州友好饭店落户杭州，贫穷的杨汛桥出了近十家上市公司，万向集团从铁匠铺发展到资本大鳄，阿里巴巴创造出中国大规模的"富翁团队"，杭州湾跨海大桥向民众开放，西湖、博物馆、图书馆免费开放，农民享受最低生活保障……进入新时期，"三改一拆""五水共治"等项目知难而上，扎实推进，"四张清单一张网"率先推出，高效运行，"最多跑一次"行政审批改革全面推广，"两山理论""两鸟理论"为全国转变发展方式提供参照……随着改革进入深水区，钱江两岸的广大人民，以"踏石留印、抓铁有痕"的精神，推动各项改革举措落地生根，以点上突破之功收全局推进之效。

以高校系、阿里系、海归系和浙商系为代表的"创业新四军"崛起，世界互联网大会已成功举办，中国（浙江）自由贸易试验区获批，中国（杭州、宁波）跨境电子商务综合试验区开始建设，阿里巴巴在美国成功上市……钱塘江流域将成为面向环太平洋经济圈的海上开放门户、"网上丝绸之路"战略枢纽、国际商贸中心和国际金融中心。

"在杭州点击鼠标，联通的是整个世界。"电子商务的蓬勃发展，让钱塘江与世界"零距离"互通。G20杭州峰会成功举办，亚运会有序筹备，新亚欧专列架起联通世界的新桥梁，浙江跨境电商以平均年增一倍的井喷之势撼动着国际贸易格局，以杭州为龙头的"网上丝绸之路"战略枢纽崭露头角，"海上丝绸之路航运指数"向世界发布。钱塘江积极主动拥抱世界，与全球的联系日益紧密。移动互联的世界，光速流动的财富，浙商在全球格局中纵横捭阖，无比自信地配置全球市场资源。

站在新的发展起点上，钱塘江文化内涵随着改革开放的深入实践更加丰富而厚重，其精神驱动力推动杭州乃至浙江继续奋力，写出了无愧于历史、无愧于时代、无愧于人民的卓越篇章。2014年，浙江创新性提出"特色小镇"概念；2015年，习近平总书记提出："抓特色小镇、小城镇建设大有可为，对经济转型升级、新型城镇化建设，都大有重要意义。浙江着眼供给侧培育小镇经济的思路，对做好新常态下的经济工作也有启发。"此后，中国其他省份纷纷响应，特色小镇建设蓬勃发展，浙江省创造潮流，引领全新机遇，带动和促进整个中国经济的发展和改革创新。

五、钱塘文化，其魂在潮

钱塘江文化的灵魂在于"潮"。"勇立潮头、大气开放"的钱塘江文化的精神内涵源于"潮"。这个"潮"指的是钱塘江流域的人们，在千百年来的历史活动中累积形成的"勇立潮头，敢为人先"的精神。

基于钱塘江流域地理环境的特殊性，钱塘江形成了世界三大涌潮之一的"钱塘潮"。钱塘江流域世代生存的人们，在观潮、抗潮和弄潮等与"钱塘潮"互动的过程中，培育出"勇立潮头，敢为人先"的"弄潮儿"精神；在观察了解钱塘潮的形成原因和钱塘江的奔流激荡里，知晓了"纳百川以成巨流"的深刻内涵，孕育出钱塘江文化"大气开放"的博大胸怀和"兼容并蓄"的包容精神；在观潮中明白翻江倒海的钱塘潮源起江海互动，钱塘江与大海的沟通和博弈，造就了钱塘潮的壮丽宏伟，从而形成了联通世界、沟通往来的千年共识，使钱塘江文化拥有了"互通共荣"的精神内涵。

"钱塘潮"是钱塘江文化"潮"的具象表征。在历史长河里，钱塘江流域的经济发展和文化繁盛一直引领潮头，对于中国历史的整体进程一直保持着很高的贡献度。钱塘江流域地处东南，河运畅通，海运发达，风景优美，自然物产丰硕，自古以来就是中国经济发展迅猛的地区。人才荟萃，财货集聚，创意先行，钱塘江流域集聚多方优势：独厚的自然资源、独具的水运要道、兴旺发达的商贸文化和敢为人先的创业精神等，在经济和文化发展里独领潮头。

东汉中后期起，钱塘江流域城市逐渐崭露头角，呈现出不断加快的发展势头；六朝时期开始崛起；隋唐五代十国时期，随着经济重心持续南移，钱塘江流域经济发展突飞猛进，赶超中原地区；两宋时期，钱塘江流域发展达到鼎盛时期，成为当时国内外文明一世的地区，此后该流域的城市在发展水平上一直保持着领先优势。

改革开放以来，钱塘江流域更是中国改革创新、勇于实践的最前沿。改革创新的滚滚浪潮，为钱塘江两岸全面发展提供了无穷动力。在改革开放和走向全球的过程中，这里总是先行一步，处处体现着"敢为人先"的勇气，为全国市场经济改革树立了样板。深植于浙江人体内"创新创业"的基因灿然勃发，钱塘江两岸蝶变为创业创富的芬芳沃土、财富涌流的膏腴之地，浙江省也成为中国最具经济活力的大省之一。"潮"文化深藏于每个钱塘江流域的人体内，在未来推动经济社会持续发展方面为中国和世界的发展贡献力量。

钱塘江文化的未来形态在于创新。党的十九大报告指出："要坚持中国特色社会主义文化发展道路，激发全民族文化创新创造活力，建设社会主义文化强国。"所谓文化活力，指的是让文化经久不衰地在每一个阶段都活跃，不忘本来，吸收外来，面向未来，在每一个阶段都有着全新的表现形式和张力。一种文化最好的传承应该是持续保持文化的活力，通过唤起文化生命力，让过去的美好经典流行于当下；唤起文化生长力，让古代先贤的文化成果在时代语境里焕发新的色彩，扎根、发芽、开花和结果。

六、九层空间

泛钱塘江流域除浙江省以外，包括皖南、苏南太湖流域、岭北和江西东北部等地区。这些与浙江省商贸交易频繁的地区称之为泛钱塘江流域。

钱塘江全球文化视野指的是随着"江""河""海"三大势能影响的扩张，钱塘江文化传递到全球各地，共同形成了钱塘江的全球文化视野。

钱塘江文化的九层空间从大到小分别是：钱塘江全球文化视野—泛钱塘江流域—浙江省—钱塘江流域—钱塘江—浙江省内钱塘江—钱塘江段—杭州湾—钱塘湖。

钱塘江从远古奔流到现在，不仅养育了两岸人民，更孕育了灿烂的文化和深厚的文明，引领着时代的前进方向。钱塘江文化也在时代发展中不断变化。钱塘江人在不断地实现创造性转化与创新性发展。在历史里的每一个阶段，钱塘江文化都有着全新的表现形式和文化张力，持续融合、包容，把历史、现代及未来融为一种更加开放的文化。

钱塘今古：一湾天予，三势共潮。

街巷的温度：生活在更美好的生活中
　　——在2019年9月西安城市温度论坛上的讲演

　　有机会和大家一起探讨城市温度问题，是第一次参加关于温度的论坛，这是一个非常有创意有人文情怀的论坛。从人文奥运开始，我参加了几百场的论坛，今天参加的是第一个有关城市温度的论坛。

一、一座城市的温度，一条街道的温度

　　在中国、在中国的文化中温度是什么？温度通常是科学技术上的含义或用途。今天的论坛颠覆了我们对温度含义理解。今天的论坛告诉我们，除了科技上的意义，温度有让我们热心、伤心、揪心和感动的人文含义。当然这是它在语言的象征意义上表达的。

　　在人文的环境中，温度是温暖、温馨、温情、温婉、温顺、温和，是温、良、恭、俭、让。从人的角度看，温度中的温暖具有社会学环境氛围的意义。在一个整体温暖的社会—社区—网络社区环境中，周围是什么氛围，对于每一个居住者，都有十分重要的意义。它影响人的生存宜居度、生活适宜度。温度表述中的

温馨和温情具有心理情感和审美观照的意义。爱是其集中的表现：它或是个人爱恋的表达与缠绵，或是胸怀宽广的大爱和博爱，都是情和意的表达。温度中的温婉、温柔、温顺，既有个人性格特征的表述，也具有艺术风格学的意义。而中国古代儒家文化的温、良、恭、俭、让，温字打头，良、恭、俭、让也无不具有温和、和合的大道。它是中国传统文化中社会礼仪和伦理的标准。细究起来，它与中华民族的民族性格相关。这样仔细看来，温度还真有点"人类学和人学"的意义。

笔者今天参加关于温度的人文论坛还特别感到贴心、暖心，因为听到了李望观先生关于20个城市或街道的温暖个案项目的介绍。这20个项目令笔者振奋，令笔者感动，令笔者思绪万千。譬如说，笔者在北京的住处周围现在想找一个修鞋的已经找不到了，想找修拉链的已经找不到了，因为他们都离开北京了。而在这里看到的是温情，看到的是温馨，看到的是一种温暖的人文情怀。

温度是不是只有中国文化的意义呢？关于人文的温度是什么？在西方文化中温度是什么？笔者找到了两个心理学案例，看到人文的温度关系到人性、情绪、信任与判断的深层文化内涵，温度成了心理学、社会学的一个非常重要的关键词。这两个关于温度心理学研究的案例对我们深有启示。

2009年，荷兰的心理学家做了一个实验：研究人员准备了冷热两种咖啡，在实验过程中分别让不同的参与者帮忙拿几分钟咖啡杯，之后实验者从参与者的手中取回咖啡，然后让他们再想出生活中一个真实存在的人，判断自己和这个人有多么亲近。大多数的人都会认为人与人之间的亲密关系是日积月累的结果，但是这个实验的结果告诉我们，接过冰咖啡的人在描述与想出的那个亲密的人的关系时，觉得更冷淡一些。而那些接过热咖啡的人与接过冰咖啡的人相比，认为自己在感情上与所想的那个人更加亲近。

温度居然有这样的意义！

还有一个案例，是耶鲁大学的研究员们设计的一个心理实验。这个实验是模拟商业投资场景中的一个心理情境。实验者让实验的对象分别手握两种热帖，一部分人手握比较冷的15℃的热帖，另外一部分手握41℃的热帖。然后投资者可以决定自己在受投人身上投入多少钱款，设定投完之后获得资金者可立刻获得三倍的收入。投资人希望获得更高回报。按照规定，获投者必须回馈投资人，但回馈多少，由获投者自己决定。实验的结果是，凡是握冷帖的获投者，虽然有了三倍的收入，但是很少返还给投资人。而手握热帖的温度在41℃以上的获投者，更多地返还了投资，也就是说投资人投资以后，热和冷的温度影响了商业行为。这是一个实验，实验的结果令人惊异：温度甚至在商业领域都在发挥着作用。这让笔者非常感兴趣："我"因为相信你的诚信，才把这笔资金投给了你，因而你获得了三倍的利益。手握热帖的被投资人欣然地把更多的利润返还投资人，而手握冷贴的人则不愿回馈投资人，认为这些钱已经是自己的了，不愿意再拿出去。这两个心理学实验让我们感到温度在人类社会文化上居然这么重要。

让我们回到今天的主题：街道的温度。从2017年到2019年，贞观文化机构联合西咸新区完成了两组名为"西安温度"的创意设计活动，每年组织10名青年设计师参与的团队无偿为城市街道的小摊小贩进行改造，设计家李望观先生主持了这20个免费的公益项目。

最令笔者感动的是他们为聋哑人设计改造的那个卖麻辣烫的小窗口。小摊的主人白天不出摊，晚上出摊，一家人都是聋哑人，老公的耳朵还凑合能听一点儿，妻子和孩子一点儿也听不见。青年设计师根据这种情况对他们的小摊进行了改造。小摊的客人是学生和年轻人，因而设计师们从聋哑人的角度用卡通漫画作为形象设计，将小摊命名为"无声时光"。这是青年设计师们用心体会一个无声的世界，并给他们光明、音乐和爱。

当然还有个叫"有范"的项目。那是一群在村子里的婚丧嫁娶仪式上吹拉弹唱的老人。他们热爱自己的乡土音乐，热爱曾经伴随他们一生的民俗风情。一旦他们拿起二胡等各自擅长的乐器，就非常有范儿。他们十几岁就学会了这种乐器。领头的老人姓范，青年设计团队给演奏团队取了名字叫"有范"，用剪纸的形式表现他们演出的各种场合。这个命名恰到好处。当笔者听到这位"范爷"今年已经去世的消息，也感到深深的悲伤。

……………

一个城市的温度在哪里？就在这平凡大众的生活中，在城市日常的衣食住行中。

二、城市是人类文明中最持久的美和艺术的积淀物

笔者是一个美学和文艺学的教授。在笔者的研究中，知道了城市是在人类发展到较高阶段产生的文明成果，刚才有专家谈到了工业文明兴起的时候，城市才会真正发展起来。马克思在《1844年经济学哲学手稿》中说，人类所有精神上这些东西，如果把它外化或者对象化，或者叫现实化的过程中，就变成了实实在在的城市的格局和景观。所以马克思说工业的历史和工业已经生成的对象性的存在，是一本打开了的关于人的本质力量的书，是感性摆在我们面前的心理学。今天这告诉我们关于温度的论坛，恰恰是关于人类的感性这样一种与心密切相关的论坛。

马克思也说过，最蹩脚的建筑师，从一开始，比最灵巧的蜜蜂高明的地方，就是他用蜂蜡建筑蜂房以前，已经在自己的头脑中把它建成了。建城市的人，他的劳动过程结束之前就已经知道要取得什么样的成果。城市是美和艺术的承载物，建筑是人类美学和第一艺术，是凝固的历史，是凝固的音乐。

无论是雅典娜的神庙，还是圆明园的大水法，都是错落变化的凝固的音乐；无论是城市的天际线，还是大地上绵延的水体，都诉说着城市的故事。造型艺术、绘画雕塑、戏剧、舞蹈、文

学、影视同样是城市文明的标志，而人类最早的艺术是建筑——那是凝固的音乐与哲学，是我们城市文明的灵魂。今天在这里谈温度，才可以比较轻松地谈城市是美和艺术的承载物、积淀物和展览馆，在70年的建设中，今天才发现我们的城市更需要美，更需要艺术，而不是人们天天穿行的钢筋水泥丛林。我们需要寻找中国之美，中国城市的生命与美。今天我们看到的20个项目，用一句话来说，是城市终究要按照美的规律去建造。

这20个项目，笔者为之深深感动。十几年前，笔者和一些学者推动了一个美学和艺术学的运动，叫"审美的日常生活化和日常生活的审美化"，作为最早在中国推出的生活美学运动，目的是要将城市作为一件富有魅力的艺术品来建造。一位人文历史上的重要学者海德格尔提出的"人诗意的栖居"，是引用诗人荷尔德林的一句话。笔者想到了20个项目中，那个修鞋匠、那个拉二胡的逝去的老人、那个烤红薯的小伙子和他的爱情，还有那一家聋哑人的辛苦与快乐。是的，我们拼命地为生活奔忙，我们一直在寻找自己活着的意义。活着的意义是人类为自己设定和寻找的。所以我们如此辛苦，还是要去寻找活着的意义，还要诗与远方。

城市是美的象征，充满自然美、社会美和艺术美，这种诗，这种远方是我们的意识，也是一种纯粹的言说，一种人内心深处永远涌动着的对活着的意义的追寻。如果没有活着的意义，我们就成了酒囊饭袋、行尸走肉。审美的日常生活化和日常生活的审美化,就是我们在进入新时代之后,每一个公民都可以去追求的更美好更适宜的生活。这种生活的状态是更具精神的、文化的、审美的、艺术的、诗词的生活,也包括健康的、养生的生活。这是一种精神与身体融合的更美好的生存状态。

这就是城市的温度,是城市的温暖、温馨、温情和对爱与生命质量的不懈追求。它是城市的命脉所在。

创意南京，"天下文枢"的时代新版

在一个纯文学日渐衰落，流行文学、网络文学日渐汹涌的时刻，南京获得了"文学之都"的称号。这是一个在历史转型的节点上发生的标志性事件。南京文学之都是联合国创意城市网络在中国的第一个以文学之名命名的城市，是世界对创作了《诗经》《楚辞》的文学大国的再次体认，也是对当代中国文学及其代表之一的南京的褒扬。

一、探索可持续性发展：世界发展创意城市的整体目标

2004年，联合国教科文组织正式成立"创意城市网络"（UCCN），随着这一组织对创意城市的认定，创意城市作为一种城市发展战略开始受到人们的关注。联合国教科文组织认为："鉴于当代经济、环境、人口或社会问题，必须定期重新评估和重新设计城市发展战略。"为推动城市的可持续发展，寻找城市新的驱动力和发展模式，文化创意的重要性逐渐得到凸显。2016年生效的《改变我们的世界：2030年可持续发展议程》，第一次在全球层面承认了文化、创意和文化多样性在应对可持续发展挑

战中的关键角色。"今天，创意正在成为我们所看到的改变城市最有希望的途径之一。无论是通过振兴当地经济，重新考虑交通或住房政策，开辟城市空间，还是为年轻人开阔新的视野，创意都是城市出台政策和举措的背后驱动力之一……（城市政策的制定者）将创意视为解决当代城市问题的创新战略杠杆，无论是在经济、社会，还是环境方面。"

第二版《联合国教科文组织创意城市网络指南·序言》指出："自 2004 年成立以来，联合国教科文组织创意城市网络已经成为促进和分享城市可持续发展新方法的战略平台……《改变我们的世界：2030 年可持续发展议程》和《新城市议程》正式呼吁我们以此方式对城市进行深度重组。创意城市通过脚踏实地的行动及其所建立的合作关系，坚定不移地将创意置于其区域发展的核心位置。作为合作与实验平台，创意城市网络汇聚了各类城市——从大都会到小城镇——旨在帮助人们创建明日之城。"

因此，在这个意义上，联合国教科文组织创意城市网络的提出及实施是对城市可持续发展的探索。城市的可持续发展历来是联合国教科文组织的战略目标。通过建立创意城市网络，教科文组织承认了文化和创意产业在城市可持续发展中的重要性，并通过相关文化公约的实施和创意城市的评审得到确认和巩固。

二、构建创新型城市：我国发展创意城市的整体目标

当前，我国已经进入了新旧动能转换的重要历史阶段。

2017年1月13日，国务院办公厅发布《国务院办公厅关于创新管理优化服务、培育壮大经济发展新动能、加快新旧动能接续转换的意见》，在设定的目标任务中，明确指出"通过一段时间努力，以分享经济、信息经济、生物经济、绿色经济、创意经济、智能制造经济为阶段性重点的新兴经济业态逐步成为新的增长引擎。"在这里，创意经济明确成为新动能的重要内容。这就意味着发展创意经济，推动创意与其他领域的融合，加快新旧动能转换，助推城市转型升级，全面推进国家创新型城市建设，是未来城市发展建设的重要目标。

三、国家创意战略的背书效应突出

随着经济全球化进程的不断推进，我国经济社会文化发展已深度融入世界体系中。在全球竞争中，创意已成为一个国家和地区展现经济实力和社会文化发展水平的重要标志。近年来，我国尤为注重创意对社会经济发展的驱动作用，大力发展文化产业和创意经济，创意已然成为这一历史时期城市文化与经济新一轮发展的强大引擎。从总体上说，我国创意城市群的崛起，得益于创意在国家战略中整体地位的跃升。

2018年7月，世界知识产权组织以及美国康奈尔大学等组织发布了"2018年全球创新指数排行榜"，在全球126个经济体中，中国位列第十七，是前20位中唯一的中等收入经济体。其中，在创新产出方面，中国具备相对优势，在原创工业设计以及创意产品出口等方面排名第一，充分彰显出我国文化创意在国家整体战略的推动下已具有世界领先优势。可以说，正是有了国家创意战略的背书，我国创意城市建设才得到世界的关注。

四、文学创造的是情感的真实

文学是人类历史上历史最为悠久、最为复杂、历经变化的文化艺术类别。它从人类第一次抬木头或打夯筑肇始，直到今天中国几十亿部网络文学作品喷薄而出。文学的历史那么久，又那么年轻。

笔者曾经从这样一个角度来考察文学，无论怎样讨论文学的真实性，得到的都是它在虚构基础上进行的精神创造（部分报告类作品除外，有时即使是报告类文学作品也充满了想象与虚构）。因为人类永远需要想象的幻想的他样的（他乡的、他域的、他时的、他者的）生活，特别是精神的情感的生活。为什么？人的本性中虚构世界的无限性、人的欲望的无限性，与生命存在的有限性和生存状态的有限性，使人们总是希望通过文学去过一种自己永远不可能亲身度过的生活。那可能是一种上天入地、飞身寰宇、历经磨难、痛不欲生的境况。但这一切都要在虚拟的条件下，在生命、生活、生存并不受到改变或威胁的条件下实现。一旦威胁到人自身，美的、艺术的、情感的享受瞬间消亡。就如同你在剧院、影院观看影剧时无论多么痛苦，以至流泪，出门你会瞬间抚平伤痛。

人是历史的——人对过去有永恒追问的欲望，人是爱听故事的——回家看看你家小孩是不是缠着你讲故事，人是爱玩游戏的——从小孩到银发族今天有多少人在玩游戏，人又是具有爱情本能的，你看看今日粉丝如何疯狂追逐帅哥靓女，还有贪官富豪们一旦权、利到手，如何实施丛林法则……

过去，我们对文学的了解太多又太少，有人说对文学进行了强制阐释，有人说我们对文学的理解和解释还仅仅是皮毛。

五、寻找南京发展的新文脉

为什么是南京？南京文学的深厚底蕴是文学之都发展的文脉基础。根据联合国教科文组织官方信息，"文学之都"一般具有以下特点：第一，城市里有大量的高质量、多元化的编辑出版项目以及出版机构；第二，从初等教育到中等、高等院校，需要有多数的、高质量的国内或国外文学教育项目；第三，有允许文学、诗歌、戏剧等艺术发挥其整合作用的城市环境；第四，具有主办各种文学活动和文学节的丰富经验，促进国内外文学的发展与交流；第五，有图书馆、书店、公共的或个人的文化机构推动国内外文学的保护、发展与传播；第六，在翻译和出版多种语言或外国文学方面有一定的成果；第七，有效运用媒体、新媒体来推动文学发展，并扩大文学作品的市场。

这些内容都是联合国教科文组织希望"文学之都"做到的，也表明文学作为现代生活与经济发展的创意源泉，从审美的个体维度，进入社会生活、公共文化、城市环境等公共维度，对现代城市的可持续发展起到了无可替代的重要作用。

南京是中国四大古都之一，文化资源丰富，中国历史上第一个"文学馆"即设立于此，还是中国近代教育的起点，中国第一部诗歌理论和批评专著《诗品》、第一部文学理论和批评专著《文心雕龙》、第一部儿童启蒙读物《千字文》、现存最早的诗文总集《昭明文选》等均诞生在南京。

据查考，全世界有60多种外国文学作品在南京翻译成中文，全中国有一万多部文学作品与南京相关。《红楼梦》《本草纲目》《永乐大典》《儒林外史》等中华传世之作都与南京密不可分。近现代以来，鲁迅、巴金、朱自清、俞平伯、张恨水、张爱玲等文坛巨匠也都与南京有着千丝万缕的联系，美国作家赛珍珠获得诺贝尔文学奖的代表作《大地》就是在南京创作完成的。

南京是一座创作之城、传播之城。南京涌现了一批又一批在海内外具有影响力的名家名作，如高晓声、陆文夫、方之以及苏童、叶兆言、毕飞宇等。还拥有《钟山》《青春》《雨花》等一系列在全国具有广泛影响的文学期刊。同时，南京也是中国传统文学名著走向世界舞台的桥头堡。20世纪60年代初，南京出品的全本翻译《红楼梦》《儒林外史》在国内外受到广泛好评，其中，《红楼梦》译本被认为是该书最好的英译本。

南京还是一座阅读之城，这里活跃着数以千计的文学社团和协会组织，仅读书会就有450多家。被誉为"南京文学客厅"的先锋书店，数次被美国有线电视新闻网（CNN）、英国广播公司（BBC）等评为世界"最美书店"，24小时书店成为市民热捧的文化消费新去处。

　　文学作为更高的精神文化需求，在5G互联网、移动网技术条件下，遇到了新时代再度兴起的新机遇。全民文学、全民创作，全民阅读的新时代，网络文学的基本格局改变了过往的文学形态与方式，从某种程度上讲，部分实现了人人都是艺术家、文学家的文学梦。

　　文学发展的多样性。文学的新现实赋予了文学新的内容、新的形式，也推动了文学的新研究。文学是文化创意产业的原初基底和重要组成部分。网络文学IP的火爆彰显出文学在整个文化创意产业中的地位。未来产业发展将围绕网络文学IP进行衍生和拓展，电影、电视（网剧、网大、网综）、动漫、游戏、主题公园、戏剧、戏曲、音乐、声音等都会有网络文学IP的身影。在一个纯文学日渐衰落，流行文学、网络文学日渐汹涌的时刻，南京文学之都的命名，无疑使"天下文枢"的称谓具有更为深远的意义。

青岛：建设国际时尚中心，引领东部沿海城市转型升级

时尚创意产业是建设国家区域文化中心的一个重要组成部分，时尚创意则作为全球一流世界城市共同具备的核心要素引领了当代世界和城市发展的时尚潮流。在一个全球化的世界格局中，要想建成全国乃至世界的文化中心，必须关注人民群众特别是青年一代在新时代对美好生活的更高的时尚消费需求。

作为文化产业和创意经济的时尚产业，是近几十年来才形成的新兴的、综合性的重要产业门类。它并没有一个十分清晰的产业边界，具有跨界的产业形态。从产业经济角度，可以将其简单定义为"以时尚为关联点的产业集合，主要由追求时尚生活的消费者和提供时尚商品的经营者组成"。它最早发端于法国和意大利的时装制造业，意为"时尚服装的制造者和销售者"。在此基础上，时尚创意产业被定义为"包括所有生产服装和饰品的公司以及与制造这类产品相关的贸易部门的产业。"也有人将时尚产业扩展为包括所有与设计、生产制造、分销纺织服装品和饰品相关的公司与个体的产业，如时尚产品生产企业、时尚产品零售贸

易企业与设计师、艺术家、传播媒体、白领、蓝领工人等。

随着产业范围的不断拓宽，产业体系的日益完善，现代时尚产业已经成为以工业和商业方式对包含时尚元素的产品和服务进行设计、采购、制造、推广、销售、消费、收藏等一系列经营性活动的总称。时尚产业具有十分丰富的文化艺术内涵、十分鲜明的时代特征，以及普遍融合的产业关联性，随着国际经济环境的变化以及文化产业在全球的兴起，已经成为当代文化产业异军突起的力量，在多国作为国家文化产业战略的核心被确立和扶持。

一、中外时尚创意产业发展的现状和趋势

时尚创意产业不仅是产品的生产，更是对领先的观念和价值观的塑造。这一产业并不存在于工业时代的产业分类名录，而是在20世纪后半叶才逐渐兴起，包括服装服饰、美容美发、家居纺织、城市规划、建筑设计、工业设计、环境艺术、视觉艺术、数码娱乐、极限运动等在内与社会生活方方面面相关的产业门类，主要集中在各个部类的创意环节。金融危机以来，全球文化创意经济迅速崛起，时尚化成为国际文化产业发展的最新趋势。联合国贸易和发展会议2008年在加纳举办的"非洲创意周"就将非洲时装产业作为主题。

国际时尚创意产业整体起步比我们早，也相对更为成熟。很多国家自古以来就有上行下效的时尚联动基础，由王公贵族创建时尚，而普罗大众集体模仿，并且经过久远的文化沉淀出现了巴

黎、米兰、伦敦、东京、纽约等五大时尚之都。这些城市无一例外都是该国的国际时尚创意中心，并且其时尚创意产业也被纳入国家层面的发展推动策略中。调研发现，国际时尚产业已经出现了创意化与集聚化的趋势，时尚产品运用了更多的创意元素，并且越来越集中到创意资源与市场资源更加丰富的城市，五大时尚之都的发展就是如此。

在中国，改革开放以后，随着收入的提高，时尚消费逐渐普及，大量国际时尚品牌涌入中国市场，时尚开始影响中国人的生活，成为一种具有极大影响力的社会文化现象。但至今国家对时尚创意产业尚无明确定义，更无明确的评估体系与标准。现代文化产业更重要的功能是满足越来越多相关产业部门的生产性服务需要，对于中国这种面临产业升级的制造业大国来说就更是如此。我国文化产业生产性服务功能正在快速发展，"十三五"规划对经济结构调整的强调，特别是对生产性服务业的高度关注，构成了今后五年中国文化产业的主攻方向。中国的时尚产业具备了快速崛起的条件。

随着我国文化创意产业的发展，我国时尚文化的高速发展，流行音乐艺术迅速崛起，中高档饰品、奢侈品有着巨大需求，消费市场日益成熟。我国时尚创意产业已经在北京、上海、深圳、武汉等地产生了集聚化的趋势，它们都获得了联合国创意城市联盟授予的"设计之都"的称号，而青岛则获得了"影视之都"的称号。这些都标志着中国时尚创意产业在逐步形成新的世界中心。自 2011 年起，由时尚传媒集团实施的"中国城市时尚力"大型研究项目，融合了"时尚"与"城市"两大主题。项目覆盖中国 20 个大中城市，代表全国 15.1%的人口和 48.6%的社会消费力；汇聚了品牌、设计、广告、媒体、学术等众多领域内顶级专家的智慧；从微观的城市"居民时尚"到宏观的"经济发展"，从时尚产业上游"设计发展"到产业下游"商业环境"与时尚消费，勾画中国城市时尚发展全貌及特点。

二、建设"国际时尚创意中心"的意义重大

（一）全球创意经济发展需要中国建设"国际时尚创意中心"

时尚创意产业界的一个现实是，国际上五大时尚创意产业中心对全球的时尚创意产业都有巨大影响力，其时尚产品输出到其他国家，并且引导了这些国家时尚产品的生产趋势。随着中国国际经济地位的提升，这些时尚中心的产品也越来越多地采用中国的视觉符号元素，但这些产品说到底是西方化的，中国的文化时尚元素还没有深入时尚观念和时尚价值观的层面。我们认为，这一现象与中国缺乏国际时尚创意中心有关。中国时尚创意产业的发展思路不应该是如何在以西方时尚为基础的产业链中加入中国元素，而应是打造中国自己的时尚产业，将基于中国文化观念与价值观，并且具有全球化品质的时尚产品推向世界。

由于特殊的历史和社会原因，中国 30 多年来的时尚产业不

是基于文化生活积淀,而是在外来文化的冲击和影响中发展起来的。中国的时尚创意产业的发展阶段不能也不应比照西方发展模式,而应按照中国的实际情况,研究中国时尚创意产业发展模式,并且输出"中国模式",改变时尚创意产业西方垄断的现实。

(二)我国文化创意产业发展需要建设面向世界的"国际时尚创意中心"

虽然我国时尚创意产业已经自发生长起来,但在中国市场,整个时尚产业还是一个割裂的状态,分支产业之间各自为政,尚未形成完整有序的产业链,同一主题下各种时尚产品之间也没有形成相互配合和统一风格。这些问题是不可能依靠时尚产业自身发展解决的。党的十九大提出,在"十三五"时期"推动文化产业成为国民经济支柱性产业"。这将文化产业发展提到了一个新的高度,也要求文化产业以创新创意为核心走向高质量发展的新阶段。我们认为,如果建设"国际时尚创意中心",将有效推广国家文化品牌,以最低成本的双赢的方式实现国家文化形象的对外宣传。"国际时尚创意中心"可以满足消费者,尤其是高端消费人群的需要,将提高国家时尚产业水平,创新中国文化产业发展模式。

(三)青岛根据城市定位和发展需要建设"国际时尚创意中心"

青岛历史上就是中国东部沿海的一个时尚文化的中心。时尚是传统融入创新后产生的一种新的流行。与现有五大时尚创意中心相比，青岛具有丰富的时尚文化积淀，是东方影视之都，是音乐之都，是海上体育帆船之都，亦在大力发展文化创意产业、创意经济。在各种文化产业行业里，时尚创意产业的重要特点是跨界融合，整合各种文化创意产业门类，挖掘传统文化积淀，不断提高城市的国际品质。目前，青岛市政府提出建设时尚城市，正处于生产结构的最佳调整期。通过资源整合，将各种形式的时尚产业进行整体规划定位，形成风格明确的发展思路，可以将青岛打造成为世界级的时尚创意中心。

青岛已经开始推进国际时尚文化创意中心的建设，而国际时尚创意中心的建设，可以推动青岛国际时尚之都和国家时尚文化中心建设，引领山东沿海乃至全国文化创意产业升级换代，并且进一步优化和创新文化创意时尚产业园区的建设模式。

三、建设"国际时尚创意中心"的理念和目标

改革进入深水区，未来的5—10年将是中国文化创意产业发展的黄金时期，也是我国时尚创意产业发展的重大机遇期。就目前发展现状来看，国家时尚创意产业发展已经具备了自然发展的文化资源优势，完成了消费者的基础涵养，走完了文化创意产业发展的起始阶段。然而，进一步的发展还需要克服诸多体制和机制障碍。

首先，整个时尚创意产业各自为政，各个行业缺乏统一的部署和配合，这样既难创立有影响力的品牌，也因无法互相支持而

很难发展壮大；其次，时尚创意产业的分化程度不够，大量从事时尚产业的企业和个人还处在"兼职""兼业"状态；再次，由于缺乏统一和整合，单个企业专业化程度有限，每个企业精力分散，无法集中创意，模仿痕迹明显，创意能力比较低；最后，由于时尚创意产业的产业集聚化程度不高，产业政策难以实施，同时现有的产业园区开发模式模糊，生命力不强、生命周期短。

建设"国际时尚创意中心"的理念是以文化产业化和产业文化化相结合为指导，以时尚产业高端化为突破，以互联网、移动网科技创意开发为核心，以体制创新为保障。

建设"国际时尚创意中心"的总体目标是建成以产业政策实施平台、产业创新孵化平台、民族地域城市品牌推广中心和创意设计集聚示范基地。根据这四个目标，分四个阶段进行"国际时尚创意中心"建设，推动青岛实现文化创意的升级换代，走向新时代的高质量发展。

四、建设面向世界的"国际时尚创意中心"的策略

（一）规划——制定发展战略和实施步骤

"国际时尚创意中心"的建设是一个完整、全面的工程，不仅包括可见的物质建设，还有重要的精神文化层面的营造工程，不可能一蹴而就，需要事先制定好发展战略和实施步骤，按照计划一步步实现。

（二）研究——组建产学研一体化的联合研发基地

时尚创意是一个持续的过程，尤其是基于中国传统文化进行的时尚创意，对创意者和执行者都有很高的要求。单个的创意明星不可能支撑整个产业的合理发展，需要一个有生命力的研究团队，这就需要组建产学研一体化的联合研发基地，引进国际国内顶尖的研究团队，持续培养自己的创意人才。这是建立"国际时尚创意中心"的必要基础。

（三）合作——打造创新性的文化创意产业共建基地

国际时尚创意中心既然是对时尚产业各种产业门类的整合，必然要与中心之外的各种时尚创意产业实体产生密切联系。在这里，要打造创新性的文化创意产业共建基地，实现以国际时尚创意中心为核心的、辐射状的全球合作网络。

（四）助推——设立产业基金，建设产业孵化器

打造世界第六个时尚创意中心，需要维持时尚创意产业旺盛的生命力。这需要创意人才的培养，更需要产业的孵化。所以要设立产业基金，建设产业孵化器。

（五）示范——引进全球著名品牌设计机构

要成为全球性的时尚创意中心，不仅要有代表国家形象的国际影响力，还要有能吸纳全球顶级设计机构入驻的影响力。国际时尚创意中心的建设，就要起到这样的示范作用。

（六）保障——整合创新文化创意产业政策体系

建设全新的国际时尚创意中心，并没有现成的经验可循，需

要克服原有的体制限制,建符合中国实际的产业环境。整合创新文化创意产业政策体系,成为国际时尚创意中心建设的政策保障。

贵州模式与弯道超车

党的十八大以来，中央着力实施打造中国经济"升级版"的总体战略，这一战略获得了巨大成功。从应对国际金融危机的实践来看，通过创新驱动提升产业层次，补足服务业等短板，提高了发展的质量和效益，保持经济持续健康发展，成功打造了中国经济升级版。而贵州则在这一改革中走在了西部的前列：以改革和制度创新来释放红利，靠开放促改革，推动了贵州经济、政治和文化的全面发展。

一、如何推进文化产业转型升级

如何打造中国经济升级版？立足于扩大内需，作为未来中国经济支柱产业的文化产业理所当然是升级版的重要的组成部分。从未来发展来看，中国文化产业自身也存在着升级换代的迫切需求。国家"十二五"规划明确提出：推进文化产业转型升级，推进文化科技创新，改造提升传统产业，培育发展新兴文化产业，是"十二五"期间文化产业发展的总体方向。

为什么？

作为总体的文化产业，包括众多的次产业类别，它们是在产业发展的不同时期或不同阶段形成的。这些产业可以分为三个层次或部类：第一部类是传统意义上的文化产业，如传统的文化旅游业、文艺演出业、民族传统节庆和传统工艺品等产业形态；第二部类是以纸质印刷为基础的广播、电视、电影、新闻出版等常态文化产业形态；第三部类是在数字化、互联网、移动化、虚拟技术等高新技术支撑下，以"创意""创新"为核心的创意产业新业态。

如何转换当前文化产业的发展方式？从传统文化产业到高端新业态，改变传统的非经济、非市场、非产业的管理方式，提升文化产业的发展层次，从"前产业"形态进入产业经济发展阶段，进而达到高端产业的发展层次，提高文化产业规模化、集约化、专业化水平，实现文化产业自身的升级换代。这是我国文化产业目前必须关注的问题。

利用互联网数字化移动化高新技术，以创意创新为核心，培育新兴业态，是我国实现文化产业升级换代的重要途径。当代世界正在不断地开发创造一系列过去时代从未有过的新"资源"，像移动网络技术、大数据、3D技术、虚拟技术等高新科技，给世界创造了财富增长的新机会。它们所创造的创意新业态正越来越成为当代社会财富增值的源泉，启发我们必须再度审视过去时代发展传统文化产业的方式。当下的现实是，当代文化需求越来越集中于高技术引导的新潮流，集中于"80后""90后"新生代，集中于文化消费的新方式、新形态，也集中于中国传统文化内容在新形势下的创意出新。文化产业要根据新发掘、新涵养出来的需求，敏锐地捕捉新的增长点，转变发展方式。

二、十年回顾：谈贵州文化产业竞合战略

笔者曾带领中国人民大学与贵州大学联合组建的贵州文化产业"十二五"规划课题组，走遍了九个地方。我们在省委领导下，集中国内产学研各方专家意见，十易其稿，完成了规划大纲，也完成了55万字的研究著作。当年的贵州，是高峰环绕下的洼地、地无三尺平的交通困省。

当时课题组环顾贵州省周边，发现北有西三角——川渝经济圈，东有长三角和海西经济圈，南有泛珠三角和中国—东盟自由贸易区（北部湾）。贵州处于几大经济圈的包围之中，处于经济发展的"洼地"。贵州的发展必须联通这几大经济圈，受经济辐射效力影响，在基础薄弱的条件下实现快速、有效的发展。

我们提出了贵州发展的空间竞合战略：西和云南，北拥川渝，南达广西，东连湖南（武陵文化），总体是"后发借势，六省通衢（交通改善后的新格局）"，融入珠三角，服务珠三角，成为珠三角的后花园，寻找珠三角之所缺、所失，积极拾其所缺，补其所失，成为泛珠三角的一员，并积极进入中国—东盟自由贸易区，确立产品形态，寻找发展机遇，建立贸易通道。

而今天的贵州是崛起的"新贵"，真正实现了县县通高速的六省通衢。

三、今日贵州：高端起步，数字融合，弯道超车，跨界融合

贵州文化创意产业发展迅速，其特点就是高端起步，数字融合，实现了弯道超车，跨界融合。在2016年全省文化产业项目观摩会上，贵州全省文化产业"四大工程"（文化旅游融合、传统媒体与新兴媒体融合、文化科技融合、文化园区及综合体）项目建设，取得了不同程度的进展，46个项目规划总面积13.95万亩，计划投资1187.9亿元。截至2016年底，已落实土地1.86万亩，完成投资222.8亿元，建成投用或部分投用的有17个，正在建设的17个，未开工的12个。据介绍，46个省级重点文化产业项目是贯彻落实省"十三五"规划纲要的具体举措，是省文化体制改革和发展工作领导小组研究审定的重大事项，对多彩贵州民族特色文化强省建设，推动全省文化产业加快发展，具有强大的引领作用。目前，已有多彩贵州文化创意产业孵化园、贵州关岭化石群国家地质公园保护与旅游综合开发、正安县文化产业园等17个项目建成投用或部分投用。贵山秀水忆乡愁、赤水市文化旅游创新区、中国文化（出版广电）大数据产业园区、党刊大数据中心、党建出版云平台及贵州省北京路大剧院改造等项目正在建设。

同时，我们了解到，苹果公司在贵州建立中国首个数据中心，这一新闻成为人们关注的焦点。苹果为什么不选北上广深而

选择贵州？贵州过去是地处西南边陲的小省，更是科技和文创的小省。但近年来，贵州已一跃成为大数据时代的明星："大数据"已成为贵州最闪亮的一张名片。仅神州数码控股有限公司（神州控股）投资100亿元，深度布局贵州，进一步创新了大数据应用模式。它与贵阳市政府联手打造的大数据民生服务产品"筑民生"，就成了贵州大数据惠民惠创的经典案例之一。

四、创意创新是文化创意产业高速发展的根本动力

贵州文化创意产业高速发展的根本动力之一，就是数字化、网络化、移动化支撑的新兴产业形态的引领和推动。三大领域总体发展，得益于"创意"的"引爆"作用，也得益于过去从来没有实现的良好的金融服务业的助力。

贵州文化创意产业的发展告诉我们，要想文化产业加速发展，首先要解放思想，解决观念滞后的问题，解决眼光短浅的问题，解决顶层设计缺失的问题。这种新的发展形态必须根据当下市场的需求，进行产业结构的调整；与高科技支撑的新兴产业融合发展；运用现代金融手段，推动创意创新的新业态、新企业、新模式的成长发展；不断提高产业运营的国际化、高端化水平；同时还要不断改造提升传统文化产业形态，使之数字化、高科技化，实现企业制度的改造。

创意产业是文化产业发展的高端形态，其根本理念是通过创新和创意创造出新的产业形态和内容产品。它在不断创造一种新

的需求，也将文化产业发展从传统的模式中解放出来。从北京的经验来看，北京文化创意产业之所以成为名副其实的支柱产业，盖因高科技支撑、大规模资本运营、以创意产业新业态为主形态的产业发展路径。

创意与创新是文化产业发展的核心与灵魂，已日益成为现代财富的源泉。比尔·盖茨创造的电脑软件创造了世界财富增长的奇迹，而谷歌、百度、苹果手机、三星手机则继之而起，创造了移动网服务平台的新模式。我们看到，正是现代高新科技直接催生了当前在社会生活中产生越来越具有重要影响力的新兴文化创意产业，不仅有手机、3D、大数据、微博、微信等新样式，还有大量的创意设计（工业设计、工艺美术品设计、网络软件设计、服装设计、产品设计、包装设计、电脑动画设计、广告设计、建筑设计、工程勘察设计、建筑装饰、室内设计、城市绿化设计、时尚设计、服饰与奢侈品设计）、动漫、网络游戏、互联网经济、现代会展业、现代广告业、电子（数字）商务、网络电视台，以及移动新媒体产业、手机增值业务（手机电影、手机动漫、手机网游、手机音乐、手机报刊、手机阅读、手机休闲娱乐）等，以数字化高新科技为代表的创意产业新业态，正推动传统的常态的文化产业向高端创意变革。在三大部类中，数字电影、数字电视、数字出版等升级形态和不断创新的高新科技支撑的新业态，成为文化创意产业增加值的主要贡献者，也是未来产业发展的主力阵容。与传统文化产业相比，新业态创造了巨大的产业规模、经济效益和发展潜力，代表着产业发展的方向。国际上，美国抓住版权和高科技不放，欧洲大力推动原创，日本成为动漫大国，韩国抢先发展网游产业，都是在抢占文化创意的制高点，都是在推动产业走向高端形态。

从全球来看，苹果公司成为"人类有史以来最值钱的公司"。2017年5月19日，苹果的市值达到8000亿美元，股价快速增长，超越埃克森美孚等能源类工业公司，成为全球市值最高的公司。苹果市值超过西班牙、希腊和葡萄牙总计近500家上市公司的总和，而这些公司创造的利润也低于这家iPhone手机生产商。从某种角度来比较，苹果公司的总市值已经超过了沙特阿拉伯这个蕴藏有丰富石油资源的中东国家以及排名在沙特阿拉伯之后的比利时、波兰、挪威、澳大利亚等西方发达国家的GDP。

五、创意产业是当代服务经济中的高端形式

创意产业是当代服务经济中的高端形式。当前，我国产业结构要调整，要从低端制造业走向高端制造业，从以制造业为主，逐渐向高端服务业，特别是向生产性服务业和生活型高端服务业转型，实现中国经济的升级版。作为先进的生产力，文化创意产业是产业发展的高端形态，具有高附加值、高文化价值和经济价值；具有低碳环保、生态发展的基本特征，并具有创造就业岗位的优势。它将推动我国整体产业结构的升级、越界、调整和重组。苹果、三星、Facebook、阿里巴巴、腾讯等例子告诉我们，

与其花最大精力去打扫老牛圈，不如花大力气去建新奶站，二者未来前景不同，效益差距很大。新形态更具双向互动性、参与性、青年性和服务性。新一代青年，既是文化创意产业的从业主力，又是创意产品的消费主力。这些青年具有高素质、高文化水平、高专业技能的特点。

因此，在文化产业发展中，要以数字技术等高新科技手段改造、提升传统旅游、演出、节庆、会议、展览乃至体育、休闲、娱乐等行业；要大力推动广播、电影、电视、出版、设计、广告等目前影响最大的常见行业的数字化、移动化、产业化升级；要大力发掘、扶持和培育新业态，推动新业态不断创新，实现高端融合。国际上，苹果、三星等成为世界上成长最快的新业态企业，而阿里巴巴、腾讯、百度、京东、360、新浪、搜狐等企业，也都以极高的成长性、产业规模和增量发展，成为文化创意产业的领头羊。增量为先，激活存量，大力发展增量，以增量带动存量发展，这是创意产业升级换代的新战略。

包头，一个有绿色天堂的地方
——包头文化旅游的设计与探索

2014年，文化部、财政部发布了《关于推动特色文化产业发展的指导意见》，这是一份十分重要的文件。文件的主要目标就是推动我国民族地区特色文化产业的发展。要求依托少数民族地区独特的文化资源，通过创意转化、科技提升和市场运作，提供具有鲜明区域特点和民族特色的文化产品和服务。发展特色文化产业对深入挖掘和阐发民族地区优秀传统文化的时代价值，优化文化产业布局，推动区域经济社会发展，加快经济转型升级和新型城镇化建设，发挥文化育民、乐民、富民作用，具有重要意义。

如何把文化资源优势转变为产业优势，构建具有鲜明区域和民族特色的文化产业体系，促进多样化、差异化发展，包头正从理论与实践两个方面进行深入探讨。

包头是中国华北地区重要的工业城市和内蒙古自治区最大的工业城市，是国家重要的基础工业基地和全球轻稀土产业的中心，工业经济相对发达，经济总量和人均指标居自治区前列，属西部领先。梳理城市资源，寻找最恰当的包头城市定位，是我们编制规划的首要任务。

包头是一个具有悠久历史和灿烂文化的现代文明城市，有着深厚的文化底蕴。黄河文化、草原文化、阴山文化兼容并包，魅力独特，拥有大量的历史文化遗存和丰富的民族、民间文化艺术资源。包头是国务院首批确定的13个较大城市之一，是内蒙古自治区最大的工业城市，是国家重要的基础工业基地，又有"北方兵器城""稀土之都""旱水码头"之美誉。包头市有十分丰富的草原旅游资源、召庙旅游资源、水域旅游资源、古长城遗址旅游资源、红色旅游资源、山体旅游资源、矿区旅游资源及多项非物质文化遗产。就文化产业发展情况看，包头市拥有土右旗的敕勒川文化、固阳县的秦长城（旅游）文化、石拐区的召庙文化、达茂旗的草原文化、九原区的古镇文化、东河区的西口文化、昆都仑区和青山区的现代工业文明等多元文化新格局。

近年来，包头市经济发展水平始终处于内蒙古自治区前列，雄厚的经济基础为包头市文化产业快速优质发展提供了强大的物质支撑。同时，在包头市政府的大力支持下，包头市金融企业快速成长起来，拓展了一批创新项目的融资渠道。

然而，包头市文化产业的发展并未充分挖掘其资源、经济、生态优势，包头文化产业产值仅占包头GDP的1.8%，不仅远低于发达省（区、市）5%的水平，也远远低于全国4%的平均水平。因此，深度挖掘包头市文化资源，去设计、探索和规划包头市文化产业的发展，就有了重要意义。

设计一：绿色天堂——赛罕塔拉城中草原

赛罕塔拉城中草原位于包头市内，是全国唯一的都市草原，有着包头其他景观所没有的独一性与唯一性，是极具特色的自然资源宝库。赛罕塔拉，蒙古语的意思是美丽的草原。这里独具特色的民族风情和良好的生态环境为其开发提供了巨大背景优势，具有很大的发展潜力。城中草原拥有浓浓的草原民族风情，绿色的湖泊、高大的敖包、神圣的玛尼宏、跑马场、射箭场、摔跤场、篝火台、勒勒车一切皆备，是发展潜力很大的文化品牌。

传统民族文化积累深厚，又有现代草原，钢城开发城中草原文化旅游时尚街区，意在推动旅游业发展，将传统的草原文化与时尚化、商品化的休闲旅游结合起来，形成包头经济新的增长极，并进一步吸引投资，带动新型业态发展，增加就业机会，树立文化创意的标杆，获取巨大带动作用和溢出效应。

作为全国唯一的都市草原，包头城中草原可以打造成包头文化旅游产业的核心及国家级文化产业示范区，突出城中草原的娱乐、时尚、休闲、体验功能。建成后的项目，应成为包头市的一大时尚中心，具有提升草原文化的知名度，同时带动婚庆、民俗工艺、餐饮等特色产业发展的作用。

赛罕塔拉文化旅游的受众分为三个群体：包头本地人、国内游客、国际游客。在这里游客既可以领略草原的风采，又不需要花费过多的时间或经受长途的疲累，同时还能够亲身感受到草原民族的习俗风情。

构筑草原城堡，在城中草原中开辟出专门的草原城堡专区。草原城堡一切都按照蒙古族特色来设计建设，开发专门的蒙古族活动场所，如跑马场、射箭场、摔跤场、篝火台等。游客在此可以感受蒙古人的粗犷与豪情，亲身体验一把箭在弦上的感觉或者与友人来一场激烈的"摔跤"，乘坐勒勒车欣赏草原风光等。总之，踏步草原城堡，感受真正蒙古人的生活。

体验蒙古包。城中草原上散布着各式各样的蒙古包，游客在此可以亲身感受到蒙古族的民族风情。畅游过后，在蒙古包内休息一下，听着悠悠的马头琴声，品尝着蒙古族的特色饮食：热气腾腾混合着奶酪、黄油和炒米的奶茶，手把羊肉，马奶酒，还有拔丝奶皮，不觉让人心中升腾起万丈豪情，感叹大草原的美食与创意。

参与特色节庆，定期举办城中草原文化节日，打造出特色文化品牌。比如，在城中草原每年举办那达慕大会。那达慕是蒙古民族的传统盛会，距今已经有700多年的历史。"那达慕"蒙古语意为"娱乐游艺"，举办时，千里草原上，彩旗飘飘，人头攒动。射箭、赛马、摔跤以及民族歌舞等，为前来游览的客人呈现一场场视觉和听觉的盛宴。将那达慕大会做大，成为城中草原的一项特色节目，就可以以品牌效应吸引游客前来。

建设草原文化展览馆。城中草原混合了现代文明与自然风光、草原风情与民族特色，多种元素的叠加既突出了特色，也拓宽了视野。在此基础上，建设草原文化展览馆，展览蒙古族的特色文化产品，如蒙古族史书、历史遗迹、画卷等；同时也可在此呈现蒙古族的礼仪风俗、音乐舞蹈、名人传说等，比如举办蒙古音乐节、文化节，不仅可以宣传和推广蒙古文化，也能够丰富景区看点，吸引游客。

推出草原纪念品时尚旗舰店。开设草原纪念品时尚旗舰店，以蒙古包的风格进行设计和装饰，与城中草原融为一体。旗舰店专门销售草原和民族特色产品，如蒙古族的民族服饰、乐器、饰品、吉祥物等时尚纪念品。由于鹿是包头的名字由来，也可以设计一些鹿的标志或者吉祥物，以供游客购买。

升级时尚娱乐区。城中草原拥有其他草原所没有的特色优势，由于其处于包头市区，外围都是城市建筑，故有着较强的时尚气息，开发城中草原应该突出其专有的时尚娱乐功能。结合草原与蒙古族元素，在城中草原的外围开发出专门的时尚娱乐区，一方面可供游客休闲娱乐，另一方面为游客提供配套的基础设施服务。

风情酒吧区。在城中草原周边开发风情酒吧区，以贴合其时尚功能。风情酒吧区入驻各种类型的酒吧，并在酒吧中展示不同的民族文化，如蒙古族等少数民族风情；或者在酒吧中彰显时尚元素，如专门的调酒艺术展示等，为游客提供高端服务。

休闲走廊。为了满足游客的多元需求，城中草原外围开辟专门的休闲走廊。休闲街主要入驻咖啡馆、酒吧以及连锁酒店等商家，营造出休闲安静的氛围。游客观光游览之余，可以在此散步休闲、休憩放松。同时，休闲街的店铺装修中可以适当添加鹿的文化的元素，以体现包头的城市内涵。

婚庆服务。城中草原自然风景优美，尤其在夏季，绿草如茵，湖水潺潺，野花点点，洋溢着大自然的秀美清新，因此可以在此为游客提供婚庆服务。在城中草原的自然风光中拍婚纱照，见证新人的甜蜜爱情，或者在此举办集体婚礼。以风景吸引新人，以婚礼打造品牌，提高景区知名度，同时也为城中草原增添时尚元素。

设计二：梦幻九原鹿文化娱乐综合体

中国鹿文化有着悠久的历史、丰富的内涵。其发展大体经历了三个演变过程，即由自然物到人格化的演变，由人格化向神化的演变，由神化到产业化的演变。

数字娱乐狂潮正席卷整个世界，并已成为当今信息产业中最具商业价值的新兴产业。数字娱乐产业的发展研究是"十一五"规划实施的主要内容之一，随着西部大开发和可持续发展战略的推进，数字娱乐产业也是西部地区经济发展中一个新的增长点。西部地区如何缩小与我国发达地区的"数字鸿沟"已成为政府关注的热点。

包头市自古便有"鹿城"之称，以文化产业发展为契机，将传统的鹿文化与现代的数字娱乐方式相结合，必然能够吸引当代消费者的眼球,促进鹿文化在产业化开发的过程中产生巨大的经济效益。

包头市文化产业在当地特色文化资源的支撑下,已经在宗教文化、草原文化、秦长城文化、西口文化、现代工业文化等诸多方面取得了一定发展。但是,此类发展均是以原始的文化形态为基本开发素材,数字娱乐也主要停留在观影消费阶段,文化产业开发尚停留在初级阶段,明显缺乏现代产业形态。

"鹿城"品牌认知度低。包头,源于蒙古语"包克图",蒙古语意为"有鹿的地方",所以包头又叫鹿城。当前,包头市鹿文化及鹿产业虽然也在不断扩张,但是"鹿城"的品牌形象却鲜为人知,品牌效应尚未形成,在"鹿"与"包头"之间很难产生连带想象。因此,包头市"鹿城"城市品牌的建设策略急需优化。

文化产品供需矛盾凸显。包头市作为内蒙古的中心城市之一,经济发展水平较高,居民消费潜力大。在这种情况下,社会文化产品消费市场不断扩大,但是城市文化产业发展的低层次现状未曾得到真正的改变,成为制约包头市文化产业发展的重要瓶颈。

"鹿城"城市品牌建设。包头市以鹿为名,但是"鹿城"的总体知名度不高,品牌影响力尚未形成。以方特鹿文化娱乐综合体建设为突破口,打响包头"鹿城"品牌,发挥品牌溢出效应,带动包头鹿产业全方位发展。

项目结合国内先进的方特主题公园开发模式,运用高新文化科技，打造包头的高科技数字娱乐产业示范项目。有利于包头欢乐、时尚都市形象的整体推广，带动全市其他文化资源的高端产业化开发，迎合新型市场需求。

项目以鹿为主题，可设置九色迷城、斑比历险、圣诞之旅、魔幻鹿城、保卫敖鲁古雅、鹿王等项目。同时可开展具有方特原始风味的生命之光、宇宙博览会、维苏威火山、嘟噜嘟比农庄、西部餐厅等项目，丰富综合体娱乐内容。

打造九色迷城游戏。九色迷城，通过九色鹿身上所具有的九种颜色将游戏小镇划分为不同的区域。不同颜色的区域分别代表不同的关卡，同时也意味着与其他颜色区域不同的危险，如蓝色表示海洋历险，绿色表示将穿过丛林。

九色迷城游戏为团队探险通关游戏，在不同关卡将会面临不同的危险，同时团体成员内部身份不明，将军如果不能明确辨别，团队成员随时都存在被暗杀的危险。在这样内忧外患的情况下，将军的任务是带领团队顺利通关，并且还要找出叛徒保护良善。在各个角色中，巫师具有召唤九色鹿渡过危难的魔力，但是召唤九色鹿的能力只有在杀掉一个良善之士（包括忠臣、平民）之后才能获得。游戏方式是5—9人团队作战，适合熟悉的群体一起参加，也可以由几组游客临时组团参加。游戏成员角色分配上可借鉴三国杀，在开始之前便通过分配身份纸牌的方式指定每个成员在此次游戏中所扮演的身份，包括将军、巫师、忠良、叛徒、平民等。九色迷城游戏由九色鹿在其中扮演魔法神兽，只有巫师能够召唤，帮助游戏成员度过紧要关头。

设计儿童游乐项目，如小鹿斑比历险、圣诞小鹿、美猴王、驯鹿等各种不同类型不同时段的游戏项目。

设计三：塞上西溪——小白河湿地休闲综合体

人民群众在满足基本物质生活的需求后，对精神文化产品与服务的需求呈现出快速增长的势头和多层次、多样化的特点。文物考古和学术研究，由于语言和文字等原因，大众知之甚少，制作成文化产品的更是少得可怜。休闲产业实际已成为中国经济新的增长点。但目前我国的休闲观念和休闲生活还处于"初级阶段"，不少地区的休闲产业才刚刚起步，有待进一步发展，与此相关的机构、设施、休闲商品等，有待于进一步开发。

当前，包头市文化产业开发仍停留在以文化形态为素材的低层次阶段，难以顺应消费市场的发展潮流。通过建设塞上西溪湿地，以园区为载体开展休闲娱乐服务、湿地观光服务等体验项目，开展以会议中心、会展服务为代表的会展经济项目。以文化产业规划为契机促进包头市从北方重工业基地向全方位发展的现代化城市转型。

保护湿地资源。包头市小白河湿地与附近村镇联系紧密，因此受人类社会活动影响较大。近些年来，湿地资源不断出现被鱼塘、农田侵占的情况，导致湿地出现植被破坏、规模缩小、板结化等状况。小白河湿地休闲项目的开展，可以进一步加强湿地资源保护。

自然资源丰富。一方面，小白河湿地具有良好的湿地景观资源基础，各类生态资源丰富。另一方面，小白河湿地与黄河水域相邻，距离南海子湿地保护公园、昭君岛景区较近。总体而言，小白河湿地休闲综合体不仅自身具有良好的景观基础，而且可通过与周边景区的联动发展达到吸引消费者的目的。

人文底蕴深厚。综合体周边地区具有深厚的人文资源基础，例如昆都仑河古河道段落、麻池古镇遗址、阿善遗址、赵长城遗址等，为小白河湿地休闲综合体建设提供了浓厚的人文风情和氛围，有利于休闲度假产业发展。

市场需求强大。随着包头市及其周边地区人民收入水平的提高，越来越多的人开始关注提高工作以外闲暇时光的休闲质量，但是囿于自治区内部休闲产业发展落后的局面，大多数休闲消费均呈现向其他省份外流的趋势，西溪湿地便是改善这种趋势的众多项目之一。因此，"塞上西溪——小白河湿地休闲综合体"的建立，符合自治区休闲产业发展需求，市场消费前景十分好。

区位优势明显。包头市位于内蒙古自治区中心位置，是呼包鄂城市圈重要组成部分，境内铁路、公路、航线齐全。显著的区位优势为包头市未来休闲旅游产业发展提供了广阔的潜在消费市场。

该项目针对的目标群体分为四类：包头本市居民、呼包鄂城市圈消费者及自治区广大消费者、国内国外消费者、湿地保护与研究方面的专家学者。因为综合体包括诸多方面的功能，所以小白河湿地休闲综合体的目标群体不仅包括休闲旅游者，也包括各类大型单位组织、各类会展活动的参与者等。

该项目以杭州西溪湿地为参照，让人们领略到塞上西溪的美丽湿地风情，同时亦以湿地生态景观资源为载体，发展休闲度假、会展商贸、观光娱乐等时尚娱乐项目。小白河湿地休闲综合体的建设，增强了休闲旅游产业在包头市经济发展中的支撑作用，改变了包头市长期以来作为北方重工业基地的刻板印象，将包头打造成全方位、立体化发展的时尚新城。

历史文化体验区。结合包头市及自治区内丰富的人文历史资源，在综合体内建设历史文化体验区。体验区以西北地区古民居建筑为载体，以历史发展阶段为脉络，对各个阶段的区域文化内容进行展示，让人们在领略湿地风情的同时，赏建筑艺术之美，品地区文化之盛，提升综合体休闲文化品位。

湿地风情观光区。以小白河湿地生态资源为基础，在综合体内建设湿地风情观光区，开展观光休闲项目。净化湿地水系，保持湿地规模，保证湿地动植物多样性。并以此为基础，开展湿地资源保护与开发活动、生态多样性研讨会、湿地风光摄影节等各类专业活动，丰富综合体项目内容，提升小白河湿地的社会知名度。

高端休闲会展区。当前，包头市会展经济发展仍停留在初级阶段，会展中心规模小，会展活动级别低。以塞上西溪会议中心建设为契机，以承办国际稀土高级论坛等重量级会议项目为转折点，开启包头市会展经济快速发展的新时代。

民族风情展示区。结合包头市及自治区特色，在休闲综合体内设置各类民俗文化项目，如二人台、蒙古长调、马头琴表演，黄河文化、敕勒川文化、阴山文化、西口文化、蒙藏佛学文化展示园，将小白河湿地休闲综合体打造成为民族文化展示的窗口，发挥文化品牌的带动作用。

休闲度假庄园。利用小白河湿地临水优势及良好的生态资源基础，在综合体内建设高端休闲度假庄园，满足区内及区外高层次休闲消费需求。度假庄园建设不仅要凸显滨水优势，还要结合蒙古族建筑风格，体现民族特色。

设计四： 欢乐南海水世界

从古至今，许多重要的城市是由河湖孕育而成长繁荣的，形成了特殊的都市环境风格。同时，很多时候，河湖变迁有可能直接影响一个城市的兴衰。正是如此，我们必须从多角度、多方面来重视城市河湖的治理问题。

休闲治理，就是从休闲的角度来梳理、分析、研究、解决我们面对的问题。城市河湖滨水空间的休闲治理，不仅有利于提升滨水地区开发建设的产出，而且创造了绿地，赋予了城市河湖新用途和新形象，有助于城市河湖的产业结构调整，促进多层次、替代性的产业发展。

由此，在满足城市居民日常休闲需求的前提下，在城市河湖水治理中积极推动产业治理，尤其是从休闲经济开发的角度来考虑，不失为明智之举。

以供给激发需求，促进经济增长。欢乐南海项目属于供给推动类别的项目谋划模式，此模式的目标在于通过产品供给激发人们潜在的消费需求。在供给与需求的双重刺激下，振兴包头市数字娱乐市场。

以高端创造品牌，助力都市定位。通过数字化高端文化产业项目的开展，确定包头市文化产业的时尚、新颖、高端、现代的产业定位，促进包头市与现代国际性都市接轨，促成区域发展的转折。

潜在市场广阔，消费潜力巨大。近年来，我国休闲娱乐产业消费需求不断增加，隐藏在社会大众间的潜在娱乐产业消费市场广阔，尤其是以数字娱乐为代表的现代体验式娱乐经济更是引人注目，成为人们与现代社会接轨、了解现代科技进步的最佳手段。因此，摩锐水世界项目的开展，必将成为自治区休闲娱乐界关注的焦点，吸引消费者的眼球。

资源体系支撑有力，连带效应明显。以南海子及黄河水域为基础开展水世界建设，与周边湿地公园、昭君岛景区、小白河湿地休闲综合体项目形成联动效应，推动区域经济整体发展。

江南水世界项目以丰富包头市休闲娱乐消费方式为主要目标，以打造包头市"欢乐""时尚"品牌形象为宗旨，引领包头市文化产业发展，引领内蒙古娱乐产业升级，同时，引导区域消费，丰富区域生活。

从项目内容来看，南海水世界项目分激情戏水区、精品休闲区和动感健身区等，开发水上娱乐项目。

另外，也有亲子游乐区：通过南海卡通智能儿童戏水池及戏水城堡、室内水滑梯、水世界水幕等项目，给予儿童全新的嬉水快乐，填补自治区内由于水资源缺乏所造成的滨水娱乐空白，让孩子从小开始体验与水亲近的快乐。

同时，在水世界激情探险区内开设身临其境的海水仿真冲浪、惊险刺激的摩锐水世界旋涡池、探险漂流河等项目，满足了年轻一代对惊险刺激的追求，给人们带来全新快感，令包头市"欢乐""时尚"的都市定位在现实中找到产业支撑点。

结语
每一座城市都是一件富于魅力的艺术品

在转型的历史时期,城市正成为人们关注的重心。过去,我们对城市的认识很不够,仅仅认为城市是一个居住的地方,是一个满足人生活需要的地方,对于城市更高的意义比如文化的、审美的、艺术的乃至历史的价值没有更多地考虑。在笔者看来,城市是一件富于魅力的艺术品,我们要像雕琢一件艺术品一样来精心地雕琢一座城市。

一、中国城市将影响世界城市的格局

中国的城市化(或者说城镇化)有着极其深远的意义。诺贝尔经济学奖获得者斯蒂格里茨把中国的城市化与美国的信息化革命看作21世纪初影响世界的两件大事,这足以看出中国的城市化对于世界的意义。

从历史中我们可以看到城市化的意义:北京千年来的发展尤其是总体格局,没有很大改变。当然北京是都城,其他的城市怎么样呢?我们经常能看到二三百年前建设的古镇、小城市也没有大的改变，比如丽江古城等遗迹有着二三百年或更长的历史。因此，今天伟大的城市革命将确定未来——短则二三百年、长则三五百年——中国的城市格局。这是关乎子孙后代的大事，城市的设计者、决策者要为历史负责。

世界城市、国际化都市或世界中心城市的发展趋势是怎样的呢？答案是：东方城市逐渐兴起，西方城市相对式微，中国城市将对世界城市格局产生重大影响，而中国各个城市将不得不面临新型城市化的再思考。

如前所述，2012年8月20日出版的美国《外交政策》杂志以"未来城市"为题，发布了"2025年全球最具活力城市排行榜"，对未来15年世界城市的发展趋势做出了预测。这个榜单由美国麦肯锡咨询公司推出。文章认为，在历史上的任何时候，城市从未如此重要过。如今，全世界有600个城市正在创造全球约60%的GDP。到2025年，这种情况依然不会有太大的变化，只是构成这600个城市的精英成员会有很大的变化。在接下来的15年里，世界的中心城市将从欧美向南（即发展中国家）转移，而在其中更具决定性作用的将会是东方，尤其是中国。文章说："这就是为什么我们制作出这张如此特殊的榜单，为2025年选出最具活力的城市。"

目前世界上排名前600位的城市对全球GDP总值的贡献度已达到60%以上，到2025年，这一比率将不会有太大变化，但600强城市的名单会发生很大变化。2010年，全球GDP的一半出自发达国家的362个城市。预测认为，到2025年，除了纽约、东京、伦敦、芝加哥等超级大都市，1/4的发达国家城市将跌出全球600强城市榜单，被96个新兴城市取代，其中72个来自中国。在全球75座活力城市名单中，中国有29个城市入选，约占四成。上海摘得该榜单桂冠，京津紧随其后，广州名列第五。

这是非常令人震惊的，意味着2025年世界城市的历史将会重写，世界城市的格局将会重新形成。

中国的城市化正以前所未有的步伐推进，其规模是世界首批城市化国家英国的100倍，速度则是其10倍。2010年中国的大都市地区创造了中国GDP的78%。如果保持这种趋势的话，中国的城市人口将从2005年的近5.7亿人增长到2025年的9.25亿人——这个增长数量比美国全部人口都要多。和中国城市竞相崭露头角不同，只有13个美国城市和3个欧洲城市入榜。据分析称，由于欧美增长乏力，世界经济格局将以前所未有的速度和规模通过城市化的进程由西方向东方倾斜。

今天中国的城市革命有其自身的条件：城市建筑建设的能力，国家推动的城市再造运动，包括生态在内的重建过程。毕竟很多地方千年来基本格局没有变，只是在过去格局之上进行小修小补，而变化最大的像北京、上海等尽管有了突破性的进展，但格局很难改变。北京围绕皇城建设扩展到六环、七环，格局很难改变；上海如果以黄浦江为界发展浦西，城市格局也很难改变，而浦东的发展包括崇明岛的开发会带给城市面貌很大的改善。从这个意义上说，这一轮城市的变化将是极其巨大的。2023年底，我国的城市化率已经超过66%，人们基本的生活状况已经改变了。虽然这一代的农民在城市化进程中有阵痛，他们进城后或上楼后有很多的困惑，心理不能适应，会怀念过去的生活状态，但他们不会再像以前那样生活，比如随地吐痰等，这是一个缓慢的改造过程。

我们很难保证今天的城市化会创造一个更加合理和美好的未来，现实需要我们思考，未来更需要我们负责。

二、城市，人诗意地栖居

审视《外交政策》的文章与排名，我们清醒地看到我国城市发展中的一系列重大问题与困境：大量的人口向城市特别是中心城市聚集，人口饱和，已经导致一系列的"城市病"，如交通拥堵、生活成本日益增加、城市功能高度集中、地价飞升、环境恶化、文化消弭、公民社会权益弱化等。这使得城市居民的生活质量日益下降，幸福感缺失。

在快速的城市化进程中，城市中的对立和冲突越来越大，主要表现为原住民与外来人口在精神文化与理念方面的冲突、当下利益与长远利益的冲突和城市无限制发展与环境资源承载力有限的冲突等。

以北京为例，作为一个移民城市，北京历来是全国最宽容的城市。北京被联合国人居署评为世界上最平等的城市，源于长久以来北京形成的宽容博大的城市品格。然而，在观念上，北京面临着全国人的首都和北京人的首都之间的冲突。城市是有一定承载力的，随着城市的扩容，传统居民被赶到很远的郊区，他们会觉得过去的生活条件和状态很好，外地人都来了，占据了他们的资源，人道主义和文化观念的冲突非常剧烈。而外来人口除了少数有钱人，大量打工者的生活很憋屈，虽然有发展机会但很辛苦，面临着房价飙升、物价飞涨、孩子入学难等多重问题。从理论上讲，城市建设者应该享有公民的权利，但由于受户口制度的限制，外来人口与原住民在城市福利方面还是有很大的差距。

连北京都觉得不能认可，很多城市就更难认可了。在变动转型的历史时期，城市确实是我们关注的重心，而文化是我国建设世界城市的最重要的资源和特点，社会和谐是建设世界城市的最重要的保证，以人为本、关注民生是建设世界城市的出发点。因此，在建设世界城市的探索中，我国城市除了必须借鉴各个世界城市如纽约、伦敦、巴黎、东京各自的基本构成和独特成就外，要选择最合宜的"点"来重新"合成"，如纽约的百老汇、伦敦的创意产业、巴黎的文化底蕴，创造一个具有独特品格的东方文化型的世界城市。

从历史上看，西方人将城市的建筑当成凝固的史书，建筑物就是凝固的音乐，比如城市的天际线、江岸、河滩建筑、灯光、色彩等，都是以艺术品的方式呈现出来。

从整体上看，城市是美的象征物，充满自然美、社会美和艺术美，是人类本质力量对象化的产物。要让城市变得真正适合人居住，使人能舒适地、艺术地、有意味地生活，使人的精神和灵魂能放置栖居。因为，从美学上讲，人不仅是一件艺术品，而且是自然界最完美的艺术品。在过去的概念中，人只是活着，处在浑浑噩噩、懵懵懂懂的状态之中，而我们应该认识到审美地、艺术地、文化地栖居是人类本真的存在，是人区别于动物的根本标志。

"人，诗意地栖居在大地上"——海德格尔之所以格外喜欢荷尔德林的这句诗，是因其道出了生命的深邃与优雅。人生活在这片大地上，必须吃、穿、建造房子，在这个过程中产生语言，不断给自己的生活创造美。人为了使自己生活得更好而寻找到生活的意义。

而对于今天世界上的人们，城市是他们最主要的栖居地。芒福德在《城市文化》中说：城市在其完整的意义上便是一个地理网状物，一个经济组织体，一个制度的过程物，一个社会战斗的舞台，以及一个集合统一的美学象征物。一方面，它是一个为日常民生和经济活动服务的物质结构；另一方面，它是一个有意为了有着更重大意义的行动以及人类文化更崇高目的而服务的戏剧性场景。城市促进艺术，并且本身就是艺术；城市创造剧场，并且本身就是剧场。在城市，作为剧场的城市中，经由人性、事件、团体的冲突与合作，人有目的性的活动被设计和构思成为更重要的高潮部分。①

芒福德接着说，人们居住的城市是美丽还是丑陋通常并不是无关紧要的，人们社会活动受到这些品质的限定。②

芒福德认为："这将城镇规划的工具性艺术变为相当稳定的常规惯例，同时大量的力量和经济支持被释放给了表现艺术：绘画和雕塑，戏剧和音乐，将再一次比卫生、排污，以及进行严格消毒防腐的习惯更为重要。"③

从这个意义上看，城市的审美化与审美的城市化，是我们必须关注的一个发展方向，或者说城市的艺术化与艺术的城市化是我们未来发展要特别关注的。

三、创造艺术的城市

在经济全球化的今天，每个城市都以它不同的文化特色和艺术形式，形成自身的亮点和影响力。在当前中国新型城镇化进程中，大量的旧城改造（尤其是县级城市改造），一定要以包括"艺术城市"在内的理念进行规划，寻找每一座城市独有的灵魂。创造"艺术城市"要结合生态旅游、文化旅游，挖掘当地未挖掘的历史和传统文化，形成地域性特色城市；要站在全球旅游、特色旅游角度进行城市规划；要从"影响力、标志性、艺术性、公

---

① 刘易斯·芒福德：《城市文化》，宋俊岭、李翔宇、周鸣浩译，中国建筑工业出版社，2009，第507页。
② 同上。
③ 同上书，第510页。

共性"四个方面评价城市雕塑与公共艺术建设；要将构建"艺术城市"的目标与区域经济、文化产业发展相结合。

以"艺术城市"概念为指导，充分利用我国丰富的历史文化、人文文化遗存，进行城市规划建设，将会让城市形象更加鲜明、更加美好，将会产生一大批经得起历史考验的，又极具个性的艺术城市、文化城镇，必将使我们的民族文化得到升华，同时，也会给各个城市带来规模化的文化产业经济效益。

以"艺术城市"概念指导城市规划建设，是对我国城镇化由速度加快向质量提升转型的有益探讨。如何打造"艺术城市"特色县（市、镇）？首先，必须明确使命、价值和愿景；其次，制定出特色县（市、镇）主题文化发展战略；再次，将其分解为可执行的目标和方略；最后，通过具体执行，实现打造"艺术城市"特色县（市、镇）的宏伟目标。

主题文化是形成"艺术城市"唯一性的文化形象和品牌概念。构建"艺术城市"主题文化的目的和战略意义，就是围绕"艺术城市"塑造主题文化内核、铸造主题精神气质、弘扬主题经济态势、彰显主题建筑风格，以此形成"艺术城市"的历史文化、民族精神、社会经济、城市形象的高度统一和完美结合，形成"艺术城市"独一无二的形象、品牌与核心竞争力。

以广西灌阳县为例，创建"艺术城市"特色县，必须首先构建灌阳县的主题文化，这样才能使灌阳的形象和品牌鲜明地突显出来，才能形成热点，形成注意力，形成品牌形象和标志性符号。以灌阳县主题文化彰显灌阳县的特质，形成灌阳的特质资源，以此在全球一体化的竞争中进行角色的全新定位，在差异化的竞争中获得独有的主题文化优势，在竞争中立于不败之地。灌阳创建"艺术城市"特色县，就是一切以人为本，引领发展潮流，从根本上超越城市的局限，创建未来的城市。未来的特色灌阳，概括起来就是"山水画、田园诗、生活曲、梦幻情"，是集"山水城市、园林城市、生态城市、森林城市、文化城市、创意城市、数字城市、度假城市、情感城市、友好城市、立体城市、幸福城市"大成的特色城市。

四、用艺术的方式解决城市的社会公共问题

在一个艺术化的城市中，公共艺术越来越占据重要位置。审美的生活化与生活的艺术化在城市中呈现出来，公共艺术作品和建筑艺术作品越来越人性化，人们的公共空间也在发生着变化：购物中心就是一座花园，街心公园、步行街、酒吧街等都很有文化气息。

在2013年中东地区最重要的艺术大展上，一位美国艺术家建造了一个大盒子，这个盒子没有顶，观众步入其中，抬头望天，天就是一幅画。其实，人们平时抬头都能望到天，但如此的角度，如此的方位和心情，却独一无二。艺术家在帮助观众欣赏自然，换个视角看待与思考自己与自然的关系。这就是公共艺术的特质。

有专家认为，城市公共艺术既是城市的组成元素，也是艺术品，正如陈列在博物馆里的艺术品一样。公共艺术可以看作艺术品从传统风格的博物馆中解放了出来，在一个开放的空间中，不仅可观，而且可触、可感，还可以为公民提供更多接近与感知的机会。

在许多公共艺术历史较久的国家，公共艺术还被赋予了更多的功能，如通过公共艺术来增强经济活力，推动政治和谐，关注弱势群体，促进文化繁荣等。因此，在一些发达国家，政府强制性规定，在城市建设中拿出相当比例的经费用于城市公共艺术设计与建筑，力求用艺术的手段来提升城市公共建设的文化品位。

公共艺术不仅集中体现着社会整体文化价值，又浸透着自然生态环境以及特定的文化属性。城市公共艺术运用城市标志，通过整合或分散的延展图形，针对不同的环境空间及功能进行再创造，从而达到城市理念与艺术表现的高度协调，并始终伴随着人类社会活动的参与性与互动性。

公共艺术的概念融入城市公共空间的建设，用艺术的语言和方式解决社会公共问题，表达对社会发展的特定思考，更多地关注公众、政治和社会机制等一系列社会问题，这无疑是一次当代艺术的革命性嬗变。